Franziska Kestner

edition suhrkamp 2053

Der Sozialstaat ist in Bedrängnis geraten. In der Publizistik und der Politik wächst die Meinung, die Folgen der Globalisierung und die Probleme des Standortes Deutschland ließen sich nur durch einen Abbau sozialstaatlicher Vorkehrungen in den Griff bekommen. Gesetze und Gesetzesentwürfe zielen in diese Richtung. Im vorliegenden Buch analysiert Franz-Xaver Kaufmann umfassend und prägnant die aktuellen Herausforderungen, von der Bevölkerungsentwicklung bis zum Verlust wirtschaftspolitischer Autonomie. Gleichzeitig warnt er vor kurzschlüssigen Verengungen der Probleme auf das Wirtschaftliche und verdeutlicht den unverzichtbaren Eigenwert der Sozialstaatlichkeit, die allerdings nur durch nachhaltige Umstrukturierung ihre zukünftigen Aufgaben wird erfüllen können.

Franz-Xaver Kaufmann, geb. 1932 in Zürich, ist seit 1969 Professor für Sozialpolitik und Soziologie an der Universität Bielefeld.

Franz-Xaver Kaufmann

Herausforderungen des Sozialstaates

Suhrkamp

edition suhrkamp 2053
Erste Auflage 1997

Erstausgabe

Satz: Jung Satzcentrum, Lahnau
Druck: Nomos Verlagsgesellschaft, Baden-Baden
Umschlag gestaltet nach einem Konzept
von Willy Fleckhaus: Rolf Staudt
Printed in Germany

5 6 7 8 9 – 06 05 04 03 02

Inhalt

Vorwort

Als ich im Herbst 1994 erstmals vortragsweise versuchte, die gegenwärtigen Herausforderungen des deutschen Sozialstaates im Zusammenhang zu skizzieren*, war das Thema erst Gegenstand publizistischer und noch nicht politischer Auseinandersetzungen. Nun stehen wir mitten im Kampf um neue Renten- und Steuergesetze; Kürzungen im Bereich der Sozialhilfe und der Arbeitslosenversicherung sind bereits erfolgt, und Debatten um eine weiterreichende Umstrukturierung der Krankenversicherung wollen nicht zur Ruhe kommen. Die Steuereinnahmen sind rückläufig, und die Arbeitslosigkeit erreicht neue Rekordmarken. Die unternehmerische Wirtschaft klagt über die Höhe der Lohnnebenkosten, und die Gewerkschaften machen gegen Versuche mobil, die Besitzstände von Arbeitnehmern in Frage zu stellen. Ein allgemeiner Verteilungskampf ist entbrannt, wie ihn die Bundesrepublik seit ihrem Bestehen noch nicht erlebt hat. Es geht nicht mehr um die Verteilung von Zuwächsen, sondern um die Verteilung von Kürzungen im Rahmen stagnierender oder gar schrumpfender öffentlicher Haushalte. Wachsen ist leichter als Schrumpfen. Und es ist besonders irritierend, daß gleichzeitig die Aktienbörsen boomen, die Einkommen der Selbständigen überproportional zunehmen und die Politik bemüht ist, die Spitzensteuersätze zu senken. Die einen sprechen von einem »Klassenkampf von oben«, die anderen von »Sozialneid« und »Leistung muß sich wieder lohnen«. Es ist ungemütlich geworden im deutschen Sozialstaat.

Wie viele Zeitgenossen fand auch ich in den vergangenen zwei Jahren vielfältige Anlässe, mich über die Schaukämpfe der Politik zu ärgern oder über fadenscheinige Moralisierungen

* Vgl. F.-X. Kaufmann, *Modernisierungsschübe, Familie und Sozialstaat.* Otto-von-Freising-Vorlesungen der Katholischen Universität Eichstätt, Bd. 12, München 1996.

von seiten unterschiedlicher Verbände zu empören. Weder das Programm einer Halbierung der Arbeitslosenzahlen durch Entlastung der unternehmerischen Wirtschaft (und mit ihr auch der nicht-unternehmerischen Besser-Verdienenden) noch der Kampf gegen die Kürzung der Lohnfortzahlungen und die Besteuerung von Renten oder Lohnzuschlägen können mich als Strategie überzeugen.

Kürzungen im Bereich der Sozialkosten sind unvermeidlich, um so mehr, als eine Umverteilung zugunsten der nachwachsenden Generationen und eine neue Qualifizierungsoffensive überfällig sind. Aber man sollte sich von diesen Kürzungen keine Überwindung der wirtschaftlichen Stagnation erhoffen.

Die Suche nach Regeln, welche den Anstieg der Lohnnebenkosten begrenzen, ist notwendig, aber kein Programm zur Ankurbelung der Wirtschaft. Der historische Erfolg der europäischen Wohlfahrtsstaaten beruhte auf der Komplementarität von Wirtschaft und Sozialpolitik, wobei in beiden Bereichen in der Vergangenheit Fehler gemacht wurden, für die uns heute die Rechnung präsentiert wird. Der Zusammenhang zwischen Wirtschaftswachstum und Einkommensumverteilung ist weitgehend kontingent, d. h. je nach den Umständen positiv, neutral oder negativ und – soweit quantifizierende Untersuchungen vorliegen – ziemlich schwach. Es ist daher völlig verfehlt, die Höhe der Sozialaufwendungen zur Hauptursache einer unbefriedigenden Wirtschaftsentwicklung zu erklären.

Umgekehrt läßt sich natürlich nur verteilen, was zuerst erwirtschaftet und dann staatlich abgeschöpft worden ist. Und die Möglichkeiten, sich staatlicher Abschöpfung zu entziehen, haben in jüngster Zeit dank der Liberalisierung des internationalen Kapitalverkehrs stark zugenommen und werden wohl auch systematischer gesucht. Eine absehbare Steigerungstendenz der Sozialausgaben trifft heute somit auf Umstände, welche die Möglichkeit ihrer Finanzierung beeinträchtigen. So sind Verschärfungen der Verteilungskonflikte nahezu zwangsläufig.

Es hat keinen Sinn, über das Verschwinden des »kurzen Traums immerwährender Prosperität« (Burkart Lutz) oder über einen Verlust an Solidarität zu klagen. Wir werden uns m. E. mit einer andauernden Tendenz zur Unterbeschäftigung abfinden und trotzdem Wege zu einem gedeihlichen Zusammenleben einschlagen müssen. Dies kann nur gelingen, wenn wir nicht primär auf das scheinbare Null-Summenspiel der Einkommensverteilung starren, sondern die größeren Zusammenhänge der Wohlfahrtsproduktion in Deutschland und ihre wachsende Abhängigkeit von transnationalen Entwicklungen in Betracht ziehen. Hierzu möchte dieses Buch beitragen. Seine Hauptbotschaft lautet, daß die Ursachen unserer gegenwärtigen wirtschaftlichen und sozialpolitischen Schwierigkeiten heterogener Art sind, also aus unterschiedlichen, voneinander weitgehend unabhängigen Veränderungen stammen. Demzufolge wird der angemahnte »Umbau des Sozialstaates« auch nicht durch eine »Reform aus einem Guß«, sondern nur durch schrittweise aufeinander abgestimmte Veränderungen vor sich gehen können. Diese bedürfen jedoch, um langfristig in erwünschtere Richtungen zu führen, deutlicher Problembeschreibungen und daraus ableitbarer Prioritäten. Die folgenden, zwischen Ökonomie, Soziologie und Politikwissenschaft angesiedelten Analysen dienen primär der Grundlegung eigener Urteilsfähigkeit und sind daher bemüht, auf Partei ergreifende Appelle zu verzichten. Soweit mir jedoch praktische Folgerungen schlüssig erscheinen, werden sie auch nicht verschwiegen.

Vielfältige Anregungen von Kollegen, Mitarbeitern und Studenten sind in diese Schrift eingeflossen. Stellvertretend seien Hartmut Ey (Bielefeld), Karl Gabriel (Vechta), Friedhart Hegner (Berlin), Karl Hinrichs (Bremen) und Stephan Leibfried (Bremen) genannt, insbesondere jedoch Torsten Strulik, der nicht nur die Tabellen und Graphiken erstellt, sondern mich auch in kongenialer Weise mit neuen Informationen versorgt hat. Unmittelbar vor der Drucklegung durfte ich von Kommentaren und Anregungen profitieren, die anläßlich einer Sitzung der Sektion Sozialpolitik der Deutschen Gesellschaft für Soziologie vorgetragen wurden, die der Diskussion einer früheren Fassung dieses Manuskripts gewidmet war. Ich danke Rolf G. Heinze und Thomas Olk sowie allen Beteiligten für dieses Interesse. Für die zuverlässige Erstellung der vielfach überarbeiteten Druckvorlage danke ich Rita Nisius.

Bielefeld, Mai 1997 *Franz-Xaver Kaufmann*

Einführung

Die gegenwärtigen Schwierigkeiten westlicher Sozialstaaten lassen ein vertieftes Verständnis dessen dringlich werden, was den bisherigen Erfolg und was die aktuellen Schwierigkeiten des wohlfahrtsstaatlichen Arrangements ausmacht. Beides steht in einem inneren Zusammenhang, der in den aktuellen Diskussionen um »Beschäftigungspakte« und den »Umbau des Sozialstaates« zwar vorausgesetzt wird, aber nicht zur Sprache kommt. Der bisherige Erfolg der westlichen Sozial- oder Wohlfahrtsstaaten beruhte auf dem dynamischen Zusammenhang zwischen einem starken, d. h. entscheidungs- und steuerungsfähigen Staat, einer die Dispositionsfreiheit der Unternehmer sichernden, ihre Produktivität fortwährend steigernden Marktwirtschaft, dem Ausbau eines die Folgeprobleme der Wirtschaftsdynamik auffangenden und die Lebensbedingungen der Gesamtbevölkerung stabilisierenden Sozialsektors und den Leistungen der privaten Haushalte, insbesondere der Familien. Jeder dieser vier Gesellschaftsbereiche entwickelt seine eigene Dynamik, welche Folgeprobleme in anderen Bereichen hervorrufen kann.

Alle bisherigen theoretischen Bemühungen zum Verständnis der Sozial- oder Wohlfahrtsstaatlichkeit setzen den Nationalstaat als entscheidend voraus. Die jüngste und vielleicht nachhaltigste Herausforderung des wohlfahrtsstaatlichen Arrangements resultiert jedoch aus länderübergreifenden Entwicklungen: der Globalisierung der Finanzmärkte, der Verschärfung der Standortkonkurrenz unter den Staaten, der europäischen Einigung und – last but not least – dem Zusammenbruch des Ostblocks. Die Bereitschaft der von der wirtschaftlichen Entwicklung Begünstigten, eine sozialstaatliche Begrenzung ihrer Gewinnchancen hinzunehmen, wurde durch die Systemkonkurrenz zwischen West und Ost zweifellos gefördert. Diese Rücksicht ist nun weggefallen, und nahezu gleichzeitig hat die Liberalisierung der internationalen Finanzmärkte die Mobilitätschancen des Kapitals sprunghaft erweitert. Darüber hinaus intensivieren sich vielfältige grenzüberschreitende Austauschprozesse, so daß der Nationalstaat immer weniger als umfassender Schicksalsraum oder als »gesellschaftlicher Horizont« erfahren wird.

Die gegenwärtig recht undifferenziert als »Globalisierung« bezeichnete wachsende internationale Abhängigkeit staatlicher Politik steigert nicht nur die Ansprüche an die Lernfähigkeit und das Problemlösungsverhalten von Regierung und Parlament, sondern stellt auch die Sozialwissenschaften vor neue Aufgaben. Nicht nur für das öffentliche Recht und die Politikwissenschaft bildete der Nationalstaat die selbstverständliche Bezugseinheit ihrer Analysen. Auch die Soziologie orientierte sich, soweit sie nicht ausdrücklich internationale oder »weltgesellschaftliche« Perspektiven in Betracht zog, implizit an einem durch politische Grenzen konstituierten Gesellschaftsbegriff. Diese politischen Grenzen stellen aber immer weniger ein Hindernis für soziale Kommunikationen aller Art dar, wie die Unkontrollierbarkeit inhaltlicher Angebote im Internet besonders drastisch zeigt. Die tatsächlichen Formen der Vergesellschaftung drängen mit Macht über den Nationalstaat hinaus – von der Wirtschaft über die Wissenschaft bis hin zu transnationalen Beziehungsnetzen zwischen Migranten. Dies ist auch der tiefere Grund für das Drängen nach supranationaler politischer Einigung in Europa. All diese unter sich recht heterogenen Prozesse zeitigen jedoch in einer Hinsicht dasselbe Resultat, nämlich eine starke Beeinträchtigung von Souveränität und Autonomie des Nationalstaates. Daher sind die Sozialwissenschaften zu einem Überdenken ihrer grundlegenden Kategorien und zu einer bewußteren Berücksichtigung unterschiedlicher Ebenen sozialen und politischen Handelns herausgefordert.

Der Gegenstand der vorliegenden Studie ist primär der deutsche Sozialstaat, im theoretischen Zusammenhang jedoch auch der vor einem europäischen Erfahrungshintergrund gebildete Typus des Wohlfahrtsstaats.[1] Gegen Ende der Überlegungen wird den transnationalen Herausforderungen Rechnung getragen. Daß daraus mehr offene Fragen als politisch handhabbare Antworten resultieren, liegt in der Natur der Sache bzw. unserer gegenwärtigen zeitgeschichtlichen Lage und sollte dem Verfasser nicht zum Vorwurf gemacht werden. Es kann hier nur darum gehen, unser Bewußtsein für sich abzeichnende Entwicklungen zu schärfen und dadurch hoffentlich dazu beizutragen, daß nicht allzu viele Kräfte und Kämpfe an sich auflösenden Fronten verschlissen werden.

1 In international vergleichender Perspektive erscheinen »Sozialstaat« und »soziale Marktwirtschaft« als die typisch deutschen Bezeichnungen der wohlfahrtsstaatlichen Programmatik. Von »Sozialstaat« ist daher im folgenden die Rede, insoweit auf die deutschen Umstände abgehoben wird. Die Bezeichnung »Wohlfahrtsstaat« wird verwendet, wo es um einen bestimmten, vor allem in Nord- und Westeuropa anzutreffenden Typus der Vergesellschaftung geht, der im folgenden als »wohlfahrtsstaatliches Arrangement« theoretisch bestimmt wird.

1. Die Kostendynamik des Sozialsektors

Der Sozialstaat ist ins Gerede gekommen, und zwar nicht mehr nur in intellektuellen und zumal sozialwissenschaftlichen Kreisen, die bereits seit Mitte der siebziger Jahre über eine »Krise des Wohlfahrtsstaates« debattieren.[2] Die Sorge hat seit wenigen Jahren auch die praktische Politik in Deutschland erreicht, wo die Krisenwarnungen im Gegensatz zum angelsächsischen Raum erstaunlich lange kaum Resonanz fanden.[3] Der Sozialstaat wird für die Verschlechterung der internationalen Konkurrenzfähigkeit der deutschen Wirtschaft bzw. des »Wirtschaftsstandortes Deutschland« verantwortlich gemacht, welche für die andauernd hohe Arbeitslosigkeit ursächlich sein soll. Die Klage über die hohen Lohnnebenkosten gipfelt in der Forderung nach einem »Umbau des Sozialstaates«, und dieser Forderung stimmen auch viele sozialpolitische Experten zu. Was darunter zu verstehen ist, bleibt allerdings diffus und kontrovers.

Den Ausgangspunkt dieser Diskussionen bildet eine Diagnose »überbordender Sozialausgaben«. So hat sich die Sozialleistungsquote von 21,7 % (1960) über 26,6 % (1970) auf 33,9 % (1975) erhöht, um dann wieder auf 29,2 % (1990) zu sinken; seither ist ein scharfer Wiederanstieg auf 34,1 % (1995) zu be-

2 Diese Krisendiskussion begann in der ersten Hälfte der siebziger Jahre, als sich – vor allem unter dem Eindruck der ersten Ölkrise und des Berichts des Club of Rome zur Lage der Menschheit (D. Meadows u. a., *Die Grenzen des Wachstums*. Stuttgart 1972) – das Ende der langen wirtschaftlichen Expansionsphase der Nachkriegszeit abzuzeichnen begann. Einen Überblick über die seitherige Krisendiskussion gibt M. Prisching, *Krisen – eine soziologische Untersuchung*. Wien 1986.

3 Diese Debatten vollziehen sich naturgemäß vor allem in den öffentlichkeitsnahen Medien. Vgl. als frühe Buchpublikation J. Becker, *Der erschöpfte Sozialstaat. Neue Wege zur sozialen Gerechtigkeit*. Frankfurt a. M. 1994; Becker ist Oberbürgermeister der Stadt Pforzheim.

obachten.[4] Innerhalb der Beitragsbemessungsgrenzen betragen im Jahre 1997 die Beiträge zur gesetzlichen Rentenversicherung 20,3 % der Bruttoarbeitsentgelte, die Beiträge zur gesetzlichen Krankenversicherung etwa 13,2 bis 13,7 % und zur Arbeitslosenversicherung 6,5 %; hinzu kommt die neue Pflegeversicherung mit 1,7 %, insgesamt also rd. 42 %, die hälftig von Arbeitgebern und Arbeitnehmern zu tragen sind. Zusätzlich sind von den Arbeitgebern allein die Kosten der Berufsunfallversicherung, der Lohnfortzahlung, des bezahlten Urlaubs usw. zu tragen. Die Lohnzusatzkosten haben 1995 80 % der Bruttolöhne und -gehälter überschritten. Dabei ist allerdings zu berücksichtigen, daß weniger als die Hälfte (ca. 45 %) der Lohnzusatzkosten auf gesetzliche Verpflichtungen zurückgehen.[5] Rund ein Viertel entfällt auf freiwillige Leistungen, die sehr ungleich verteilt sind, d. h., sie werden im wesentlichen von Großunternehmungen erbracht und kommen ausschließlich den Stammbelegschaften und hier insbesondere den Führungskräften zugute. Die restlichen ca. 30 % beruhen auf tariflichen Verpflichtungen der Arbeitgeber.

Der jüngste Anstieg der Sozialleistungsquote und der Lohnnebenkosten ist vor allem von der deutschen Vereinigung ausgelöst worden. Regierung und Gesetzgeber haben den Sozialversicherungsträgern – und damit den Versicherten und den Unternehmen gleichermaßen – die Gesamtkosten für die soziale Sicherung in den neuen Bundesländern auferlegt und damit gleichzeitig die Beamten und Selbständigen von der Mittragung der Kosten entlastet. Kompetente Schätzungen besagen, daß die Sozialabgaben ohne diese vereinigungsbedingten, »sozialversicherungsfremden« Lasten bis zu 8 % niedriger sein

4 Nach: Bundesministerium für Arbeit und Sozialordnung (Hg.), *Sozialbudget 1995*. Bonn 1997. Die Sozialleistungsquote wird allerdings nicht immer gleich definiert, deshalb finden sich in der Literatur auch unterschiedliche Werte für dieselben Jahre.

5 Vgl. *Informationsdienst des Instituts der deutschen Wirtschaft* (iwd), 7. 3. 1996, S. 8.

könnten. Allerdings hätten dann die Kosten vom Bundeshaushalt übernommen werden müssen, was Steuererhöhungen und wesentlich größere Verteilungskonflikte ausgelöst hätte. Dennoch: Die Klage über die politisch ausgelöste Überhöhung der Lohnnebenkosten ist berechtigt, es handelt sich jedoch um eine durch ein äußeres Ereignis ausgelöste Belastung des deutschen Sozialleistungssystems, nicht um den Ausdruck einer sozialpolitischen Unersättlichkeit. *In den aktuellen Forderungen nach einem »Umbau des Sozialstaates« kommt somit zunächst der Kampf um die Verteilung der vereinigungsbedingten Lasten zur Geltung.*

Allerdings haben die gegenwärtigen Auseinandersetzungen noch einen zweiten, einen Zukunftsaspekt. Er wurde durch ein Gutachten der *Prognos AG* im Auftrage des Verbandes der Deutschen Rentenversicherungsträger ausgelöst, welches auf der Basis optimistischer und pessimistischer Annahmen zwei Szenarien der Wirtschafts- und Sozialleistungsentwicklung bis zum Jahre 2040 errechnet hat. In der günstigeren Variante würden unter den gegenwärtigen gesetzlichen Regeln die Gesamtbeiträge (Arbeitgeber und Arbeitnehmer) zur Sozialversicherung auf bis zu 48,6%, in der ungünstigeren Variante bis auf 52,7%, allerdings erst im Jahre 2040, steigen.[6] Seit Veröffentlichung dieses Gutachtens ist in mancherlei Vorschlägen die Tendenz zu beobachten, die gegenwärtigen Schwierigkeiten zum Anlaß für gesetzliche Begrenzungen des Anstiegs der Sozialabgaben in der Zukunft zu nehmen.

Inzwischen hat jedoch das Argument der »versicherungsfremden Leistungen« Schule gemacht: Es wird behauptet, die Sozialversicherungen finanzierten aus den Beiträgen der Versicherten Leistungen, welche entweder entbehrlich oder aus dem Staatshaushalt zu finanzieren seien.[7] Die vorgebrachten Ab-

6 Hier zitiert nach J. Krüger, *Generationensolidarität oder Altenmacht – Was trägt (künftig) den Generationenvertrag?* In: *Zeitschrift für Sozialreform* 42 (1996), S. 625-656, hier S. 634.

7 So beziffert z. B. das Institut der deutschen Wirtschaft die versicherungsfremden

grenzungskriterien sind dabei keineswegs einheitlich und erscheinen dem unbeteiligten Beobachter nicht selten willkürlich. Das einzige systematische Kriterium bezieht sich auf die Äquivalenz von Beiträgen und Leistungen. Aber auch dieses bleibt sehr unscharf, solange die zu deckenden Risiken nicht genau definiert werden. Zudem wird dieses der Privatversicherung entlehnte Prinzip nur in der Diskussion um die Rentenversicherung vorgebracht, bei der es primär um Geldleistungen geht. Bei den in der Krankenversicherung dominierenden Sachleistungen bleibt die einkommensorientierte Beitragsbemessung trotz der offensichtlich anders gelagerten Risikostruktur unumstritten. Denn offenbar liegt der Sinn einer öffentlich geregelten *Sozial*versicherung im Unterschied zur privaten Individualversicherung gerade darin, daß hier auch Bedarfsgesichtspunkte und nicht nur die ökonomische Leistungsfähigkeit der Versicherungsnehmer berücksichtigt werden *sollen*. Dies ist – verkürzt gesagt – ein moralisches und kein ökonomisches Argument, und diese beiden Dimensionen lassen sich nicht aufeinander verrechnen. *Auch die Diskussion um »versicherungsfremde Leistungen« ist somit nur ein scheinrationaler Nebenkriegsschauplatz des allgemein schärfer werdenden Verteilungskampfes um ein langsamer wachsendes und von einer tendenziell sinkenden Zahl Beschäftigter produziertes Sozialprodukt.*

Dennoch ist nicht zu bestreiten, daß es auch *systembedingte Steigerungstendenzen der Sozialausgaben* gibt. Sie resultieren

Leistungen der Renten-, Kranken- und Arbeitslosenversicherung im Jahre 1994 auf 127 Milliarden DM und rechnet darunter insbesondere Kriegsfolgelasten, Anrechnungszeiten in der Rentenversicherung, vorzeitige Altersrenten und Vorruhestand, die beitragsfreie Krankenversicherung von Familienangehörigen sowie arbeitsmarktpolitische Maßnahmen (*iwd* vom 28. 3. 1996). Zur Gesamtdiskussion vgl. J. Hofmann, *Befreiung der Sozialversicherung von versicherungsfremden Leistungen – ordnungspolitische Bereinigung oder sozialer Verschiebebahnhof?* In: *Arbeit und Sozialpolitik*, 49. Jg. (1995), H. 11/12, S. 12-16; K. Vogler-Ludwig, *Versicherungsfremde Leistungen in der Sozialversicherung. Wachstum- und Beschäftigungseffekte einer Beitragssenkung*. In: *Deutsche Rentenversicherung*, 1997, Nr. 3-4, S. 161-176.

in der gesetzlichen Rentenversicherung aus der fortgesetzten Zunahme der Rentner, welche demographische wie arbeitsmarktpolitische Ursachen (Frühverrentungen) hat. In der gesetzlichen Krankenversicherung zeigt sich die stärkste interne Kostendynamik: Hier wirken medizintechnische Fortschritte, die Lohnintensität der Dienstleistungen und ihre geringe Rationalisierbarkeit sowie die demographische Entwicklung zusammen. Bei der Arbeitslosenversicherung ist die Ausgabensteigerung hauptsächlich auf die Zunahme der Arbeitslosenzahlen zurückzuführen; dabei lassen sich demographische, strukturelle, konjunkturelle und friktionelle Komponenten der Arbeitslosigkeit unterscheiden. Auch in der neuen Pflegeversicherung ist mit einer internen Ausgabendynamik zu rechnen: Die Inanspruchnahme staatlich finanzierter Pflegeleistungen, welche bis vor kurzem ausschließlich auf dem Wege über die Sozialhilfe möglich war, wird nunmehr von der Bevölkerung zunehmend als Rechtsanspruch verstanden werden. Trotz staatlicher Bemühungen um die Stärkung der Familienpflege ist mit einer allmählichen Zunahme der Nachfrage nach Heimpflege zu rechnen. Dagegen spricht nicht, daß die Ausgaben zunächst noch hinter den Erwartungen zurückgeblieben sind. Die sozialen Wirkungen von Gesetzen zeigen sich erst nach allmählichen Umwertungs- und Umgewöhnungsprozessen der Betroffenen.

Die Dämpfung dieser systembedingten Ausgabendynamiken setzt in jedem der vier Sozialversicherungsbereiche *unterschiedliche* Maßnahmen voraus. Im Falle der gesetzlichen Rentenversicherung ist die demographische Dynamik z. B. durch die Rentenreform von 1992 mit dem Übergang zur Rentenanpassung gemäß der Nettolohnentwicklung deutlich entschärft worden; die Einschränkung der Frühverrentungen wird auch dieser Dynamik Grenzen setzen. Im Gesundheitswesen findet eine schrittweise Erhöhung der staatlichen Steuerungskapazitäten statt. Die Bekämpfung der endogenen Ausgabendynamik wird allerdings in zahlreichen Fällen zu einer Leistungseinschränkung und zu einer Verringerung der Transfernutzen bei den sozialpolitischen Zielgruppen führen. Daneben darf auf echte Rationalisierungsgewinne gehofft werden, deren Umfang schwer zu schätzen ist.

Das Ausmaß der Beschränkungen, welche auf der Leistungsseite unumgänglich werden, ist von der Entwicklung des sozialversicherungspflichtigen Beschäftigungsvolumens abhängig. Zwar wäre es grundsätzlich möglich, das Beitragssystem so zu ändern, daß ein Teil der Belastungen vom Bereich der Arbeit auf denjenigen des investierten Kapitals (sog. Maschinenbeitrag) oder auch auf eine um die Kapitaleinkünfte der Versicherten verbreiterte Berechnungsbasis verschoben würde. Aber angesichts der ohnehin zu geringen Investitionsneigung in Deutschland und der Fluchtmöglichkeit des Kapitals würde dies in der gegenwärtigen Situation nicht hilfreich sein. Es führt kein Weg daran vorbei, daß die Finanzierbarkeit der Sozialaufwendungen von der Entwicklung der Wirtschaftstätigkeit abhängig ist und bleibt. Die politischen Bemühungen um eine Stärkung der Innovationsfähigkeit der deutschen Wirtschaft, zur Erhöhung der Attraktivität des »Standortes Deutschland« für inländische und ausländische Investoren und zur Schaffung neuer Arbeitsplätze sind daher die unverzichtbare Voraussetzung für die Erhaltung der sozialen Schutzsysteme und selbst Ausdruck sozialstaatlicher Verantwortung.

Im Rahmen dieser Schrift soll nun aber nicht von den aktuellen Kontroversen zwischen Parteien und Tarifpartnern die Rede sein, welche die Spalten der Tageszeitungen füllen. Hier geht es vielmehr um langfristige Veränderungen, welche unterhalb der öffentlichen Aufmerksamkeitsschwelle wirksam sind, jedoch den Charakter und die Intensität der jeweiligen politischen Tagesprobleme nachhaltig beeinflussen. Wer den Sozialstaat umbauen will, sollte sich zunächst seiner Bauprinzipien vergewissern. Deshalb wird im folgenden zuerst den Vorstellungen über Sozial- oder Wohlfahrtsstaatlichkeit begriffliche und historische Kontur gegeben (Abschnitte 2 bis 4). Es wird gezeigt, daß es sich um ein komplexes Arrangement handelt, das Staat, Wirtschaft und den Bereich der privaten Reproduktion in charakteristischer Weise verbindet und durchaus als produktive Lösung zahlreicher mit der Industrialisierung zusammenhängender Konflikte gelten kann. Das relativ problemlose Funktionieren dieses Arrangements beruht jedoch auf Bedingungen, deren Fortbestand durch Entwicklungen in jüngster Zeit in Frage gestellt wird. Die charakteristischen Herausforderungen des bestehenden wohlfahrtsstaatlichen Arrangements werden daher in einem zweiten Teil am deutschen Beispiel untersucht (Abschnitte 6 bis 10). Daraus werden schließlich einige politikbezogene Schlußfolgerungen gezogen (Abschnitt 11).

2. Zum Konzept des Sozialstaates

Der Terminus »Sozialstaat« ist vor allem ein Topos der politischen und juristischen Diskurse in der Bundesrepublik, während die Sozialwissenschaften in international vergleichender Absicht den Terminus »Wohlfahrtsstaat« vorziehen. Letzterer wurde in Deutschland oft als polemischer Begriff zur Abgrenzung des eigenen Modells der »sozialen Marktwirtschaft« vom skandinavischen »Versorgungsstaat« verwendet, aber aus international vergleichender Sicht handelt es sich hier um verschiedene nationale Varianten des gleichen Typus gesamtgesellschaftlicher Entwicklung: Von der liberalen Trennung eines auf Fragen von Sicherheit und Ordnung begrenzten Rechtsstaates einerseits und einer auf der freien Entfaltung der Konkurrenz beruhenden privatkapitalistischen Wirtschaft andererseits zu einem komplexeren Verhältnis von Staat, Wirtschaft und Gesellschaft, im Rahmen dessen bei grundsätzlicher Wahrung struktureller Grenzen zwischen Staat und Wirtschaft auch die Belange der privaten Wohlfahrt zum Gegenstand politischer Verantwortung werden.[8]

Was aber bedeutet nun genauer das mit den Begriffen Sozial- oder Wohlfahrtsstaat Gemeinte? Die prägnanteste Definition scheint mir nach wie vor diejenige von Harry Girvetz: »Der Wohlfahrtsstaat ist der institutionelle Ausdruck der Übernahme einer legalen und damit formalen und ausdrücklichen Verantwortung einer Gesellschaft für das Wohlergehen ihrer Mitglieder in grundlegenden Belangen.«[9] In diesem Sinne wird auch die sogenannte Sozialstaatsklausel des Art. 20, I GG ver-

8 Vgl. F.-X. Kaufmann, *Staat und Wohlfahrtsproduktion*. In: H.-U. Derlien, U. Gerhardt, F. W. Scharpf (Hg.), *Systemrationalität und Partialinteresse. Festschrift für Renate Mayntz*. Baden-Baden 1994, S. 357-380.

9 H. Girvetz, *Welfare State*. In: *International Encyclopedia of the Social Sciences*, 1968, Vol. 16, S. 512 (Übers. v. Verf.).

standen: »Die Bundesrepublik Deutschland ist ein demokratischer und sozialer Bundesstaat«, welche ihr Echo im Art. 28, I GG findet, demzufolge »die verfassungsmäßige Ordnung in den Ländern ... den Grundsätzen des republikanischen, demokratischen und sozialen Rechtsstaates im Sinne dieses Grundgesetzes« entsprechen muß. Allerdings machen diese Formulierungen auch darauf aufmerksam, daß es keinen Sozial- oder Wohlfahrtsstaat als gesonderte Institution geben kann. Die Sozialstaatlichkeit ist vielmehr ein Charakteristikum des Staates neben anderen, welche nach kontroverser Debatte von Staatsrechtlern heute als *Staatsziel* interpretiert wird. Dabei wird diese Zielsetzung etwa als »Hilfe gegen Not und Armut und ein menschenwürdiges Existenzminimum für jedermann; mehr Gleichheit durch den Abbau von Wohlstandsdifferenzen und Kontrolle von Abhängigkeitsverhältnissen; mehr Sicherheit gegenüber den ›Wechselfällen des Lebens‹; und schließlich Hebung und Ausbreitung des Wohlstandes« konkretisiert.[10] Die sozialpolitischen Staatsaufgeben stehen dabei stets in Konkurrenz zu weiteren Zielen, Zwecken oder Aufgaben des Staates, und dieser ist selbst nicht das Ganze der Gesellschaft, sondern nur deren zentrales politisches Organ.

Die institutionellen Komplexe des Sozial- oder Wohlfahrtsstaates – also beispielsweise die Behörden des Arbeitsschutzes oder die Systeme der Sicherung gegen die sozialen Grundrisiken Krankheit, Alter, Berufsunfälle und Arbeitslosigkeit, das Bildungs- und Gesundheitswesen, die Arbeitsmarktpolitik oder die besonderen Einrichtungen für sozial gefährdete oder benachteiligte Gruppen – stehen auch in den Ländern, die diese Einrichtungen weitgehend verstaatlicht haben, nicht im Zentrum staatlicher Politik, sondern sind als Sonderbehörden bzw.

10 Vgl. H. F. Zacher, *Das soziale Staatsziel.* In: *Handbuch des Staatsrechts der Bundesrepublik Deutschland*, hg. v. J. Isensee und P. Kirchhof. Bd. 1, Heidelberg 1987, S. 1045-1111; hier zit. n. H. F. Zacher, *Abhandlungen zum Sozialrecht*, hg. v. B. Baron von Maydell und E. Eichenhofer. Heidelberg 1993, S. 3-72, Zit. S. 18f.

als selbständige Körperschaften des öffentlichen Rechts organisiert. Will man sie mit einem Sammelbegriff bezeichnen, so bietet sich derjenige des *Sozial- oder Wohlfahrtssektors* an. Hierbei handelt es sich regelmäßig nicht um eine homogene zentralisierte Einheit, ein umfassendes System, sondern um *eine mehr oder weniger fragmentierte Ansammlung spezifischer Dienstleistungssysteme, die ihre eigene Professionalität entwickeln.* Die sozialstaatliche Verantwortung bezieht sich auf die Gründung, Finanzierung und Steuerung derartiger Dienstleistungssysteme, wobei deren kollektive Finanzierung und politische Steuerung in einer grundsätzlich liberalen Gesellschaftsordnung spezifischer Begründungen bedarf.

Im Falle der Bundesrepublik Deutschland äußert sich die soziale Aktivität des Staates im wesentlichen im *Arbeits- und Sozialrecht.* Im Unterschied zum skandinavischen und insbesondere zum angelsächsischen Raum wird die Bildungspolitik nicht zur Sozialpolitik gerechnet, wohl eine Folge ihrer Verankerung auf der Ebene der Länder, während Sozialpolitik vornehmlich als Bundesangelegenheit gilt. Der Sache nach gehört jedoch Bildungspolitik in den sozialstaatlichen Zusammenhang.[11]

Durch die Schaffung einer Arbeits- und Sozialgerichtsbarkeit haben diese Rechtsmaterien in der Bundesrepublik eine im internationalen Vergleich hohe Eigenständigkeit gewonnen. Auch die meisten sozialen Einrichtungen stehen nicht in unmittelbarer staatlicher Trägerschaft, sondern genießen als Körperschaften des öffentlichen Rechts oder als gemeinnützige Einrichtungen eine gewisse Autonomie. *Der Sozialsektor ist also im Falle der Bundesrepublik deutlich als separater Bereich neben dem staatlich verfaßten politischen System und der pri-*

11 Vgl. bereits F.-X. Kaufmann, *Sicherheit als soziologisches und sozialpolitisches Problem.* Stuttgart 1973², S. 347ff.; A. Heidenheimer, *Education and Social Security Entitlements in Europe and America.* In: P. Flora/A. Heidenheimer (Hg.), *The Development of Welfare States in Europe and America.* New Brunswick 1981, S. 269-304.

vatrechtlich verfaßten Marktwirtschaft zu erkennen.[12] Will man die wohlfahrtsstaatliche von anderen idealtypischen Formen industrieller Gesellschaften – insbesondere der liberalen und der sozialistischen Gesellschaftsform – unterscheiden, so können wir sie als institutionelle Verknüpfung zwischen einem ausdifferenzierten, privatkapitalistischen Wirtschaftssystem, einem demokratischen, Wohlfahrtsverantwortung übernehmenden Staatswesen und einem von beiden zu unterscheidenden, staatlich regulierten Wohlfahrtssektor kennzeichnen.

Was wir als Sozial- oder Wohlfahrtsstaat bezeichnen, bezieht sich also nicht auf den Staat allein, sondern – wie deutsche Sozialwissenschaftler schon um die Mitte des 19. Jahrhunderts präzise formuliert haben, auf die *»Vermittlung« zwischen marktgesellschaftlicher Privatsphäre und rechtsstaatlicher Öffentlichkeit*; diese Aufgabe bezeichneten sie als »sociale Politik«.[13] Die Einrichtungen des Arbeits-, Bildungs- und Sozialrechts konstituieren eine charakteristische Zwischensphäre zwischen Wirtschaftsunternehmungen, privaten Haushalten und Staat oder, analytischer gesprochen, zwischen den Sphären

12 Dieser Begriff des Sozialsektors ist nicht mit demjenigen des »dritten Sektors« identisch, welcher in den letzten Jahren »sich als Sammelbezeichnung etabliert für Weder-Markt-Noch-Staat-Organisationen, die Güter oder Dienstleistungen produzieren«. (W. Seibel, *Verbindungsmuster zwischen öffentlichem und drittem Sektor im Ländervergleich*. In: *Jahrbuch zur Staats- und Verwaltungswissenschaft*, Bd. 4 (1990), S. 113-141, Zit. S. 113.) Er ist einerseits weiter, insofern er auch staatliche Formen der Dienstleistungsproduktion – z. B. die Arbeitsverwaltung oder das Bildungswesen – umfaßt; er ist andererseits enger, als er nur diejenigen nicht-gewinnorientierten Tätigkeiten und Organisationen erfaßt, die unter einem spezifisch regulierenden staatlichen Einfluß stehen. Er umfaßt schließlich auch gewinnorientierte Unternehmungen (z. B. Privatkliniken), insoweit diese in den staatlich regulierten sozialen Dienstleistungsbereichen tätig sind.

13 Vgl. E. Pankoke, *Sociale Bewegung – sociale Frage – sociale Politik. Grundfragen der deutschen »Socialwissenschaft« im 19. Jahrhundert*. Stuttgart 1970, S. 167ff. Der Begriff »Sozialpolitik« hat sich mittlerweile international durchgesetzt, allerdings bezeichnet er nicht überall dieselben Politikbereiche; in Deutschland wird die Bildungspolitik nicht zur Sozialpolitik gezählt, in Großbritannien dagegen bleibt der Bereich der Arbeitsbeziehungen ausgeschlossen. Wir verwenden den Begriff im folgenden synonym mit »wohlfahrtsstaatlicher Politik«.

der Produktion, der Reproduktion und dem politischen Gemeinwesen. Für die Entstehung zahlreicher sozialpolitischer Institutionen läßt sich eine Affinität oder »Wahlverwandtschaft« zwischen politischen und gesellschaftlichen Problemlösungsversuchen nachweisen, welche sich im Laufe der Entwicklung verbinden und gerade dadurch zum Erfolg führen.[14] Was hier allerdings »Erfolg« bedeutet, wird im folgenden noch genauer zu bedenken sein (vgl. Abschnitt 4).

Soviel also zum konzeptuell Grundsätzlichen. Historisch gesehen beginnt die Entwicklung zum Sozial- oder Wohlfahrtsstaat moderner Prägung[15] als Reaktion auf die Folgeprobleme der Industrialisierung und Verstädterung in den meisten Ländern in der zweiten Hälfte des 19. Jahrhunderts oder zu Beginn des 20. Jahrhunderts, aber der programmatisch legitimierte Ausbau des Wohlfahrtssektors vollzog sich vor allem in den ersten Jahrzehnten nach dem Zweiten Weltkrieg.[16] Trotz aller Unterschiede im einzelnen lassen sich klare internationale Ähnlichkeiten hinsichtlich der Maßnahmenfelder feststellen, zu denen vor allem der Arbeitsschutz, die soziale Sicherung, die Armutsbekämpfung sowie die Gesundheits- und Bildungspolitik gehören. Weitere Politikfelder wie die Familien-, Um-

14 Vgl. E. Rieger, *Die Institutionalisierung des Wohlfahrtsstaates*. Opladen 1992.

15 Man kann auch von einem vormodernen Wohlfahrtsstaat sprechen, denn bereits der merkantilistische »Polizeystaat« kümmerte sich um die gesellschaftlichen Verhältnisse im Interesse der Wohlfahrt seiner Gesellschaftsglieder und zugleich im staatlichen Interesse. Vgl. insb. R. A. Dorwart, *The Prussian Welfare State before 1740*. Cambridge Mass. 1971; sowie kritisch G. Habermann, *Der Wohlfahrtsstaat: Die Geschichte eines Irrwegs*. Frankfurt a. M./Berlin 1994, S. 15ff.

16 International vergleichende Überblicke geben: G. V. Rimlinger, *Welfare Policy and Industrialization in Europe, America and Russia*. New York 1971; P. de Laubier, *L'âge de la politique sociale*. Paris 1978; D. E. Ashford, *The Emergence of the Welfare States*. Oxford 1986; P. Flora (Hg.), *Growth to Limits. The Western European Welfare States since World War II.*, bisher 3 Bde., Berlin/New York 1986ff.; M. G. Schmidt, *Sozialpolitik. Historische Entwicklung und internationaler Vergleich*. Opladen 1988; G. A. Ritter, *Der Sozialstaat. Entstehung und Entwicklung im internationalen Vergleich*. München 1989; P. Baldwin, *The Politics of Social Solidarity. Class Bases of the European Welfare State 1875-1975*. Cambridge 1990; J. Schmid, *Wohlfahrtsstaaten im Vergleich*. Opladen 1996.

welt- oder Arbeitsmarktpolitik sind dagegen sehr unterschiedlich ausgeprägt. Ebenso unterscheiden sich die nationalen Traditionen hinsichtlich der ideologischen Begründung und Systematisierung getroffener Maßnahmen, hinsichtlich des Grades ihrer Verrechtlichung und Verstaatlichung sowie hinsichtlich der politischen Prioritäten mit Bezug auf unterschiedliche Felder der wohlfahrtsstaatlichen Entwicklung.

Beim Versuch, die wohlfahrtsstaatliche Entwicklung international vergleichend zu begreifen, scheint sich allmählich die Auffassung durchzusetzen, daß ähnliche Herausforderungen (Industrialisierung, Verstädterung, Arbeiterbewegung, Zweiter Weltkrieg) auf der Basis unterschiedlicher (weltanschaulicher, politischer und pragmatischer) Deutungen und unter den Bedingungen unterschiedlicher politischer Regime und Machtverhältnisse bearbeitet wurden, woraus verschiedene institutionelle Lösungen resultierten. Vor allem hat sich jedoch eine »Pfadabhängigkeit« der institutionellen Lösungen gezeigt, d. h., Art und Ausgestaltung einmal getroffener sozialpolitischer Maßnahmen haben großen Einfluß auf spätere Maßnahmen gehabt. So stellen sich die sozialpolitischen Maßnahmen und wohlfahrtsstaatlichen Strukturen von Land zu Land sehr unterschiedlich dar.[17] Sie sind nicht nur Ausdruck unterschiedlicher politischer Kräfteverhältnisse, sondern in der Langfristperspektive auch unterschiedlicher kultureller Auffassungen, z. B. über die Rolle des Staates, über das Verhältnis von Freiheit und Sicherheit, über Gerechtigkeit, Solidarität und Unabhängigkeit. Das deutsche Sozialstaatsverständnis weicht dabei sowohl vom angelsächsischen Modell eingeschränkter politischer Wohlfahrtsverantwortung als auch vom skandinavischen Modell weitgehend staatlich organisierter sozialer Dienstleistungsproduktion ab.

17 Ein wichtiger Zweig der jüngeren Wohlfahrtsstaatsforschung versucht in diesem Zusammenhang Gruppen ähnlicher nationaler Wohlfahrtsstaaten typologisch zu systematisieren. Vgl. als einflußreichsten Versuch G. Esping-Andersen, *The Three Worlds of Welfare Capitalism*. Cambridge 1990.

3. Merkmale des wohlfahrtsstaatlichen Arrangements

Trotz dieser Verschiedenheit der historischen Entwicklungen und institutionellen Ausgestaltungen lassen sich gewisse Eigenschaften des wohlfahrtsstaatlichen Arrangements verallgemeinernd zu einem besonderen Typus der neuzeitlichen Gesellschaftsentwicklung verdichten. Drei Gesichtspunkte seien hervorgehoben:

1. In der *Produktionssphäre* bleiben das Privateigentum und die unternehmerische Dispositionsfreiheit grundsätzlich gewahrt; beide werden allerdings einschränkenden Bedingungen unterworfen, um die Machtdifferenz zwischen den Unternehmen und ihren Arbeitskräften – »Kapital« und »Arbeit« – unwirksam zu machen[18] und um unerwünschte Effekte, d. h. außerhalb der Kostenrechnungen der Betriebe anfallende »soziale Kosten« zu reduzieren.[19] Nationale Wohlfahrtsstaaten unterscheiden sich hinsichtlich des dominierenden Typus dieser Einschränkungen (staatliche Verbote, Schadensersatzpflichten, Verfahrensregelungen, Aufsichts- und Verhandlungssysteme).

2. In der *Verteilungssphäre* wird die nach marktwirtschaftlichen Prinzipien ausschließlich am Entgelt für Produktionsfaktoren orientierte primäre Einkommensverteilung durch eine staatlich organisierte sekundäre Einkommensverteilung korrigiert, welche auch den nicht Erwerbstätigen und unvermögenden Bevölkerungsgruppen (Alte, Behinderte, Kinder, Arbeitslose) ein Einkommen sichert. Nationale Wohlfahrtsstaaten unterscheiden sich hinsichtlich der Finanzierungsweise dieser

18 Dies geschieht im wesentlichen durch die Ausgestaltung des Arbeitsrechts; vgl. als international vergleichenden historischen Überblick B. Hepple (Hg.), *The Making of Labour Law in Europe. A Comparative Study of nine Countries up to 1945*. London/New York 1986.

19 Zum Konzept sozialer Kosten vgl. grundlegend K. W. Kapp, *Soziale Kosten der Marktwirtschaft*. Frankfurt a. M. 1979.

Transfereinkommen (durch Steuern und/oder Beiträge) sowie hinsichtlich der Ausgestaltung der hierauf bezogenen Ansprüche und der Organisation des sozialen Sicherungssystems.[20]

3. In der *Reproduktionssphäre* werden die Leistungen der privaten Haushalte durch öffentlich subventionierte oder voll finanzierte Dienstleistungen des Bildungs-, Gesundheits- und Sozialwesens ergänzt und unterstützt. Nationale Wohlfahrtsstaaten unterscheiden sich hinsichtlich des Verhältnisses von staatlicher, kommunaler, freigemeinnütziger und privatwirtschaftlicher Trägerschaft der leistungserbringenden Einrichtungen sowie nach Art und Umfang ihrer politischen und rechtlichen Steuerung.[21]

Vom liberalen rechtsstaatlich-marktwirtschaftlichen Gesellschaftstypus, wie er annäherungsweise in großen Teilen der Vereinigten Staaten und in einigen Schwellenländern anzutreffen ist, unterscheidet sich der wohlfahrtsstaatliche Typus durch den *höheren Grad legitimer Staatsintervention*: Die gesellschaftlichen Verhältnisse werden hier nicht grundsätzlich staatsfrei gedacht, sondern dem Staat wird die Kompetenz zu wohlfahrtssteigernden Interventionen zugesprochen.[22] Vom

20 Zur vergleichenden Übersicht über die Entwicklung sozialer Sicherungssysteme vgl. J. Alber, *Vom Armenhaus zum Wohlfahrtsstaat. Analysen zur Entwicklung der Sozialversicherung in Westeuropa*. Frankfurt/New York 1982; Schmid (FN 16); zur Entwicklung der Staatsausgaben vgl. J. Kohl, *Staatsausgaben in Westeuropa. Analysen zur langfristigen Entwicklung der öffentlichen Finanzen*. Frankfurt/New York 1985; vergleichbare länderspezifische Übersichten bei Flora (FN 16). Der ganz überwiegende Teil der wohlfahrtsstaatlichen Forschung konzentriert sich auf diese Dimension der Verteilungssphäre; das ist jedoch eine verengte Perspektive.

21 Die Vielfalt der Trägerschaften sowie die Vielfalt und Differenziertheit der getroffenen Regelungen lassen diese Dimension im internationalen Vergleich als besonders unübersichtlich erscheinen. Der Vergleich bezieht sich hier notwendigerweise auf bestimmte Systeme der Dienstleistungsproduktion. Vgl. z. B. J. Alber/B. Bernardi-Schenkluhn, *Westeuropäische Gesundheitssysteme im Vergleich*. Frankfurt/New York 1992; R. Poignant, *Education in the Industrialised Countries*. The Hague 1973; J. Bradshaw u. a., *The Support for Children. A Comparison of Arrangements in Fifteen Countries*. London: HMSO 1993.

22 D. h., staatliche Interventionen werden in der Regel mit Wohlfahrtszwecken legitimiert, was selbstverständlich nicht in jedem Falle auch deren Realisierung

sozialistischen Gesellschaftstypus unterscheidet sich der wohlfahrtsstaatliche durch den Schutz des Privateigentums an den Produktionsmitteln und der damit verbundenen *Unabhängigkeit der Unternehmerfunktion.*[23] Sozialistische Staaten kennen überdies nicht die grundsätzliche Differenz von primärer und sekundärer Einkommensverteilung, während hinsichtlich der öffentlichen Dienstleistungen nur graduelle und keineswegs zwingende Unterschiede bestehen.

Im Vergleich zum liberalen und zum sozialistischen Idealtypus wirkt der wohlfahrtsstaatliche weniger elegant, spannungsreicher, aber auch komplexer.[24] Er geht von der Vorstellung einer *gleichzeitigen Steigerbarkeit individueller Freiheit und kollektiver Vorsorge* bzw. von Staatsintervention und gesellschaftlicher Selbststeuerungsfähigkeit aus, überwindet also den traditionellen Gegensatz von Markt und Staat. Seine Begründungen reflektieren den Umstand, daß das Maß individueller Freiheit nichts Naturwüchsiges, sondern stets Resultat gesellschaftlicher Gegebenheiten ist, welche auch die *Verteilung* der Chancen freien Handelns mitbestimmen. Gesellschaftstheoretisch läßt sich der Gedanke einer gleichzeitigen Steigerbarkeit von Staatsintervention und gesellschaftlicher Selbststeuerungsfähigkeit am überzeugendsten auf der Basis einer Theorie der

bedeutet. Zu dieser Problematik vgl. F.-X. Kaufmann, *Elemente einer soziologischen Theorie sozialpolitischer Intervention.* In: Ders. (Hg.), *Staatliche Sozialpolitik und Familie.* München und Wien 1982, S. 49-86.

23 Bereits Lorenz v. Stein sah den Ausweg aus einem destruktiven Klassenantagonismus in einer staatlichen »Politik der sozialen Reform«, welche durch »soziale Verwaltung« die wesentlichen Ansprüche der Arbeiterschaft befriedige und sie auf diese Weise von einem Umsturz der verfassungsmäßigen Eigentumsordnung abhalte, deren Erhalt das primäre Interesse der besitzenden Klassen sei. Der Sozialstaat erscheint hier als vermittelnde Lösung, als produktiver Kompromiß zwischen Kapital und Arbeit. Vgl. zusammenfassend E. W. Böckenförde, *Lorenz v. Stein als Theoretiker der Bewegung von Staat und Gesellschaft zum Sozialstaat.* In: Ders. (Hg.), *Staat und Gesellschaft.* Darmstadt 1976, S. 131-171.

24 Die bloße Gegenüberstellung einer freiheitlichen (Markt-)Ordnung (»Kosmos«) und einer staatlichen Zwangsordnung (»Taxis«), wie sie im Anschluß an F. v. Hayek zuletzt von Habermann (FN 15) vorgenommen wurde, bleibt schlicht hinter dem praktisch wie wissenschaftlich erreichten Entwicklungsstand zurück und führt zu fruchtloser Polemik.

Funktionsdifferenzierung verdeutlichen: Moderne Gesellschaften entwickeln funktionsorientierte Teilsysteme, die sich in ihrer effizienten Einseitigkeit wechselseitig ergänzen und in Schranken halten.[25] *Die wohlfahrtsstaatliche Entwicklung ist ein wesentliches Element der Lösung von Folgeproblemen einer Verselbständigung von Politik und Ökonomie, sie folgt deshalb auch keiner einheitlichen Logik, sondern strebt nach einer Synthese unterschiedlicher – politischer, wirtschaftlicher, kultureller und sozialer – »Logiken«.* Deshalb handelt es sich auch typischerweise um einen interdisziplinären Gegenstand, der sich weder aus ökonomischer noch aus politikwissenschaftlicher oder juristischer noch schließlich aus soziologischer Sicht allein begreifen läßt.

Eine Erfolgsbedingung wohlfahrtsstaatlicher Politik ist das Erreichen einer positiven Wechselwirkung zwischen Wirtschafts- und Sozialpolitik. Deutliche Unterschiede ergeben sich zwischen den europäischen Wohlfahrtsstaaten hinsichtlich der Priorität staatlicher *Vollbeschäftigungspolitik*.[26] Sie hat ihre prägnanteste Ausformulierung in Schweden gefunden.[27] Auch im deutschen Konzept der »sozialen Marktwirtschaft« war Vollbeschäftigung von Anfang an impliziert, allerdings bei Ludwig Erhard nicht als Folge staatlicher Politik, sondern als Folge eines marktwirtschaftlich angeregten Wirtschaftswachstums. Im Unterschied zu Schweden, das dem Vollbeschäfti-

25 Am überzeugendsten wird dieser Gedanke in der Gesellschaftstheorie von Niklas Luhmann entwickelt. Einen Überblick über die wesentlich breitere gedankliche Tradition gibt R. Mayntz, *Funktionelle Teilsysteme in der Theorie sozialer Differenzierung*. In: Dies. u. a., *Differenzierung und Verselbständigung. Zur Entwicklung gesellschaftlicher Teilsysteme*. Frankfurt/New York 1988, S. 11ff. Zur empirischen Plausibilität der These einer gleichzeitigen Steigerbarkeit von politischer Steuerung und gesellschaftlicher Selbststeuerung vgl. R. Mayntz/F. W. Scharpf (Hg.), *Gesellschaftliche Selbstregelung und politische Steuerung*. Frankfurt/New York 1995.

26 Vgl. F. W. Scharpf, *Sozialdemokratische Krisenpolitik in Europa*. Frankfurt/New York, 2. Aufl. 1987².

27 Einen Überblick gibt K. Hinrichs, *Vollbeschäftigung in Schweden. Zu den kulturellen Grundlagen und den Grenzen erfolgreicher Arbeitsmarkt- und Beschäftigungspolitik*. In: *Politische Vierteljahresschrift* 29 (1988), S. 569-590.

gungsziel bis in die achtziger Jahre erste Priorität einräumte, gewann in der Bundesrepublik meist die Geldwertstabilität die oberste wirtschaftspolitische Priorität. Beide Strategien ermöglichten jedoch über längere Zeit eine Synergie von Wirtschafts- und Sozialpolitik. Dagegen gelang es weder in England noch in den romanischen Ländern, Wirtschafts- und Sozialpolitik zu einer dauerhaften positiven Wechselwirkung zu bringen.

Wohlfahrtsstaatliche Arrangements haben sich vor allem in kleineren Ländern bewährt; Deutschland ist wohl das einwohnermäßig größte Land mit einer ausgeprägten Wohlfahrtsstaatlichkeit. Eine nicht nur programmatische, sondern auch tatsächliche Verbesserung der Wohlfahrtsbilanz einer Gesellschaft durch staatliche Interventionen setzt sowohl einen umfangreichen politischen Konsens als auch vergleichsweise überschaubare Sozialverhältnisse voraus; beides wird mit der Größe und der Heterogenität einer Bevölkerung schwieriger. Demgegenüber scheinen marktgesteuerte Koordinationsformen weniger unter Größe und Heterogenität der sozialen Verhältnisse zu leiden.

Wenn wir den historischen Erfolg wohlfahrtsstaatlicher Entwicklungen erklären wollen, genügt es nicht, auf Einzelaspekte hinzuweisen. Bestimmte sozialpolitische Maßnahmen (z.B. kollektive Alterssicherungssysteme oder Kompensationssysteme bei Berufsunfällen) finden sich in nahezu allen sich industrialisierenden Staaten, insbesondere für bestimmte Berufsgruppen wie die Angehörigen des Öffentlichen Dienstes oder die Arbeiter in gefährlichen Industrien. Von einer *wohlfahrtsstaatlichen Entwicklung* sollte erst gesprochen werden, insoweit soziale Sicherungssysteme und soziale Dienstleistungen immer weitere Bevölkerungskreise und tendenziell die Gesamtbevölkerung – sei es in einheitlicher, sei es in gegliederter Form – erfassen und insoweit Arbeitnehmer staatlich gewährleistete Rechte einklagen können, die sie vor Ausbeutung im Arbeitsverhältnis schützen. *Diese Ausbreitungstendenz staatlich vermittelten sozialen Schutzes bis hin zur Gewährleistung sozialer Rechte für jedermann macht die spezifische Differenz der wohlfahrtsstaatlichen Entwicklung aus*, welche inzwischen durch zahlreiche internationale Erklärungen und Abkommen wenigstens programmatisch als Leitbild der gesellschaftlichen Entwicklung auch auf Weltebene anerkannt ist.[28]

Die praktische Durchsetzung dieser Programmatik ist jedoch unterschiedlich weit gediehen, und sobald wir auf die einzelstaatliche Ebene blicken, finden sich nicht nur im Bereich der institutionellen Entwicklungen, sondern auch im Bereich der gesellschaftspolitischen Leitbilder und »Wohlfahrtskulturen« sehr unterschiedliche Vorstellungen.[29] Diese betreffen sowohl den Kreis derjenigen, die Nutznießer sozialstaatlicher Maßnahmen werden sollen (alle Einwohner, alle Inländer, nur die Arbeitnehmer, Ausschluß bestimmter Personengruppen?),

28 Ihren Ausgangspunkt nahm die internationale Entwicklung bereits mit den Versuchen zur Schaffung einer internationalen Fabrikgesetzgebung (ab 1881), die schließlich zur Gründung des Internationalen Arbeitsamtes (1919) führte. Entscheidend wurde jedoch die von der Atlantik-Charta (1941) ausgehende Entwicklung einer internationalen Menschenrechtsdoktrin, die in der Gründung der Vereinten Nationen und der einstimmigen Verabschiedung der Allgemeinen Erklärung der Menschen- und Bürgerrechte durch die UN-Generalversammlung (1948) ihren programmatischen Niederschlag fand. Zur Verwirklichung der bürgerlichen und politischen Rechte einerseits und der wirtschaftlichen, sozialen und kulturellen Rechte andererseits haben die Vereinten Nationen auch völkerrechtlich verbindliche Konventionen zur Ratifizierung aufgelegt, wobei der sogenannte Sozialrechtspakt von 1966 allerdings unter dem Vorbehalt innerstaatlicher Gesetzgebung steht. Für Europa beinhaltet die vom Europarat 1961 verabschiedete Europäische Sozialcharta eine Konkretisierung der wohlfahrtsstaatlichen Programmatik, während die Gemeinschaftscharta der sozialen Grundrechte der Arbeitnehmer der EU (1989), die zudem von England nicht mitgetragen wird, sich ausdrücklich auf die Arbeitnehmer beschränkt. Je verbindlicher die Erklärungen, desto eingeschränkter werden sie formuliert, und desto häufiger finden sich auch Staaten, die auf ihre Ratifizierung verzichten. – Überblicke geben N. Valticos, *Droit International du Travail.* Paris 1970; P. A. Köhler, *Sozialpolitische und sozialrechtliche Aktivitäten der Vereinten Nationen.* Baden-Baden 1987; W. Mäder, *Sozialrecht und Sozialpolitik in der Europäischen Gemeinschaft. Entwicklungen auf dem Weg in die Sozialunion.* Bonn 1992; B. Schulte, *Die Folgen der EG-Integration für die wohlfahrtsstaatlichen Regimes.* In: *Zeitschrift für Sozialreform*, Bd. 37 (1991), S. 548-580.

29 Zum Begriff der Wohlfahrtskultur vgl. F.-X. Kaufmann, *Wohlfahrtskultur – ein neues Nasobem?* In: R. Nippert u. a. (Hg.), *Kritik und Engagement. Festschrift für Christian von Ferber.* München 1991, S. 19-27.

als auch die Methoden, mit denen die »Wohlfahrt« der Bevölkerung am besten zu fördern ist. Umstritten sind dabei insbesondere die Art und das Ausmaß wünschenswerter Staatsinterventionen.

4. Erfolgsbedingungen des wohlfahrtsstaatlichen Arrangements

Worauf ist der historische Erfolg der wohlfahrtsstaatlichen Entwicklungen zurückzuführen, deren Einrichtungen in zunehmendem Maße auch außerhalb Europas in rasch wachsenden Volkswirtschaften adoptiert werden? In der Regel werden nur Einzelargumente genannt, die aber für sich genommen eine so grundlegende, dauerhafte Gesellschaftstransformation wie die wohlfahrtsstaatliche Entwicklung nicht zu erklären vermögen. Es ist gerade das Zusammenspiel von politischen, ökonomischen, kulturellen und sozialen Folgen, das die Vorteile des wohlfahrtsstaatlichen Arrangements erklärt.

Die Hauptwirkung der staatlichen Gewährleistung sozialer Rechte besteht darin, daß breite Bevölkerungskreise in alle wesentlichen Leistungssysteme einer Gesellschaft einbezogen werden. *Es geht also um die Generalisierung des Anspruchs auf Teilhabe an den Lebensmöglichkeiten einer Gesellschaft.*[30]

4.1 Ökonomischer Nutzen

Während die marktvermittelte Wohlfahrtsproduktion Teilhabe an die Erbringung entgeltlicher Arbeit oder die Zur-Verfügung-Stellung von Kapital bindet, die Verteilung der Produktionsergebnisse sich somit ausschließlich an der Knappheit von Produktionsfaktoren orientiert, zielt die sozialstaat-

30 Vgl. zuerst systematisch T. H. Marshall, *Social Class and Citizenship* (1949), deutsch in: T. H. Marshall, *Bürgerrechte und soziale Klassen. Zur Soziologie des Wohlfahrtsstaates*. Hg. v. E. Rieger. Frankfurt/New York 1992. – Dieser Grundgedanke wurde in die neuere Gesellschaftstheorie unter dem Begriff der »Inklusion« aufgenommen. Vgl. T. Parsons, *Das System moderner Gesellschaften*. München 1972, S. 102ff.; N. Luhmann, *Politische Theorie im Wohlfahrtsstaat*. München 1981, S. 25ff.

liche Intervention auf Gewährleistung von Teilhabe auch für diejenigen, welche entgeltliche Leistungen aus den verschiedensten Gründen nicht oder nur eingeschränkt erbringen können – also z. B. infolge von Alter, Behinderung, Mutterschaft oder geringer bzw. ungeeigneter Qualifikationen. Sie zielt darüber hinaus auf die Entwicklung (Bildungswesen) oder Wiederherstellung (Gesundheitswesen) von Kompetenzen, die sich produktiv verwerten lassen.

Die Leistungen des Sozialsektors haben also eine zu den Leistungen des marktwirtschaftlichen Systems *komplementäre Funktion*: Sie sind zum einen vom marktwirtschaftlichen System abhängig, da die Sozialleistungen überwiegend aus dessen Erträgen über Beiträge und Steuern finanziert werden. Sie tragen aber in breiten Teilen auch ihrerseits zur Erhöhung der Leistungsfähigkeit des marktwirtschaftlichen Systems bei, insoweit sie die Humankapitalbildung verbessern, die Arbeitskraft gegen vorzeitigen Verschleiß schützen, die Arbeitsbereitschaft fördern und die Arbeitsproduktivität erhalten bzw. steigern. Dies gilt in besonderer Weise für die Leistungen des Bildungs- und Gesundheitswesens sowie für die Arbeitsmarktpolitik und den Arbeitsschutz, aber indirekt auch für die Familien- und Wohnungspolitik, da die Familien die wichtigsten Investoren in das Humankapital sind; ja sogar für die Alterssicherung, deren prospektive Sicherungswirkung auf die Erwerbstätigen nicht unterschätzt werden sollte. *Die Sozialpolitik hat also selbst einen wirtschaftlichen Wert, aber dieser wird nur aus volkswirtschaftlicher, nicht aus betriebswirtschaftlicher Sicht deutlich*. Denn die Sozialpolitik verhindert bzw. kompensiert negative Effekte der privatwirtschaftlichen Produktionsweise; gleichzeitig stabilisiert sie – insbesondere durch die Familien- und Bildungspolitik – die Humankapitalbildung als Voraussetzung einzel- und volkswirtschaftlicher Produktivität.[31] Neben

31 Bereits Sismondi (1827) hatte erkannt, daß der Grundherr an der Gesundheit und Arbeitsfähigkeit seiner Abhängigen auch aus ökonomischen Gründen interessiert ist, während der kapitalistische Arbeitgeber sich ihrer im Falle von

ihrer Bedeutung für die langfristige volkswirtschaftliche Leistungsfähigkeit kann die Sozialpolitik auch einen ökonomischen Nutzen durch die Stabilisierung der Nachfrage besitzen, doch ist dieses vor allem von Arbeitnehmerseite hervorgehobene Argument eine Frage des *Maßes* sozialpolitischer Umverteilung und daher nur mit Einschränkungen gültig.[32]

Der volkswirtschaftliche Vorteil der Leistungen des Wohlfahrtssektors schließt nicht aus, daß aus einzelwirtschaftlicher Sicht die Belastungen durch den »Sozialaufwand« als nachteilig empfunden werden können. Ein Großteil der sozialpolitischen Interventionen läßt sich ökonomisch mit der Denkfigur des »öffentlichen Gutes« legitimieren: Sie sind »systemrational« und in diesem Sinne im Interesse aller, aber aufgrund ihrer Eigenart lassen sich Kosten und Nutzen nicht eindeutig aufeinander beziehen. Dabei handelt es sich allerdings nur zum kleineren Teil um öffentliche Güter im strengen Sinne, d. h. um Leistungen, die aufgrund ihrer Eigenarten (z. B. Unteilbarkeit der Produktion oder des Konsums) *nur* durch den Staat produziert werden können.[33] Vielmehr handelt es sich vor allem um

Krankheit oder Invalidität jederzeit entledigen kann, also externe Effekte produziert. Von Friedrich List (1841) stammt die Einsicht in die Zentralität der »produktiven Kräfte«, zu denen die politischen Institutionen und die Arbeitskraft ebenso gehören wie das wirtschaftliche Realkapital. Vor allem Rudolf Goldscheid hat jedoch die theoretischen Grundlagen einer »Menschenökonomie« entwickelt, welche in ihren Wechselbeziehungen zur Güterökonomie erst eine umfassende wirtschaftswissenschaftliche Betrachtungsweise möglich macht. Vgl. R. Goldscheid, *Menschenökonomie.* In: *Der wirtschaftliche Wert der Sozialpolitik.* Heft 84/85 der Schriften der Gesellschaft für sociale Reform. Jena 1931, S. 19-54; ebda. weitere einschlägige Beiträge. Die Humankapitaltheorie (zusammenfassend T. W. Schultz, *In Menschen investieren. Die Ökonomik der Bevölkerungsqualität.* Tübingen 1986) hat also lediglich längst bekannte, jedoch von der herrschenden Ökonomie vernachlässigte Zusammenhänge neu entdeckt. Für neuere Perspektiven vgl. G. Vobruba (Hg.), *Der wirtschaftliche Wert der Sozialpolitik.* Berlin 1989.

32 Auch die Gefahr von Überproduktionskrisen durch ungenügende Konsumentennachfrage hat bereits Sismondi erkannt; Marx und Keynes sind ihm in diesem Punkte gefolgt.

33 Klassische Beispiele öffentlicher Güter im strengen Sinne sind die äußere und innere Sicherheit.

sogenannte *meritorische Güter*, d. h. um solche, deren Produktion oder Konsum *Zusatznutzen* erzeugt, die über den bloßen Konsumnutzen des einzelnen Konsumenten hinausgehen. Das klassische Beispiel ist die Humankapitalbildung: Der Bildungsnutzen besteht nicht allein in dem, was den Schülern an der Schule angenehm oder nützlich erscheint, sondern in den Qualifikationen, die sie später verwerten können und auf die die Volkswirtschaft angewiesen ist. Der auf den Finanzwissenschaftler R. A. Musgrave zurückgehende Begriff der meritorischen Güter wird im einzelnen unterschiedlich entwickelt. Ökonomen[34] führen den meritorischen Charakter auf »verzerrte« individuelle Präferenzen zurück. M. E. ist der entscheidende Punkt jedoch die *Relevanz externer Effekte*: Entweder werden durch sozialpolitische Maßnahmen negative externe Effekte bekämpft (beispielsweise der vorzeitige Verschleiß von Arbeitskraft), oder es werden Zustände und Kompetenzen gefördert, die neben dem Nutzen für den einzelnen einen »systemrationalen« kollektiven Nutzen erbringen.[35] Und in einem weiteren Sinne entstehen solche Zusatznutzen auch durch die im folgenden zu behandelnden politischen, kulturellen und sozialen Wirkungen wohlfahrtsstaatlicher Vorkehrungen.

4.2 Politischer Nutzen

Den Zeitgenossen großer Sozialreformen am unmittelbarsten bewußt war wohl ihr politischer Wert. Den meisten größeren Sozialreformen gingen spannungsreiche Situationen voraus, die von zentralen politischen Akteuren als politische Herausforderung begriffen wurden. So war das früheste wohlfahrtsstaatliche Gesetz, die Armengesetzgebung der englischen

34 z. B. J. G. Head, *Merit Goods Revisited*. In: Finanzarchiv NF 28 (1969), S. 214-225.

35 Vgl. Kaufmann, *Staat und Wohlfahrtsproduktion* (FN 8), S. 362f.

Königin Elisabeth I. (1599-1601), eine konstruktive Antwort auf die Probleme des vagierenden Bettel, der seit dem Spätmittelalter als Geißel Europas empfunden wurde und den die bisherigen Herrscher vor allem mit repressiven Maßnahmen zu beherrschen suchten.[36] Die Bismarcksche Sozialversicherungs-Gesetzgebung (1881-89) bildete das Gegenstück zum Sozialistengesetz (1878) und sollte »auch unter den besitzlosen Klassen der Bevölkerung, welche zugleich die zahlreichsten und am wenigsten unterrichteten sind, die Anschauung ... pflegen, daß der Staat nicht nur eine notwendige, sondern auch eine wohltätige Einrichtung sei«.[37]

Noch deutlicher kommt der pazifizierende, weil sozialintegrative Aspekt der wohlfahrtsstaatlichen Entwicklung in den historischen Abkommen zwischen Arbeitgeberverbänden und Gewerkschaften zum Ausdruck, welche in mehreren Ländern die Grundlage des *»wohlfahrtsstaatlichen Kompromisses«* bildeten. So einigten sich bereits im September 1899 in Dänemark die kurz zuvor gebildeten nationalen Verbände beider Tarifparteien nach dem längsten und härtesten Arbeitskampf der dänischen Geschichte auf ein Abkommen, das die wechselseitige Anerkennung als Partner kollektiver Tarifverträge, die Regelung von Streik und Aussperrung und eine grundsätzliche Friedenspflicht beinhaltete. Einerseits anerkannten die Gewerkschaften das Recht der Arbeitgeber auf die Leitung des Betriebes und die Verteilung der Arbeit und verpflichteten sich, auf ihre Mitglieder im Sinne wachsender Arbeitsdisziplin Einfluß zu nehmen. Andererseits verpflichteten sich die Arbeitge-

36 Eine eindrückliche Schilderung dieser Repression gab bereits Karl Marx, *Das Kapital*, Bd. 1, im Kapitel über die »ursprüngliche Akkumulation«. Die neuere Forschung faßt das Problem in der breiteren Perspektive der Sozialdisziplinierung, vgl. C. Sachße/F. Tennstedt (Hg.), *Soziale Sicherheit und soziale Disziplinierung. Beiträge zu einer historischen Theorie der Sozialpolitik*. Frankfurt am Main 1986; zur elisabethanischen Sozialgesetzgebung vgl. D. Fraser, *The Evolution of the British Welfare State*. London 1984, S. 31ff.

37 Aus der Begründung zum Krankenversicherungsgesetz von 1883, zit. n. H. Schiekel, *Deutsche Sozialpolitik*. München 1955, S. 9.

ber, auf das Drücken von Akkordlöhnen zu verzichten und nach Streiks alle Arbeitnehmer wieder am selben Arbeitsplatz zu beschäftigen. Betriebliche Konflikte sollten auf dem Weg von Vermittlung und notfalls einer Schiedsgerichtsbarkeit geregelt werden. Für Verletzungen des Abkommens wurden die ordentlichen Gerichte als zuständig erklärt. Insbesondere wurde vereinbart, daß einzelne Gewerkschaften oder Arbeitgeber sich den Verpflichtungen aus dem Abkommen nicht durch Austritt aus den zentralen Verbänden sollten entziehen können. Dieses sogenannte *September-Agreement* wurde sogleich von der dänischen Regierung anerkannt, und viele seiner Regeln wurden später in die Gesetzgebung übernommen.[38] Inhaltlich ähnliche Regelungen wurden in Schweden (1906, bzw. Abkommen von Saltsjöbaden 1938) und in der Schweiz (Friedensabkommen in der Metall- und Uhrenindustrie, 1937) getroffen. In Deutschland hatte das Stinnes-Legien-Abkommen (1918), das eine wichtige Voraussetzung der Weimarer Reichsverfassung bildete, unter den Widrigkeiten der damaligen Zeit keinen Bestand. Die Tarifvertrags- und Mitbestimmungsgesetze und die Anerkennung der Grundsätze einer »sozialen Marktwirtschaft« durch die Gewerkschaften lassen sich jedoch ebenfalls als Elemente eines »wohlfahrtsstaatlichen Kompromisses« verstehen.

Schließlich sei auf die Atlantikcharta von 1941 und ihre Wirkungsgeschichte hingewiesen (vgl. FN 28). Sie wurde durch F.D. Roosevelt und W. Churchill auf dem Höhepunkt der Kriegserfolge der Achsenmächte verkündet. Damit sollte durch die Hoffnung auf eine friedliche Nachkriegsordnung der Durchhaltewillen der Bevölkerung in den Staaten der Alliierten gestärkt werden.

Vor allem in der deutschen Sozialpolitiklehre wurde – im

38 Text des Abkommens in Hepple (FN 18), S. 383 ff. Vgl. auch M. Eysell, *Die Gewerkschaftsbewegung in Dänemark. Geschichte, Struktur und Politik.* In: H. Rühle/H.-J. Veen (Hg.), *Gewerkschaften in den Demokratien Westeuropas.* Paderborn 1983, Bd. 2, S. 403-496.

Anschluß an die frühen Analysen Lorenz von Steins – die *gesellschaftsintegrierende Bedeutung der Sozialpolitik* betont.[39] Sozialpolitik wird von den Herrschenden zwecks Erzielung von »Massenloyalität« eingesetzt, ein heute oft als »bonapartistisch« bezeichnetes Motiv.[40] Aber Sozialpolitik ist auch als Ergebnis demokratischer Mehrheitsbildungen in Gang gekommen und vorangetrieben worden, als *Ausdruck* einer Pazifizierung der Klassengegensätze. Dabei waren es keineswegs nur sozialdemokratische Mehrheiten, die die wohlfahrtsstaatliche Entwicklung vorangebracht haben; in vielen Ländern waren christlich-soziale Bewegungen ausschlaggebend.[41] Wie auch immer man die Motive im einzelnen beurteilen mag, es zeigt sich, daß die Pazifizierung der industriellen Beziehungen und der Ausbau des Sozialsektors in der Tat hochgradig mit politischer Stabilität verbunden sind, wie die letzten fünfzig Jahre gezeigt haben. Es ist den Gewerkschaften gelungen, maßgeblich zur betrieblichen und politischen Disziplin breiter Bevölkerungskreise beizutragen, von deren Loyalität das problemarme Funktionieren der bestehenden Ordnungen abhängt. Sie haben ihre Macht dabei in den meisten Ländern nicht in einem wachstumsfeindlichen Sinne gebraucht, sondern vielmehr entscheidend dazu beigetragen, daß die Arbeitnehmer jene fortgesetzten Veränderungen der Arbeitsverhältnisse zu akzeptieren lernten, auf welche die produktivitätssteigernde Modernisierung der Wirtschaft nicht verzichten kann. Damit sei keine Ur-

39 So bestimmte noch Alfred Amonn (*Sozialpolitik als Wissenschaft*. In: *Schmollers Jahrbuch* 50 (1926), S. 417-458) »als eigentliche Aufgabe der wissenschaftlichen Betrachtung der Sozialpolitik ... die Untersuchung der Möglichkeiten der Erhaltung und Stärkung des inneren Zusammenhangs und Zusammenhalts der Gesellschaft oder die Prüfung von in der Praxis sich anbietenden Mitteln zu diesem Zweck ...« (S. 438).

40 Gemeint ist Napoleon III., welcher schon vor Bismarck versuchte, mit sozialen Maßnahmen die Arbeiterschaft »zu verbürgerlichen»; systematisch dazu W.-D. Narr/C. Offe (Hg.), *Wohlfahrtsstaat und Massenloyalität*. Köln 1975, Einleitung, S. 9-46.

41 Vgl. K. van Kersbergen, *Social Capitalism. A Study of Christian Democracy and the Welfare State*. London/New York 1995.

sache-Wirkung-Beziehung behauptet. Vielmehr scheint das wohlfahrtsstaatliche Arrangement von effektiver Marktwirtschaft, politischer Demokratie und entfalteter Sozialpolitik bzw. ausgebautem Sozialsektor einen *spezifischen Typus* der Vergesellschaftung darzustellen, dessen Stabilitätsbedingungen jedoch einer genaueren Untersuchung bedürfen.

4.3 Kulturelle Bedeutung

Das Leitbild eines Gemeinwesens, das auf Freiheit, rechtlicher Gleichheit und zugleich marktwirtschaftlich wie sozialstaatlich vermittelter Solidarität seiner Bürger beruht, hat sich ausschließlich im Horizont der kulturell von Christentum und Aufklärung geprägten westeuropäischen Gesellschaften herausgebildet.[42] Dieses Leitbild war aber nicht am Anfang der wohlfahrtsstaatlichen Entwicklung bereits klar vorhanden, sondern hat sich im Zuge dieser mit den ersten staatlichen Arbeitsschutzmaßnahmen für industriell beschäftigte Kinder einsetzenden Entwicklung *allmählich* entfaltet. Die zunächst meist punktuellen Staatsinterventionen haben durch ihre praktischen Erfolge der Legitimität weiterer Staatsinterventionen den Boden bereitet. Dennoch hätte dieser *pragmatische* Nutzen von Einzelmaßnahmen ohne *normatives* Fundament an Wertüberzeugungen nicht ausgereicht, um der wohlfahrtsstaatlichen Entwicklung die ihr eigene Richtung zu geben. Nützlichkeitserwägungen mögen zwar bei Sozialreformen stets auch eine Rolle gespielt haben, aber deren Erfolg lag keineswegs immer auf der Hand, und nicht selten boten sich repressive Maßnahmen unter kurzfristigen Nutzenüberlegungen an. Es waren vor allem *moralische Überzeugungen*, die die meisten Sozialreformer antrieben, und auch die vorherrschende Legitimation

42 Die sozialpolitische Komponente der Atlantik-Charta geht auf Anregungen aus dem britischen Kabinett und nicht auf amerikanische Vorstellungen zurück. Vgl. Köhler (FN 28), S. 98.

blieb in der Regel eine moralische. Die Quellen dieses Einsatzes für den Schutz der Schwächeren und für die Gewährleistung von menschenwürdigen Existenzbedingungen für jedermann – um nur zwei zentrale sozialpolitische Motive zu nennen – lagen in christlichen und humanitären Überzeugungen der abendländischen Tradition.[43]

Vor allem Eduard Heimann hat auf die zentrale Bedeutung der *beiden* Klassen – dem Bürgertum und der Arbeiterschaft – *gemeinsamen* »sozialen Idee« hingewiesen. Christliche Überzeugungen und sicher auch die Erinnerung an »gemeinschaftlichere« Lebensformen wirkten so als starkes Korrektiv des aufklärerischen Individualismus. »Durch die auf seinem Boden wachsende soziale Bewegung überwindet der Liberalismus sich selbst.«[44] Es war diese Gemeinsamkeit der Wertorientierungen, spezifischer: der grundlegenden Gerechtigkeitsvorstellungen, welche Sozialpolitik ihre inhaltliche Richtung verlieh und Sozialreformen – unbeschadet aller gegensätzlichen Interessen – *normativ* konsensfähig machte. Wo solche ausgleichenden Gerechtigkeitsvorstellungen nicht vorherrschten – beispielsweise in der von einer Mischung aus Prädestinationsglauben und Sozialdarwinismus geprägten US-amerikanischen Kultur –, konnte auch die wohlfahrtsstaatliche Entwicklung erst spät und nur vergleichsweise rudimentär einsetzen. *Die Wohlfahrtsstaatlichkeit ist daher zu einem konstitutiven Element des normativen Grundkonsenses europäischer Staaten geworden, was auch an der Gewährleistung kultureller und sozialer Rechte durch Verfassungen und internationale Verträge deutlich wird.*

43 Vgl. F.-X. Kaufmann, *Christentum und Wohlfahrtsstaat*. In: *Zeitschrift für Sozialreform* 34 (1988) S. 65-89; von den in E. Barker (Hg.), *Founders of the Welfare State* (London 1984) skizzierten fünfzehn Biographien bedeutender englischer Sozialreformer lassen acht einen ausgeprägt religiösen, weitere sechs einen utilitaristischen oder sozialistischen Hintergrund erkennen. – Eine sozialphilosophische Grundlegung des Wohlfahrtsstaats gibt R. E. Goodin, *Reasons for Welfare. The Political Theory of the Welfare State*. Princeton N. J. 1988.

44 E. Heimann, *Soziale Theorie des Kapitalismus – Theorie der Sozialpolitik* (1929). Neuaufl. Frankfurt a. M. 1980, S. 140.

4.4 Soziale Bedeutung

Es fällt auf, daß die Begriffsgeschichte des Wortes »sozial« engstens mit der wohlfahrtsstaatlichen Entwicklung verbunden ist.[45] Das Wort »social« wurde aus dem französischen Sprachraum übernommen, wo es insbesondere im Anschluß an Rousseaus *Contrat social* sich verbreitet hatte. »Sozial« und »gesellschaftlich« wurden zunächst überwiegend synonym verwendet und verweisen auf den Raum der »bürgerlichen Gesellschaft« als den der politischen Kontrolle entzogenen Raum des Verkehrs freier Individuen. Bezieht man den erstmaligen systematischen Gebrauch des lateinischen »socialitas« bei den Theoretikern des Naturrechts mit ein, so zeigt sich, daß »sozial« von Beginn seines gesteigerten Gebrauches an auf die *Ordnung menschlicher Beziehungen* angewandt wurde, die mit dem kulturellen Wegfall einer göttlichen Bestimmung und Gewährleistung solcher Ordnung im Zuge der Aufklärung *zum Problem wurde*.

Schon bald wurde »sozial« sowohl im Gegensatz zu »politisch« als auch zu »wirtschaftlich« benützt und behielt stets eine deskriptiv-normative Doppelsinnigkeit, die ja auch dem Konzept von »Ordnung« eigen ist. Eine »soziale« Ordnung ist hinsichtlich der zwischenmenschlichen Beziehungen »stimmig«, sie ist konsensfähig und zufriedenstellend. Insoweit »sozial« als ein *kritischer* Begriff zur Anwendung gelangte, verweist er vor allem auf die moralischen und kommunikativen *Defizite* der mit der neuen industriell-geldwirtschaftlichen Ökonomie heraufkommenden Verhältnisse, auf ihre Rechenhaftigkeit, Anonymität und »Un-Menschlichkeit«. »Systemintegration« und »Sozialintegration« treten mehr und mehr auseinander und verselbständigen sich hinsichtlich ihrer Erhaltungsbedingungen.[46]

45 Vgl. L. A. H. Geck, *Über das Eindringen des Wortes »sozial« in die deutsche Sprache*. Göttingen 1963; Pankoke (FN 13).

46 Diese Diagnose im Anschluß an die Unterscheidungen von D. Lockwood bestimmt vor allem die These einer »inneren Kolonisierung« bei J. Habermas, der-

Sozialpolitik steht demzufolge auch in einer charakteristischen Spannung zwischen den Anforderungen von Systemintegration und Sozialintegration, die sich beispielsweise in der zunehmenden Kritik an ihrer »Verrechtlichung« oder »Bürokratisierung« äußert.[47]

Die spezifisch soziale Bedeutung der Sozialpolitik liegt aus gesellschaftstheoretischer Perspektive in ihrer Bedeutung für die Erhaltung, d. h. Reproduktion und Regeneration der für die verschiedenen gesellschaftlichen Teilsysteme erforderlichen Humanvermögen.[48] Die Operationen aller gesellschaftlichen Teilsysteme beruhen auf den Fähigkeiten und Motiven von Personen, welche unter ihren Prämissen miteinander umgehen und sie in ihrer spezifischen Wirksamkeit in Gang halten. Alle gesellschaftlichen Vollzüge setzen die Reproduktion der Humanpotentiale im Generationenablauf wie auch die tägliche Regeneration der sich in den systemischen Kommunikationen entfaltenden und verbrauchenden physischen und psychischen Kräfte voraus. Die damit angesprochenen Vorgänge *privater Wohlfahrtsproduktion* vollziehen sich in erster Linie im Rahmen von Familien und Haushalten, also im Bereich der sogenannten privaten Lebensformen. Hierzu gehört nicht nur die Übernahme von Elternverantwortung, d. h. die Pflege und Erziehung des Nachwuchses, sondern auch die Hilfestellung und emotionale Unterstützung unter Erwachsenen, die Führung eines geregelten Haushaltes und insbesondere der selbstverständliche *Zusammenhang* dieser Wohlfahrt stiftenden Lei-

zufolge »die Subsysteme Wirtschaft und Staat infolge des kapitalistischen Wachstums immer komplexer werden und immer tiefer in die symbolische Reproduktion der Lebenswelt eindringen« (*Theorie des kommunikativen Handelns*, Frankfurt a. M. 1981, Bd. 2 II, S. 539).

47 Vgl. zuerst H. Achinger, *Sozialpolitik als Gesellschaftspolitik* (1958). Frankfurt a. M. 1971, S. 87f.

48 Der Begriff »Humanvermögen« will in Erweiterung des Begriffs »Humankapital« auf die gesellschaftliche Nützlichkeit personaler Kompetenzen auch außerhalb der Erwerbssphäre hinweisen. Vgl. *Fünfter Familienbericht: Familie und Familienpolitik im geeinten Deutschland – Zukunft des Humanvermögens.* Bundestags-Drucksache 12/7560, Bonn 1994, S. 26ff., 243ff.

stungen im Rahmen funktionsfähiger Familien (vgl. Abschnitt 8.2).

Das soziale Elend der Frühindustrialisierung bestand gerade darin, daß für breite Bevölkerungskreise weder die wohnungsmäßigen noch die zeitlichen und ökonomischen Voraussetzungen zur Führung eines Familienhaushaltes gegeben waren.[49] Die Beiträge der Sozialpolitik zur Regeneration und Reproduktion der Humanvermögen sind vielfältig; sie reichen von den sozialen Diensten über die Bildungs-, Familien- und Wohnungspolitik bis zur sozialen Sicherungspolitik, da die Verfügbarkeit eines Einkommens auch im Falle der Arbeitsunfähigkeit die elementarste Voraussetzung aller Haushaltsführung ist. *Die Effektivität der Sozialpolitik beruhte dabei in der Vergangenheit auf der Selbstverständlichkeit einer Familienverfassung, welche die Verpflichtung der Frauen zur unentgeltlichen Haushalts- und Erziehungsarbeit legitimierte.*

Offensichtlich ist mit der Anzahl und der Bildung (im umfassenden Sinn) der nachwachsenden Generation ein zentraler Sachverhalt für die theoretische Verknüpfung von individueller und kollektiver Wohlfahrt angesprochen. In einer auf freiheitlichen Prinzipien beruhenden Gesellschaft kann kein gesellschaftliches Teilsystem die Heranwachsenden für sich monopolisieren, und selbst familiäre Traditionen der beruflichen oder konfessionellen Orientierung verlieren an Einfluß. Es gibt kaum mehr spezifische Rekrutierungspotentiale, sondern alle gesellschaftlichen Einrichtungen sind *in unspezifischer Weise* auf die Leistungen des Familien- und des Bildungssystems angewiesen. Das Humanvermögen einer Gesellschaft besteht aus der Gesamtheit der Kompetenzen ihrer Mitglieder, insoweit sie diese – vermittelt über die Interaktion mit den Einrichtungen der verschiedenen gesellschaftlichen Funktionssysteme – in

49 Dieser Aspekt der sozialen Frage wurde vor allem in Frankreich thematisiert und hat die Gestalt der französischen Sozialpolitik nachhaltig geprägt. Vgl. F. Schultheis, *Sozialgeschichte der französischen Familienpolitik*. Frankfurt/New York 1988.

den gesamtgesellschaftlichen Leistungszusammenhang einbringen. Zur Entwicklung der Humanvermögen tragen jedoch nicht nur die familialen Beziehungen und das Bildungswesen, sondern auch ein breites Spektrum freiwilliger Assoziationen bei, welche vielfach bereits als eigenständiger Sektor der Wohlfahrtsproduktion thematisiert werden (vgl. Abschnitt 8.1).

4.5 Zusammenfassung

Der Vorteil des wohlfahrtsstaatlichen Arrangements läßt sich also durch das Zusammenspiel seiner ökonomischen, politischen, kulturellen und sozialen Wirkungen erklären, welche sich wechselseitig verstärken und stabilisieren. Sie lassen sich *idealtypisch* wie folgt zusammenfassen:

a) In *kultureller Hinsicht* trägt Sozialpolitik zur Gewährleistung einer als gerecht angesehenen Sozialordnung bei und erhöht dadurch die Legitimität des jeweiligen Zusammenhangs von Staat und Gesellschaft.

b) In *politischer Hinsicht* wirkt Sozialpolitik pazifizierend, die Klassengegensätze mindernd und die Interessengegensätze in insgesamt produktivere Konfliktaustragungsformen transformierend.

c) In *ökonomischer Hinsicht* verbessert Sozialpolitik die Humankapitalbildung, fördert die Arbeitsbereitschaft und trägt damit zur Steigerung der Arbeitsproduktivität bei.

d) In *sozialer Hinsicht* gewährleistet Sozialpolitik die sozialen Bedingungen der Wohlfahrtsproduktion, d. h., sie stabilisiert den Bereich der privaten Lebensformen, im Rahmen derer die von den verschiedenen Gesellschaftsbereichen beanspruchten Humanvermögen reproduziert bzw. regeneriert werden.

Für unser Argument entscheidend ist die wechselseitige Komplementarität dieser Wirkungen, ihre *Synergie*. Die Wirkungen erfolgreicher sozialpolitischer Interventionen beziehen sich somit nicht auf einen gesellschaftlichen Teilbereich allein, sondern sie sind *multifunktional*. Ihr Vorteil und damit ihr gesellschaftstheoretischer Rang bestehen gerade darin, *daß sie negative Folgen der heute unter dem Stichwort Modernisierung zusammengefaßten Prozesse kompensieren, ohne die damit verbundenen strukturellen Differenzierungen in Frage zu stellen*.

Diese Analyse hat ausschließlich die allgemein positiv bewerteten Wirkungen von Sozialpolitik ins Auge gefaßt und in ihrem Zusammenhang zu entfalten versucht, um die Zentralität der wohlfahrtsstaatlichen Entwicklung für die gesellschaftlichen Transformationen der Neuzeit zu verdeutlichen. Diese wurden und werden in bezug auf die wohlfahrtsstaatliche Entwicklung vor allem unter dem Stichwort der *Industrialisierung* thematisiert. Die neuere Modernisierungstheorie betrachtet jedoch Industrialisierung nur als einen Teilprozeß der gesamtgesellschaftlichen Transformation, dem andere Teilprozesse wie Demokratisierung, Bürokratisierung, Säkularisierung oder Individualisierung und Verstädterung zur Seite gestellt werden. Wie im folgenden noch zu verdeutlichen sein wird, ist die Industrialisierung zudem nur die Antriebskraft der ersten Phase des Modernisierungsprozesses, der sich heute im Übergang zu einer »postindustriellen« oder »Dienstleistungsökonomie« fortsetzt. Ein zentrales Moment des Gesamtprozesses ist dagegen die *strukturelle Verselbständigung gesellschaftlicher Teilbereiche*, die als auf bestimmte Funktionen spezialisierte Teilsysteme interpretiert werden. Diese Verselbständigung organisierter Sozialsysteme und ihre Zuordnung zu bestimmten Sinnbereichen – z. B. Wirtschaft, Politik, Religion, Wissenschaft, Massenkommunikation – setzen *Eigendynamiken* frei, welche die in ihnen ablaufenden Kommunikationen von ihren ursprünglichen lebensweltlichen Zwecken entfernen.[50] Die gesellschaftlichen Teilsysteme gewinnen dadurch gleichzeitig

50 Einen guten Überblick über die soziologische Reflexion dieser Transformationsprozesse bietet U. Schimank, *Theorien gesellschaftlicher Differenzierung*. Opladen 1995.

eine spezifische Leistungsfähigkeit, aber auch eine spezifische Rücksichtslosigkeit gegenüber ihrer Umwelt, die sich in Erfahrungen der Individuen niederschlägt, welche an ihnen in verschiedenen Rollen beteiligt sind. Diese eigendynamische, systemische Verselbständigung, welche Karl Marx in seiner *Kritik der politischen Ökonomie* am Beispiel des Wirtschaftssystems als erster kritisch analysiert hat, macht jedoch vor den sozialpolitischen Maßnahmen nicht halt. Auch wenn diese zunächst als Korrekturen insbesondere der ökonomischen Eigendynamik konzipiert wurden und wirken, so können sich doch auch hier Eigendynamiken entwickeln, die sich etwa als Tendenz zur Kostenexpansion oder auch in Form sinkender »sozialer« Effektivität von Einrichtungen niederschlagen. Wir werden im folgenden auf derartige problematische Entwicklungen zurückkommen.

5. Das Veralten des wohlfahrtsstaatlichen Arrangements

Daß der Wohlfahrtsstaat an seine Grenzen gekommen sei, daß es mit der Expansion der Sozialleistungen nicht einfach weitergehen könne, dieser Auffassung stimmen – wenngleich zögernd – zunehmend auch Verfechter der Sozialpolitik und des wohlfahrtsstaatlichen Projektes zu. In den meisten entwickelten Ländern hat die Sozialleistungsquote, also der Anteil der Sozialleistungen am Volkseinkommen, seit den Nachkriegsjahrzehnten stark zugenommen, *wobei Deutschland seit 1980 durch das Fehlen eines weiteren Anstiegs auffällt* (vgl. Tabelle 1).[51] Für den Anstieg der Sozialleistungsquote – wie auch für den Anstieg des öffentlichen Sektors im Vergleich zum Marktsektor insgesamt – werden sehr unterschiedliche theoretische Erklärungen angeboten.[52] Wir verzichten hier auf die Erörterung hoch abstrakter Erklärungsmuster und halten uns stärker an beobachtbare Sachverhalte. Dabei ist festzustellen, daß seit Mitte der siebziger Jahre in den meisten Ländern die staatlichen Bemühungen um Begrenzung der Sozialausgaben

51 Die Aussagekraft der Sozialleistungsquote für Umfang und Wirksamkeit wohlfahrtsstaatlicher Politik ist allerdings bescheiden. Bei international vergleichend angelegten Tabellen sind die ausgewiesenen Zahlen in der Regel von der Systematik der nationalen Statistiken abhängig und daher nur bedingt vergleichbar. Dagegen liefert der Zeitvergleich für ein und dasselbe Land bei konstanten Definitionen durchaus verläßliche Ergebnisse. Zu dieser Problematik vgl. B. Q. Madison, *The Meaning of Social Policy: The Comparative Dimension in Social Welfare*. London 1980, S. 69ff. – Tabelle 1 wurde aus Zeitreihen mit unterschiedlichen Definitionen zusammengesetzt, wobei ab 1980 offenbar eine stärkere internationale Standardisierung Platz griff. Der hier verwendete Begriff der »Social Protection« ist enger als der Umfang des deutschen Sozialbudgets und schließt z. B. die Beamtenversorgung, betriebliche Maßnahmen und Steuererleichterungen aus. Deshalb ist die hier für Deutschland ausgewiesene Sozialleistungsqoute deutlich niedriger als die in Abschnitt 1 genannten Zahlen.

52 Einen Überblick gibt C. Hood, *Umkehrung der Theorie wachsender Staatstätigkeit*. In: D. Grimm (Hg.), *Staatsaufgaben*. Baden-Baden 1994, S. 93-124.

Tab. 1: Sozialleistungsquoten in ausgewählten OECD-Staaten[1] (1960-1993)

	1960	1965	1970	1975	1980	1980[2]	1985	1990	1993
Belgien	–	16	19	27	30	25,6	28,5	26,6	–
Dänemark	–	–	19	24	27	27,6	26,5	28,3	31,0
Deutschland[3]	18	19	20	26	26	25,4	25,2	23,5	24,7
Frankreich	13	16	17	18	23	23,5	27,0	26,0	28,7
Groß-britannien	10	12	13	16	16	18,3	21,0	19,8	23,4
Italien	13	16	17	21	21	18,3	21,6	23,0	25,0
Niederlande	12	17	22	30	28	28,7	29,0	28,8	30,2
Norwegen	8	10	16	20	21	18,9	20,8	26,9	29,3
Schweden	11	13	17	21	26	30,4	31,6	32,6	38,0
Österreich	16	17	19	21	23	22,3	24,2	23,9	25,8
Schweiz	5	7	8	14	14	–	17,4	17,4	–
Canada	9	9	12	15	15	13,3	16,5	18,0	19,8
Vereinigte Staaten	7	8	10	15	13	12,4	13,0	14,1	15,6
Japan	4	6	6	9	12	11,1	12,1	12,6	–

[1] Öffentliche Ausgaben für Sozialleistungen als Prozentsatz des BIP
[2] Neue Berechnungsweise
[3] Früheres Bundesgebiet (1993 Deutschland insgesamt: 28,3)
Quelle: OECD, *New Orientations for Social Policy, Social Policy Studies* No. 12, 1994; *Labour Market and Social Policy Occasional Papers* No. 17, *Social Expenditure Statistics of OECD Members Countries (provisional version)*, 1996.

sich intensiviert haben und daß insbesondere die Schaffung neuer oder der Ausbau bestehender sozialpolitischer Programme, also die Erweiterung des Spektrums der Sozialleistungen, wesentlich seltener geworden ist. Trotz dieser sozialpolitischen Zurückhaltung und trotz stets erneuter Bemühungen um Kostendämpfung oder gar um Einschränkungen ist es jedoch bisher kaum gelungen, die Anteile der Sozialausgaben wesentlich zu reduzieren. Wir müssen also davon ausgehen, daß es diesen Programmen *immanente Gründe gibt, die auf eine fortschreitende überproportionale Ausgabenexpansion hinwirken*, welche bestenfalls durch Kostendämpfungsmaßnahmen einigermaßen unter Kontrolle gehalten werden können.

Bei der sozialwissenschaftlichen Deutung dieser Sachverhalte lassen sich im wesentlichen drei Erklärungsmuster unterscheiden:

Das erste Erklärungsmuster geht davon aus, daß die wohlfahrtsstaatliche Entwicklung eine bestimmte historische Phase darstellt, welche zur Schaffung wichtiger sozialpolitischer Programme führt, die sich dann insgesamt als problemlösend erweisen, so daß die *Größenordnung der ungelösten sozialen Probleme zurückgeht*. Der Problemdruck wird geringer bzw. verlagert sich in andere, nicht dem Wohlfahrtssektor zuzurechnende Bereiche, etwa in die Umweltproblematik. »Growth to Limits« – so der Titel des ambitiösesten international vergleichenden Projektes der Wohlfahrtsstaatsforschung (vgl. FN 16) – kann als schlagwortartige Interpretation dieser »optimistischen« Position gelten.

Eine zweite, häufig als Fortentwicklung der Marxschen Krisentheorie konzipierte Position geht von einer *Krise des Wohlfahrtsstaates* aus. Diese Position führt den Erfolg des Wohlfahrtsstaates nicht allein auf die tatsächlichen Sozialleistungen, sondern vor allem auf seinen programmatischen Charakter zurück, eine Gesellschaft »frei von Furcht und Not« (so die Atlantik-Charta von 1941) zu schaffen. Je mehr sich zeige, daß der Wohlfahrtsstaat den kapitalistischen Charakter der Wirtschaft nicht aufheben könne und selbst von den Akkumulationsbedingungen des Kapitals abhängig bleibe, je weniger er die geweckten Hoffnungen auf Wohlstand, Gerechtigkeit und Sicherheit für alle zu befriedigen vermöge, desto mehr büße er an Legitimation ein. Mit der »Erschöpfung seiner utopischen Energien« verliere der Wohlfahrtsstaat seine politische Funktion der Stiftung von Loyalität und Solidarität, und damit auch die notwendige politische Unterstützung.[53]

Eine in jüngster Zeit an Einfluß gewinnende dritte Interpretation sieht den Wohlfahrtsstaat als eine im wesentlichen gelungene Problemlösung an, deren Leistungsfähigkeit jedoch aufgrund von weiteren Entwicklungen, die teils unabhängig, teils als Folge der wohlfahrtsstaatlichen Maßnahmen eingetreten sind, im Zuge der Zeit zurückgehe. Die institutionellen Formen des Sozialsektors wären demzufolge die Lösung der gesellschaftlichen Probleme einer bestimmten Epoche gewesen, doch könne diese Lösung nicht als dauerhaft auch für die Zukunft angesehen werden, es müsse mit einem *»Veralten« des wohlfahrtsstaatlichen Arrangements* gerechnet werden.[54] Diese »geschichtsbewußte« Position ist im Vergleich zu den beiden anderen wesentlich komplexer und eignet sich m. E. am besten, um die gegenwärtigen Schwierigkeiten und den Veränderungsbedarf der Sozialstaatlichkeit angemessen zu begreifen.

Im folgenden seien die wichtigsten Veränderungen kurz skizziert, die die Leistungsfähigkeit des bisherigen sozialstaatlichen Arrangements in Frage stellen.

53 Vgl. J. Habermas, *Die Krise des Wohlfahrtsstaates und die Erschöpfung utopischer Energien.* In: Ders., *Die Neue Unübersichtlichkeit. Kleine politische Schriften V*, Frankfurt a. M. 1985, S. 141-163.

54 Eine anspruchsvolle theoretische Konstruktion dieser Argumentation gibt B. Jessop, *Veränderte Staatlichkeit.* In: D. Grimm (Hg.), *Staatsaufgaben* (FN 52), S. 43-73.

5.1 Der Bedeutungsverlust der industriellen Produktion und der Bedeutungsgewinn der Dienstleistungsproduktion

Jean Fourastié hatte bereits Anfang der fünfziger Jahre eine Theorie der fortgesetzten Strukturveränderung der Erwerbsbevölkerung entwickelt, die auf den beiden Erklärungsfaktoren Steigerungsmöglichkeiten der Arbeitsproduktivität einerseits und Sättigungsgrenzen der Nachfrage andererseits beruhte.[55] Während vor Beginn der Industrialisierung ca. 80% der Erwerbstätigen im primären Sektor (Landwirtschaft, Rohstoffgewinnung) tätig waren, brachte in der Folge die Industrialisierung wachsende Beschäftigungsmöglichkeiten im sekundären Sektor, aber auch Steigerungen der Arbeitsproduktivität, die zudem auf den primären Sektor zurückwirkten, wo die Nachfrage zuerst an Sättigungsgrenzen stieß. Mit dem Übergang zur Massenproduktion und ihrer zunehmenden Automatisierung wurde auch im sekundären Sektor Arbeitskraft zunehmend durch Kapital verdrängt, ein bereits von Marx vorausgesehener Zusammenhang. Auch die Nachfrage nach industriellen Gütern erreicht zudem Sättigungsgrenzen, so daß sich – vor allem seit dem Zweiten Weltkrieg – die Beschäftigung immer mehr in den Bereich der Dienstleistungen verlagert hat. Insoweit die wohlfahrtsstaatliche Entwicklung mit dem Ausbau der personenbezogenen Dienstleistungen des Bildungs-, Gesundheits- und Sozialwesens einherging, hat sie selbst nachdrücklich zu dieser Verschiebung beigetragen.[56]

55 Vgl. J. Fourastié, *Die große Hoffnung des 20. Jahrhunderts* (franz. 1952). Köln 1969².

56 In der Bundesrepublik Deutschland (alte Bundesländer) haben zwischen 1973 und 1993 die Sozial- und Erziehungsberufe um 117%, die Gesundheitsdienstberufe um 105% (bei einem Anstieg der Erwerbsbevölkerung von 10%) zugenommen und stehen damit absolut an der Spitze des Beschäftigungszuwachses. Insgesamt haben die Arbeitsplätze in Dienstleistungsberufen in dieser Zeit um knapp 30% zugenommen, ihr Anteil betrug 1993 58,5%. Der Anteil der Fertigungsberufe ging dagegen von 36 auf 28% zurück. Vgl. *iwd*, 4. Mai 1995, S. 2. –

Die gesellschaftspolitischen Implikationen dieser »Tertiarisierung« der Wirtschaft sind bisher nur ungenügend bedacht worden.[57] Sie äußern sich zum einen in einer Veränderung der Arbeitsinhalte und zunehmenden Qualifikationsanforderungen an die Arbeitskräfte. Die von Marx prognostizierte Dominanz der großbetrieblichen Fertigung erwies sich nicht als das letzte Wort der Geschichte.[58] Vielmehr geht die Bedeutung der Industriearbeiterschaft quantitativ und politisch zurück. Die neu entstehenden Dienstleistungsberufe haben ein geringeres Klassenbewußtsein und sind schwerer gewerkschaftlich organisierbar. *Die klassische Koalition von Sozialdemokratie und Gewerkschaften verliert daher ebenso an Bedeutung wie die Sozialmilieus, welche die Weltanschauungsparteien stabilisiert haben.* Die mit der Tertiarisierung einhergehende Professionalisierung und die Individualisierung der Berufsaspirationen scheinen zwar nicht das Bedürfnis nach sozialer Sicherung in Frage zu stellen, wohl aber seine standardisierte und uniforme Befriedigung, wie sie für die herkömmlichen staatlichen Sozialprogramme charakteristisch ist. Die zunehmenden Qualifikationsanforderungen steigern das Interesse der Unternehmer an hochmotivierten, flexiblen und zuverlässigen Arbeitskräften,

Deutschland hat dank der hohen Qualität seiner Berufsausbildung dabei im internationalen Vergleich sich noch einen relativ hohen Anteil an Fertigungsberufen bewahrt; der Trend zur Tertiarisierung ist in anderen hoch entwickelten Ländern noch ausgeprägter. Die gegenwärtige Freisetzungswelle von Arbeitskräften in Deutschland deutet auf einen Nachholbedarf im Hinblick auf die Rationalisierung des industriellen Sektors hin.

57 Ansätze finden sich bei D. Bell, *Die nachindustrielle Gesellschaft.* (engl. 1973) Frankfurt a. M. 1975; A. Gartner/F. Riessman, *Der aktive Konsument in der Dienstleistungsgesellschaft. Zur politischen Ökonomie des tertiären Sektors* (mit einem lesenswerten Nachwort von B. Badura). (engl. 1974) Frankfurt a. M. 1978.

58 Jessop (FN 54), S. 59ff. spricht in diesem Zusammenhang vom Übergang von einer »fordistischen« (d. h. am Prinzip der von J. H. Ford zuerst in die Automobilindustrie eingeführten Massenfertigung orientierten) zu einer »post-fordistischen Produktionsweise«, welche technologisch auf fortgesetzter Innovation und organisatorisch auf zunehmender Flexibilisierung beruht. Mir scheint jedoch die wachsende Bedeutung der Dienstleistungsproduktion (und der damit verbundene Wandel der organisatorischen Anforderungen) der sozialpolitisch zentralere Trend der Wirtschaftsentwicklung zu sein.

die mit übertariflichen Löhnen und betrieblichen Sozialleistungen an das Unternehmen gebunden werden. *Damit sinkt für einen Teil der Arbeitnehmer die Bedeutung der staatlichen Sozialpolitik, auf die der Rest der Bevölkerung jedoch um so stärker angewiesen ist.*

Eine weitere Folge der Tertiarisierung ist die *wachsende Bedeutung weiblicher Normalarbeitsverhältnisse*. In Landwirtschaft und Handwerk waren die Frauen ganz überwiegend ihren Vätern und Ehemännern behilflich. Weibliche Industriearbeit und Dienstverhältnisse blieben im wesentlichen auf die voreheliche Lebensphase beschränkt. Die Expansion der Büroberufe sowie der personenbezogenen Dienstleistungen hat in Verbindung mit der wachsenden Bildungsbeteiligung der Frauen diesen berufliche Lebensperspektiven eröffnet, welche zu einem nachhaltigen Einstellungswandel geführt haben: Die Verbindung von Familien- und Erwerbstätigkeit scheint sich als Leitbild weiblicher Lebensentwürfe mehr und mehr durchzusetzen (vgl. Abschnitt 5.3).

Schließlich sei auf eine mittelbare Folge der sektorspezifischen Unterschiede der Produktivitätsentwicklung hingewiesen: Im Vergleich zu Produkten des primären und sekundären Sektors werden Dienstleistungen notwendig um so teurer, je größer die Rationalisierungsfortschritte in diesen beiden Bereichen sind, denn die Tätigkeiten im tertiären Sektor lassen sich nicht entsprechend rationalisieren. Das gilt insbesondere für die im Sozialsektor dominierenden qualifizierten personenbezogenen Dienstleistungen. Ihrer Rationalisierung sind aufgrund menschlicher Kommunikation als Effektivitätsbedingung enge Grenzen gesetzt. Von daher resultiert eine *zwangsläufige Tendenz zur Kostenexpansion im Bereich des Bildungs-, Gesundheits- und Sozialwesens*, sofern man nicht erhebliche Qualitätsverschlechterungen in Kauf nehmen will. Und es kommt nicht von ungefähr, daß gerade diese Bereiche öffentlich finanziert und reguliert werden, obwohl grundsätzlich eine marktgesteuerte Produktion möglich wäre. Denn ohne eine öffentlich geregelte Finanzierung – und sei es im Rahmen einer Zwangsversicherung – wären große Bevölkerungsteile aus Kostengründen von diesen Leistungen ausgeschlossen.

5.2 Zunehmende internationale Verflechtungen

Die Ökonomie des 19. Jahrhunderts war eine National-Ökonomie. Der überseeische Wirtschaftsverkehr vollzog sich vorzugsweise innerhalb der Kolonialreiche, und auch der Güteraustausch zwischen den reichen Nationen blieb beschränkt. Erst die Dekolonisierung nach dem Zweiten Weltkrieg und die Liberalisierung des Handels begründeten den *Weltmarkt*, d. h. die Orientierung der interkontinentalen Handelsströme an Marktbedingungen. Die internationalen Verflechtungen der Kapital- und Warenströme – und mit der wachsenden Bedeutung des Tourismus sowie der elektronischen Datenkommunikation auch der Dienstleistungen – haben sich jedoch insbesondere in den letzten Jahrzehnten intensiviert, und diese Tendenz wird sich aller Voraussicht nach noch beschleunigen. In dem Maße, wie die entwickeltsten Volkswirtschaften unter den Konkurrenzdruck von Billiglohnländern geraten – und dies ist angesichts der Industrialisierungserfolge in den Schwellenländern und des Endes des Eisernen Vorhangs immer mehr der Fall –, *verstärkt sich der Druck auf einen Strukturwandel der Wirtschaft in den Wohlfahrtsstaaten.* Klassische Produktionszweige verlieren an Bedeutung und müssen durch neue ersetzt werden. Dabei ergibt sich auch eine Verschiebung im Anforderungsprofil an die Arbeitskräfte: Der Anteil der Arbeitsplätze, auf denen hohe Qualifikationen benötigt werden, nimmt zu, während gleichzeitig wenig qualifizierte Arbeitsplätze abgebaut werden. Die internationale Konkurrenz beschleunigt somit den unter 5.1 skizzierten Prozeß und bedroht gleichzeitig – sofern der Strukturwandel nicht gelingt – das Beschäftigungsniveau eines Landes.

Langfristig vielleicht noch einflußreicher ist die *wachsende Abhängigkeit staatlicher Wirtschaftspolitik von den Entwicklungen auf den internationalen Geld- und Kapitalmärkten.* Seit den achtziger Jahren unterlaufen die wachsenden Verflechtungen der international operierenden Geldinstitute die nationalen Kontrollmöglichkeiten der Kapitalmärkte, und zudem wurden in den meisten Ländern die staatlichen Kontrollen des Kapitalverkehrs abgebaut. Nunmehr ist die Investitionsbereitschaft in einem Lande nicht mehr nur von den inländischen Zins- und Liquiditätsverhältnissen abhängig, sondern ebenso von den ausländischen Anlagemöglichkeiten. Da sich Investitionsentscheidungen an Gewinnerwartungen orientieren, ist eine den verfügbaren Geldmitteln entsprechende Sachinvestition nur insoweit zu erwarten, als nicht höhere Gewinne durch Anlagen auf den internationalen Geld- oder Kapitalmärkten erzielbar sind. Dieser Umstand trägt entscheidend dazu bei, daß eine am Ziel der Vollbeschäftigung ausgerichtete, »keynesianische« nationale Wirtschaftspolitik heute im Regelfalle folgenlos bleibt.[59]

Die wohlfahrtsstaatliche Entwicklung hat in nahezu allen Ländern, in denen sie stattfand, zu einem Bedeutungszuwachs der national- oder zentralstaatlichen Ebene geführt, und es war der Nationalstaat, der die politische Situation in Europa vom Beginn des 19. Jahrhunderts an bis in die zweite Hälfte des 20. Jahrhunderts geprägt hat. Mit der Entstehung größerer politischer Einheiten im Zuge der europäischen Integration und vergleichbarer regionaler Zusammenschlüsse in anderen Teilen der Welt sowie als Folge der skizzierten zunehmenden Weltmarktverflechtungen *verlieren die Nationalstaaten die Kontrolle über die Bedingungen ihrer wirtschaftlichen Entwicklung.* Darüber hinaus wächst auch das Interesse subnationaler Einheiten an autonomen Handlungsmöglichkeiten. Das nationalstaatliche Steuerungsniveau wird also sowohl von der supra-

59 Vgl. Scharpf, *Sozialdemokratische Krisenpolitik* (FN 26), S. 301 ff.

staatlichen wie von der infranationalen Ebene (z. B. den Regionen oder in Deutschland den Bundesländern) her konkurrenziert. Dies braucht sich nicht notwendigerweise in einem Abbau von Sozialleistungen zu äußern, aber es ist offenkundig, daß der Einfluß der sozialpolitischen Koalitionen sich gegenüber den wirtschaftsliberalen Tendenzen auf der transnationalen Ebene der Europäischen Gemeinschaft und erst recht auf dem Weltmarkt als eindeutig unterlegen erweist. Somit ist der Nationalstaat als Wohlfahrtsstaat immer stärker gezwungen, auf die durch ihn nicht kontrollierbaren Tendenzen einer liberalisierten Regional- oder gar Weltwirtschaft zu reagieren. *Die strukturellen Voraussetzungen für die Durchsetzung einer konsequenten wohlfahrtsstaatlichen Politik haben sich verschlechtert.* Die Mobilität des Kapitals, aber auch der Privatvermögen von wohlhabenden Personen vergrößert sich. Die Fähigkeit des Staates zur Abschöpfung von Einkommensbestandteilen in Form von Steuern und Beiträgen wird durch die zunehmende Mobilität des Kapitals, aber möglicherweise auch durch wachsende Abgabenwiderstände und durch Umgehungspraktiken eingeschränkt.

5.3 Der Wandel der Geschlechtsrollen und die Auflösung der »stillen Reserve« des Sozialstaates

In den vorindustriellen Wirtschaftsformen dominierte der Familienbetrieb, in der Regel verbunden mit weitreichenden Befugnissen des »Hausherrn« über Frau und Kinder sowie über das Gesinde. Erst die bürgerlichen Reformen verschafften den Familienangehörigen einen eigenständigen zivilen Rechtsstatus, und dies fiel zeitlich mit der Frühindustrialisierung zusammen, welche erst außerhäusliche Beschäftigungsmöglichkeiten in großer Zahl entstehen ließ. Die Auflösung der Hauswirtschaft und die bürgerliche Auffassung der Ehe als ein Rechtsverhältnis zweier grundsätzlich gleichberechtigter, jedoch aufgrund ihres Geschlechtes »wesensverschiedener« Personen führten zum Leitbild der *Hausfrauenehe*, welches die familienrechtlichen Regelungen der zivilrechtlichen Kodifikationen des 19. und beginnenden 20. Jahrhunderts geprägt hat.[60] Die komplementäre Festschreibung der männlichen Rolle auf die Bereiche von Beruf und Öffentlichkeit und der weiblichen Rolle auf die Bereiche Familie und Privatheit erwies sich zunächst als sozialer Fortschritt, insofern sie die Frauen der unteren Schichten von oft erniedrigenden und sie überfordernden Doppelbelastungen der Erwerbsarbeit und Hausarbeit tendenziell befreite. Die Arbeitsteilung trug auch zur Stabilisierung der Familien und zur Verbesserung der Sozialisationssituation des Nachwuchses bei. Sie bedeutete jedoch gleichzeitig die Festschreibung von Geschlechtsunterschieden als Ungleichheit erzeugende soziale Verhältnisse und damit den *Ausschluß der Frauen von den sich rasch entwickelnden Sphären der modernen Welt*.

Die entstehende Sozialpolitik setzte – besonders ausgeprägt in Deutschland – die *Hausfrauenehe als den typischen Normalfall* menschlicher Existenz voraus. In der gesetzlichen Krankenversicherung wurde die Ehefrau aufgrund einkommensproportionaler Beiträge ihres Mannes mitversichert. Noch die Rentenreform von 1957 setzte mit der Beibehaltung einer dem Beamtenrecht nachempfundenen uneingeschränkten Witwenrente die Nicht-Erwerbstätigkeit der Ehefrau voraus. In allen sozialen Sicherungssystemen wurden zudem bedarfsorientierte Kinderleistungen vorgesehen, während das allgemeine Kindergeld erst eine späte Entwicklung darstellte. Unter den Nationalsozialisten aus primär bevölkerungspolitischen Gründen eingeführt, wurde es eben deshalb von den alliierten Besat-

60 Vgl. U. Gerhard, *Verhältnisse und Verhinderungen. Frauenarbeit, Familie und Recht der Frauen im 19. Jahrhundert*. Frankfurt a. M. 1978; zur damaligen wissenschaftlichen Legitimation der Geschlechterpolarisierung vgl. C. Honegger, *Die Ordnung der Geschlechter: Die Wissenschaften vom Menschen und das Weib, 1750-1850*. Frankfurt a. M. 1991.

zungsmächten wieder abgeschafft. Als 1954 ein bundesweites Kindergeld ab dem dritten Kind von DM 25,– monatlich eingeführt wurde, geschah dies aufgrund der Annahme, daß das Erwerbseinkommen der Männer für den Unterhalt von zwei Kindern ausreiche. Die Erziehung der nachwachsenden Generation galt somit als selbstverständliche Aufgabe der Familien oder, genauer gesagt, der Mütter, welche zu diesem Zwecke von Erwerbsarbeit grundsätzlich freigestellt wurden. *Das bisherige wohlfahrtsstaatliche Arrangement beruhte somit auf bestimmten Normalitätsannahmen*, nämlich der dauerhaften Erwerbstätigkeit der Männer bei lediglich sporadischer Erwerbstätigkeit der Frauen, der Selbstverständlichkeit des Eheschlusses und der Familiengründung für beide Geschlechter sowie einer innerfamilialen Arbeitsteilung im Sinne des Modells der Hausfrauenehe.

Was im 19. Jahrhundert noch als Fortschritt gelten konnte, wurde im Zuge der Wohlstandssteigerung nach dem Zweiten Weltkrieg zunehmend als Fessel für die Entfaltung weiblicher Lebensentwürfe empfunden. Die Frauen haben im vergangenen halben Jahrhundert einen starken Zuwachs der Bildungschancen, der beruflichen Möglichkeiten und damit auch an Unabhängigkeit des Lebens errungen. Elisabeth Beck-Gernsheim hat den damit verbundenen Einstellungswandel auf die prägnante Formel »vom Dasein für andere zum Anspruch auf ein Stück eigenes Leben« gebracht.[61]

Zwischen 1970 und 1990 hat beispielsweise die Erwerbstätigkeit 30- bis 34jähriger verheirateter Frauen in den alten Bundesländern von 39 auf 58 % zugenommen, diejenige der 45- bis 49jährigen Frauen von 41 auf 61 %, die Tendenz ist weiterhin steigend.[62] Allerdings ist nur etwa ein Drittel der Mütter von

61 Vgl. E. Beck-Gernsheim, *Vom Dasein für andere zum Anspruch auf ein Stück »eigenes Leben«*. In: *Soziale Welt*, Bd. 34 (1983), S. 307-340.

62 Vgl. W. Klauder, *Wirtschaftliche und gesellschaftliche Bedeutung der Frauenerwerbstätigkeit heute und morgen*. In: *Zeitschrift für Bevölkerungswissenschaft*, Bd. 18 (1992), S. 435-463, hier S. 437.

zwei und mehr Kindern berufstätig, denn einer Verbindung von Familien- und Erwerbstätigkeit stehen in der Bundesrepublik nach wie vor erhebliche Hindernisse im Wege; so fehlt es sowohl an Betreuungseinrichtungen für Kleinkinder als auch an Ganztagsschulen.[63] Im internationalen Vergleich gehört die Bundesrepublik zusammen mit den Niederlanden und Irland zu denjenigen Staaten, welche durch ihre sozialpolitischen Arrangements die Frauen in besonders starkem Maße an familiale Pflichten gebunden und in Abhängigkeit von einem Ehemann gehalten haben.[64]

Angesichts dieser Spannung zwischen Wunsch und Wirklichkeit ist es nicht überraschend, daß in der Bundesrepublik der Anteil der dauerhaft kinderlos bleibenden Frauen stark zugenommen hat (vgl. Abschnitt 6). *Die Frauen scheinen immer weniger bereit, die stille Reserve des Sozialstaates zu bilden und allein die Nachteile auf sich zu nehmen, welche mit der Übernahme von Elternverantwortung verbunden sind.*

Die wachsende Unabhängigkeit der Frauen schlägt sich auch in sinkender Heirats- und in zunehmender Scheidungshäufigkeit nieder. Damit einher geht eine Pluralisierung der privaten Lebensformen, wobei sich drei Haupttypen unterscheiden lassen, nämlich kindorientierte Formen, partnerschaftsorientierte Formen und Formen des Alleinlebens.[65] Der Eheschluß hat dabei in weiten Kreisen an Verbindlichkeit verloren und wird

63 In dieser spezifischen Dimension der Familienpolitik rangiert die Bundesrepublik mit Griechenland, Italien und Portugal am Ende der Rangskala der EU-Staaten; vgl. F.-X. Kaufmann, *Familienpolitik in Europa.* In: *40 Jahre Familienpolitik in der Bundesrepublik Deutschland – Rückblick/Ausblick.* Festschrift hg. v. Bundesministerium für Familien und Senioren. Neuwied 1993, S. 141-167, hier S. 151 ff.

64 Vgl. I. Ostner, *Arm ohne Ehemann? Sozialpolitische Regulierung von Lebenschancen für Frauen im internationalen Vergleich.* In: *Aus Politik und Zeitgeschichte.* B 36-37/95, S. 3-12.

65 Vgl. T. Meyer, *Der Monopolverlust der Familie. Vom Teilsystem Familie zum Teilsystem privater Lebensformen.* In: *Kölner Zeitschrift für Soziologie und Sozialpsychologie,* Bd. 45 (1993), S. 23-40; zur gesellschaftstheoretischen Deutung vgl. F.-X. Kaufmann, *Zukunft der Familie im vereinten Deutschland.* München 1995, S. 148 ff.

häufig im Hinblick auf die damit verbundenen Rechtsfolgen strategisch gewählt oder gemieden. So beeinflussen die Normen des Arbeits- und Sozialrechts heute die privaten Lebensverhältnisse weit stärker als früher, und zwar oft in vom Gesetzgeber nicht beabsichtigter oder den Gesetzesintentionen geradezu widersprechender Weise.

5.4 Inwieweit produziert der Wohlfahrtsstaat seine eigenen Probleme?

Die angedeuteten Veränderungen sind zwar sicher nicht unabhängig von den Umständen der wohlfahrtsstaatlichen Entwicklung in Gang gekommen, aber der Zusammenhang ist insgesamt ein recht indirekter. Von ihnen werden auch all diejenigen Staaten betroffen, die das wohlfahrtsstaatliche Projekt nicht verfolgt haben. Die Frage muß hier offen bleiben, ob und inwieweit sie mit den dadurch ausgelösten Veränderungen besser oder weniger gut umgehen können als die entwickelten Wohlfahrtsstaaten.

Die skizzierten Veränderungen machen es plausibel, daß wohlfahrtsstaatliche Politik heute schwieriger voranzubringen ist als in den ersten Jahrzehnten nach dem Zweiten Weltkrieg. Aber sie lassen noch keinen notwendigen Abbau- oder Änderungsbedarf erkennen. Daß sich finanzielle Grenzen einer Expansion des Sozialsektors abzeichnen, ist für sich genommen noch kein Krisensymptom des Sozialstaates. Die Grenzenlosigkeit der Kompensationsbedürfnisse mag zwar theoretisch plausibel sein[66], aber empirische Untersuchungen zeigen ein insgesamt realistisches und »bescheidenes« Verhältnis der breiten Bevölkerungschichten zum Sozialstaat.[67] Da die Auf-

66 Für eine entsprechende Argumentation vgl. insbesonder N. Luhmann, *Politische Theorie im Wohlfahrtsstaat.* München 1981.

67 Genauer: Die Einstellungen orientieren sich in hohem Maße am jeweils erreichten Status quo; weiterreichende Forderungen werden nur von Minderheiten er-

wendungen des Sozialsektors im wesentlichen aus staatlichen oder parastaatlichen (z. B. Sozialversicherungs-)Haushalten finanziert werden, ergibt sich eine *strukturelle Abhängigkeit der verfügbaren Mittel von der Wirtschaftsentwicklung*. Diese gestaltet sich je nach den Finanzierungsregeln in verschiedenen Ländern unterschiedlich, bleibt aber unhintergehbar. Zwar wurde vielerorts versucht, den Spielraum der öffentlichen Haushalte durch eine Steigerung der Staatsverschuldung zu erhöhen (vgl. Tabelle 2), aber auch diese Taktik stößt mittlerweile an immer härtere Grenzen, vor allem unter den Bedingungen eines reduzierten Wirtschaftswachstums und im Hinblick auf die geplante Währungsunion der EU. Im übrigen spricht vieles dafür, daß inflationäre Entwicklungen vor allem zu Lasten der sozial Schwachen gehen, so daß auch unter sozialpolitischen Gesichtspunkten die inflationäre Lösung öffentlicher Haushaltssorgen als Scheinlösung qualifiziert werden muß.

Vergleicht man Tabelle 2 mit Tabelle 1 nach Ländern, so zeigt sich *kein Zusammenhang zwischen der Höhe der Sozialleistungsquote und dem Ausmaß der Staatsverschuldung. Offensichtlich vermögen einige Länder ihre öffentlichen Haushalte trotz einer ausgeprägten wohlfahrtsstaatlichen Politik im Gleichgewicht zu halten, andere nicht*, wobei die Expansion der Sozialausgaben nur einen Faktor unter mehreren darstellt.

Der umfassendste Versuch, den international vergleichenden Forschungsstand zur wohlfahrtsstaatlichen Entwicklung aufzuarbeiten, kommt zu einem noch weiterreichenden Ergebnis:

hoben, aber große Mehrheiten sind gegen Leistungsabbau. Vgl. etwa die periodisch vom Bundesministerium für Arbeit und Sozialordnung in Auftrag gegebenen Befragungen »Bürger und Sozialstaat«, deren Ergebnisse allerdings nur teilweise veröffentlicht sind. Vgl. auch E. Roller, *Einstellungen der Bürger zum Wohlfahrtsstaat der Bundesrepublik Deutschland.* Opladen 1992; dies., *Abbau des Sozialstaats. Einstellungen der Bundesbürger zu Kürzungen von Sozialleistungen in den neunziger Jahren.* Wissenschaftszentrum Berlin für Sozialforschung, Diskussionspapier FS III, S. 96-205. Berlin 1996; C. G. Ullrich, *Solidarität und Sicherheit. Zur sozialen Akzeptanz der gesetzlichen Krankenversicherung.* In: *Zeitschrift für Soziologie* 25 (1996), S. 171-189.

Tab. 2: Staatsverschuldung (brutto) in Prozent des Bruttoinlandsprodukts in ausgewählten OECD-Staaten (1980-1996)

	1980	1985	1990	1993	1994	1995	1996[1)]
Belgien	78,7	122,6	130,9	137,9	136,0	133,5	132,4
Dänemark	44,7	76,6	68,0	86,0	80,2	80,1	80,0
Deutschland[2)]	32,8	42,5	45,5	52,0	51,6	61,6	64,4
Frankreich	30,9	38,6	40,2	52,5	54,7	57,9	60,3
Großbritannien	54,0	58,9	39,3	56,9	54,6	57,6	60,7
Italien	57,7	82,3	106,4	118,4	123,9	123,0	123,1
Niederlande	46,9	71,5	78,8	81,1	77,6	79,1	78,6
Norwegen	47,6	37,1	31,6	43,3	40,2	39,7	37,7
Schweden	44,3	66,7	44,3	76,3	81,5	81,8	83,2
Österreich	37,3	50,5	58,3	62,8	65,0	69,4	72,3
Schweiz	45,3	–	31,2	43,2	45,7	47,4[3)]	–
Canada	44,3	64,1	72,5	94,4	96,8	99,1	99,4
Vereinigte Staaten	37,0	49,1	55,6	63,5	63,7	64,3	64,1
Japan	51,2	67,0	65,1	67,9	73,2	81,3	88,8

1) Schätzung
2) ab 1993 Deutschland insgesamt
3) Schätzung
Quelle: OECD. Nach Institut der Deutschen Wirtschaft, *Internationale Wirtschaftszahlen 1996*. Für die Schweiz: *Statistisches Jahrbuch der Schweiz 1997*.

Die besonders von Ökonomen behaupteten Unvereinbarkeiten von Arbeitsplatzsicherheit und Arbeitsproduktivität, Sozialleistungsquote und Investitionsquote sowie Einkommensnivellierung und Wirtschaftswachstum lassen sich empirisch nicht nachweisen. *Vielmehr scheinen Länder mit starken korporatistischen Strukturen und hohen Sozialausgaben in der Regel auch ökonomisch erfolgreicher zu sein.*[68] Die relative Höhe der Sozialausgaben (Sozialleistungsquote) ist in erster Linie vom erreichten Wohlstandsniveau abhängig; beschränkt man die Analyse auf vergleichsweise wohlhabende Volkswirtschaften, so erweisen sich das Alter der Sozialleistungssysteme und der Anteil der alten Menschen in der Bevölkerung als die wichtigsten Erklärungsfaktoren. Ein nachhaltiger Einfluß dominanter politischer Richtungen oder der Strukturen des jeweiligen politischen Systems läßt sich nicht nachweisen.[69]

Neuere Untersuchungen legen allerdings die Vermutung nahe, daß in jüngster Zeit Volkswirtschaften mit einer ausgeprägteren Orientierung an marktkonformen Lösungen unter den gegenwärtigen Bedingungen wachsender internationaler Einflüsse eher in der Lage sind, der steigenden Arbeitslosigkeit entgegenzuwirken. Im Rahmen eines komplexen Länder-Ranking zeigt sich, daß zwischen 1980 und 1990 ausgeprägte Wohlfahrtsstaaten unter den beschäftigungspolitisch erfolgreichen Ländern dominierten. Seit 1991 ist jedoch eine deutliche Positionsverschlechterung vor allem der skandinavischen Länder zu beobachten, da die bisherigen Formen aktiver Arbeitsmarktpolitik offenbar nicht ausreichten, um den Anstieg der Arbeitslosigkeit zu verhindern, und die Staatsquote kritische Höhen erreichte. Allerdings verdeutlichen diese Studien auch, daß die relative Höhe der staatlichen Ausgaben sowie der Steuern und Sozialbeiträge ebenso wie der Grad der Staatsverschuldung für den Beschäftigungserfolg von vergleichweise geringem Einfluß sind. Der größte Einfluß wird der sozialen und

68 H. L. Wilensky u. a., *Comparative Social Policy: Theories, Methods, Findings.* Berkeley: Institut of International Studies, University of California, Research Series 62, 1985, S. 41ff. Vgl. auch Scharpf (FN 26); sowie A. Pfaller/I. Gough/G. Therborn, *Can the Welfare State Compete?* London 1991.

69 Wilensky u. a., ebda., S. 6ff.

monetären Stabilität zugesprochen, gefolgt vom Aktivitätsgrad der Arbeitsmarktpolitik, insbesondere den mit ihr verbundenen Qualifizierungsanstrengungen; auch das Wirtschaftswachstum übertrifft noch den Einfluß der fiskalischen Faktoren.[70]

Die Entwicklung der Sozialleistungen und die Grenzen sozialpolitischer Umverteilung resultieren somit aus einem komplexen Zusammenspiel demographischer, ökonomischer, politischer und kultureller Faktoren. *Dabei sind einer Expansion der Sozialausgaben überall strukturelle Grenzen gesetzt durch die Konkurrenz zwischen den verschiedenen öffentlichen Aufgaben einerseits sowie zwischen dem privaten und dem öffentlichen Sektor andererseits.* In diesem Zusammenhang ist zu berücksichtigen, daß bestimmte Teilsysteme des Wohlfahrtssektors eine starke immanente Wachstumstendenz aufweisen, die recht unterschiedliche Ursachen haben kann. Bei den Einkommenssicherungssystemen ist die wichtigste immanente Kostensteigerungsursache die quantitative Zunahme der Anspruchsberechtigten (z. B. der Rentner oder der Arbeitslosen). Bei den Dienstleistungssystemen liegt die Hauptursache in der relativen Verteuerung der Dienstleistungen, denen enge Rationalisierungsgrenzen gesetzt sind. Daraus resultiert nahezu zwangsläufig eine Verschärfung der Verteilungskonflikte, und zwar nicht nur zwischen den Nutznießern der primären und der sekundären Einkommensverteilung, sondern auch unter den von der zweiten Einkommensverteilung abhängigen Produzenten und Konsumenten. Auch dies sollte jedoch noch nicht als Krisensymptom des Sozialstaates angesehen werden, selbst wenn dadurch Enttäuschungen entstehen mögen, die sich als wachsende Unzufriedenheit mit den öffentlichen For-

70 Vgl. J. Schröder/U. van Suntum, Bertelsmann-Stiftung (Hg.), *Internationales Beschäftigungs-Ranking 1996.* Gütersloh 1996, bes. S. 25 ff. Wie auch ältere Projekte verwenden die Autoren im wesentlichen die von der OECD herausgegebenen Zahlen, welche mit vielen Unsicherheiten behaftet sind, denen jedoch im Zeitvergleich eine gewisse Aussagekraft nicht abzusprechen ist, vgl. FN 51.

men der Wohlfahrtsproduktion niederschlagen können (vgl. Abschnitt 11.1).

Die Problemzonen des Wohlfahrtsstaats werden erst sichtbar, wenn wir auf strukturelle Eigenarten des wohlfahrtsstaatlichen Arrangements stoßen, welche entweder dessen Effektivität oder die Entwicklungsmöglichkeiten in anderen Gesellschaftsbereichen in Frage stellen. Zwei Problemzonen seien im folgenden genauer untersucht, nämlich die Probleme des sogenannten Generationenvertrags (Abschnitt 6) und diejenigen des Arbeitsmarktes (Abschnitt 7). In beiden Bereichen läßt sich zeigen, daß die Probleme teilweise »hausgemacht« sind, d. h., als Folgen der wohlfahrtsstaatlichen Entwicklung selbst zu interpretieren sind. In beiden Fällen ist die Konsequenz eine Zunahme der von der zweiten Einkommensverteilung abhängigen Bevölkerungsgruppen, also ein ungünstigeres quantitatives Verhältnis zwischen denjenigen, die den Wohlfahrtsstaat finanzieren, und denjenigen, die von ihm profitieren. Daraus resultiert eine Verschärfung des grundlegenden Verteilungskonfliktes zwischen den Produzenten und Nicht-Produzenten, der auch durch die skizzierten übergreifenden Entwicklungen gefördert wird.

Neben diesen offenkundigen Herausforderungen steht der Sozialstaat jedoch noch weiteren, eher versteckten Herausforderungen gegenüber. Es zeigt sich nämlich, daß die Grenzen der sozialstaatlichen Intervention nicht nur finanzieller Art sind, sondern daß auch der dominierende hoheitlich-bürokratische Interventionsmodus an die Grenzen seiner Effektivität stößt. So führt der öffentliche Finanzierungs- und Zuteilungsmodus leicht zu Motiv- und Verhaltensänderungen, welche den ursprünglichen Zielen politischer Interventionen entgegengesetzt sind. Zunehmend wird deshalb eine »neue Staatlichkeit« gefordert, welche in differenzierter Weise auf die unterschiedlichen gesellschaftlichen Eigendynamiken eingeht und sie im Hinblick auf übergreifende Zielsetzungen zu steuern sucht (Abschnitte 8 und 9.4). Schließlich ergeben sich aus der zunehmenden Offenheit der staatlichen Grenzen neue politische und kulturelle Herausforderungen, die im bisherigen Projekt des Wohlfahrtsstaates noch nicht bedacht worden sind (Abschnitte 9 und 10).

6. Die demographische Herausforderung: Der sogenannte Generationenvertrag

6.1 Geburtenrückgang und demographisches Altern

Die Bevölkerung der Bundesrepublik geht gravierenden Veränderungen ihrer Altersstruktur entgegen. Beim Andauern der seit Mitte der siebziger Jahre mit geringfügigen Schwankungen zu beobachtenden Fertilitätsverhältnisse ersetzen die Geburten einer bestimmten Generation dieselbe nur noch zu etwa zwei Dritteln. Im Durchschnitt werden in der Bundesrepublik pro Frau nur noch ca. 1,4 Kinder geboren (zusammengefaßte Geburtenziffer), die Nettoreproduktionsziffer verharrt seit 1975 auf einem Wert um 65 % (vgl. Abbildung 1), d. h., die Generationen ersetzen sich aufgrund der gesunkenen Geburtenhäufigkeit nur noch zu knapp zwei Dritteln.

Bis kurz nach der Jahrtausendwende wirkt sich dies vor allem erleichternd auf die öffentlichen Haushalte aus, es müssen z. B. weniger Schul- und Hochschulplätze bereitgestellt werden, als wenn die nachwachsenden Generationen zahlreicher wären. Auch ist der Anteil der Bevölkerung im erwerbsfähigen Alter besonders hoch, so daß bei Vollbeschäftigung das Verhältnis von Beitragszahlern zur sozialen Sicherung zu den von deren Leistungen abhängigen Personen besonders günstig wäre. Durch die vergleichsweise hohe, dauerhafte Arbeitslosigkeit wird dieses Verhältnis derzeit zwar reduziert, aber es ist immer noch günstiger, als es etwa ab dem Jahr 2015 zu erwarten ist. Ab dann kommen die geburtenstarken Jahrgänge der fünfziger und sechziger Jahre ins Rentenalter, so daß sich das Verhältnis zwischen Beitragszahlern und Rentnern innerhalb weniger Jahre dramatisch verschieben wird: Während derzeit auf 100 Personen im Alter von 20 bis 60 Jahren 35 Personen im Alter von 60 und mehr Jahren kommen, werden es im Jahre 2015 48 Personen und im Jahre 2030 71 Personen sein, folgt man der

Abb. 1: Entwicklung der zusammengefaßten Geburtenziffern und Nettoreproduktionsziffern der Bevölkerung in Deutschland[1)] (1950-1995)

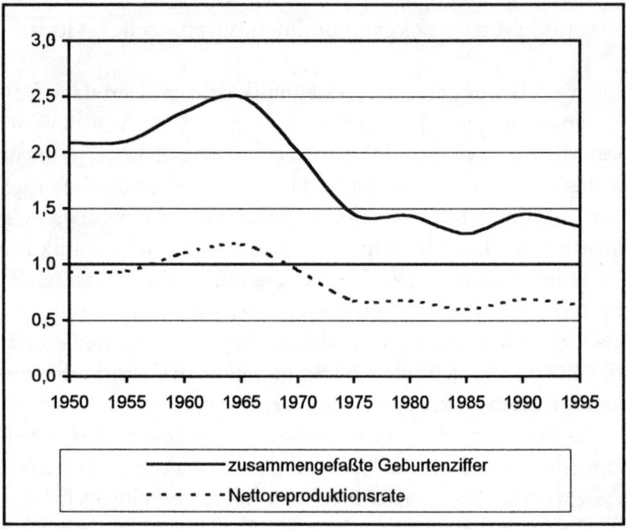

1) Früheres Bundesgebiet; 1950 ohne das Saarland und Berlin-West, 1955 ohne das Saarland.

Quelle: Statistisches Bundesamt. *Fachserie 1: Bevölkerung und Erwerbstätigkeit (Reihe 1).*

neuesten Bevölkerungsvorausschätzung des Statistischen Bundesamtes, die erstmals eine Vorausberechnung für beide Teile Deutschlands gemeinsam unternimmt. Dabei wird bei der hier berücksichtigten Berechnung bereits eine kontinuierliche, wenngleich tendenziell abnehmende Zuwanderung aus dem Ausland zugrunde gelegt (vgl. Tabelle 3).[71]

71 Berechnet aufgrund der Variante I der 8. koordinierten Bevölkerungsvorausberechnung des Statistischen Bundesamtes. Vgl. B. Sommer, *Entwicklung der Bevölkerung bis 2040. Ergebnis der 8. koordinierten Bevölkerungsvorausberechnung*. In: *Wirtschaft und Statistik* 7/1994, S. 497ff.

Tab. 3: Entwicklung der demographischen Altersverteilung in Deutschland (1992-2040)

	1992	2000	2010	2020	2030	2040
Alterskl.	A. in 1000					
0-20	17402,8	17661,4	15169,6	13355,8	12287,9	10758,6
20-60	47072,8	46387,0	46096,0	42554,4	35870,6	33198,0
60 +	16499,0	19299,1	20694,6	22670,7	25518,9	23623,5
Insgesamt	80974,6	83347,4	81960,3	78581,0	73677,3	67580,2
	B. 1992 = 100					
0-20	100	101	87	77	71	62
20-60	100	99	98	90	76	71
60 +	100	117	125	137	155	143
Insgesamt	100	103	101	97	91	83
	C. in %					
0-20	21,5	21,2	18,5	17,0	16,7	15,9
20-60	58,1	55,7	56,2	54,2	48,7	49,1
60 +	20,4	23,2	25,2	28,9	34,6	35,0
Insgesamt	100	100	100	100	100	100

Quelle: *Wirtschaft und Statistik*, H. 7, 1994, S. 497ff. Eigene Berechnungen

Der scharfe Anstieg des Altersquotienten zwischen 2010 und 2030 ist die Folge des scharfen Geburtenrückgangs zwischen 1965 und 1975. Die Entlastung durch den Geburtenrückgang tritt typischerweise einige Jahrzehnte früher auf als die daraus folgende Belastung durch den Anstieg des Altersquotienten. Es läßt sich zeigen, daß, solange der Geburtenrückgang anhält, die jeweils aktuellen demographischen Versorgungslasten für die junge und alte Generation zusammen genommen stets unterhalb der Werte liegen, die sich beim für eine gegebene Fertilitäts- und Mortalitätskonstellation *stabilen* Zustand errechnen lassen.[72] Mißt man den Geburtenrückgang nicht anhand aktueller, auf die Geburten eines bestimmten Jahres bezogener Indikatoren, sondern anhand der durchschnittlichen Kinderzahl, welche von den Frauen eines bestimmten Geburtsjahrgangs im Laufe ihres Lebens geboren werden, so zeigt sich – von einem kurzen Wiederaufschwung bei den Geburtskohorten 1925 bis 1935 abgesehen – ein kontinuierlicher Rückgang der pro Frau geborenen Kinder von ca. 5 Kindern (für die Frauen des Geburtsjahrganges 1856) bis zu ca. 1,5 Kindern (für die Geburtsjahrgänge nach 1955).[73] Wir können daraus schließen, daß der Altersquotient während des gesamten 20. Jahrhunderts unterhalb seines langfristigen stabilen Zustandes gelegen hat; *die Generationen, die ihre Geburten beschränkt haben, haben dadurch aus demographischer Sicht ungerechtfertigte Vorteile hinsichtlich ihrer Versorgungspflichten im Drei-Generationenverbund genossen, deren Konsequenzen jeweils erst ihre weniger zahlreichen Kinder zu tragen haben.*

Eine gewisse langfristige Erleichterung für alle Generationen resultierte zudem aus dem Sterblichkeitsrückgang im Kindes- und Erwachsenenalter; die Sterblichkeit in diesen Altersklassen ist jedoch mittlerweile so gering geworden, daß weitere Rückgänge statistisch kaum mehr ins Gewicht fallen und daher der Sterblichkeitsrückgang im Alter um so mehr für eine relative Zunahme der alten Menschen sorgt. Gleichzeitig ist das gegen-

72 Vgl. F.-X. Kaufmann, *Die Überalterung. Ursachen, Verlauf, wirtschaftliche und soziale Auswirkungen des demographischen Alterungsprozesses.* Zürich u. St.Gallen 1960, S. 316ff.; R. Dinkel, *Intergenerationale Verteilungswirkungen umlagefinanzierter Rentenversicherungssysteme.* In: *Deutsche Rentenversicherung*, Jg. 1986, H.3/4, S. 174-212.

73 Vgl. H. Birg/H. Koch, *Der Bevölkerungsrückgang in der Bundesrepublik Deutschland.* Frankfurt a. M./New York 1987, S. 82.

wärtige Geburtenniveau so niedrig, daß auch nach dem Höhepunkt der absoluten Zahl der Alten in Deutschland (um 2030) nicht mit einem wesentlichen Rückgang ihres *relativen* Anteils zu rechnen ist.[74] Diese demographischen Veränderungen wirken sich vor allem im Bereich der Alterssicherung aus, allerdings etwas abgeschwächt durch die geringeren Rentenansprüche der langlebigeren Frauen.

6.2 Deutschland ist und bleibt ein Einwanderungsland

Wie Abbildung 1 zeigte, reichte die Geburtenhäufigkeit in der Bundesrepublik nur zwischen 1955 und 1970 zur Ersetzung des Bevölkerungsstandes bei konstanter Sterblichkeit aus.[75] Wenn die Bevölkerungszahl in Deutschland seit dem Zweiten Weltkrieg bisher nicht abgenommen, sondern bis 1970 zuge-

74 Man vergleiche in Tabelle 3 die Werte für die 60- und mehrjährigen in den Jahren 2030 und 2040 nach den Berechnungsweisen B und C.

75 Die Frage ist berechtigt, warum gerade die Erhaltung des Bevölkerungsstandes als implizite Norm den meisten demographischen Vergleichen zugrunde liegt. Das hat zunächst modelltheoretisch-statistische Gründe, aber auch vielfältige sachliche Gründe sprechen für einen demographischen Entwicklungspfad nahe dem Reproduktionsniveau: Unter der Voraussetzung ausreichender Kapitalbildung ist eine wachsende Bevölkerung eine wesentliche Stütze des Wirtschaftswachstums, doch in einem dicht besiedelten Land wie Deutschland sind ökologische Bedenken gegen ein erhebliches Bevölkerungswachstum ernst zu nehmen; ein kontinuierlicher Bevölkerungsrückgang, der regelmäßig mit einem starken Altern der Bevölkerung verbunden ist, labilisiert dagegen auf Dauer das Sozialgefüge und beeinträchtigt die Anpassungsfähigkeit einer Gesellschaft. Vgl. F.-X. Kaufmann, *Makrosoziologische Überlegungen zu den Folgen eines Bevölkerungsrückgangs in industriellen Gesellschaften*. In: Ders. (Hg.), *Bevölkerungsbewegung zwischen Quantität und Qualität*. Stuttgart 1975, S. 45-71. Außerdem läßt sich zeigen, daß bei der heute in Europa erreichten niedrigen Sterblichkeit die gesamten Versorgungslasten (Kinder und Alte) um so stärker ansteigen, je mehr das Reproduktionsniveau unterschritten wird. Vgl. F.-X. Kaufmann, *Demographische Bedingungen einer Optimierung der wirtschaftlichen Gesamtbelastungsquote der aktiv erwerbstätigen Generation*. In: H. Birg u. a. (Hg.), *Zusammenhänge zwischen Bevölkerungs- und Wirtschaftsentwicklung in der Bundesrepublik Deutschland. Dokumentation der Jahrestagung 1984 der Deutschen Gesellschaft für Bevölkerungswissenschaft*. Wiesbaden 1984, S. 483-509.

nommen hat und seither – abgesehen vom Bevölkerungszuwachs durch die deutsche Vereinigung – in etwa konstant geblieben ist, so ist dies zum einen auf den Sterblichkeitsrückgang, zum anderen vor allem auf den fast ununterbrochen positiven Wanderungssaldo zurückzuführen. Er betrug zwischen 1960 und 1969 im Durchschnitt rd. 208 Tsd. Personen jährlich, und zwischen 1970 und 1990 157 Tsd. Die nachhaltigsten Auswirkungen des Fertilitätsrückgangs auf den Bevölkerungsstand in Deutschland werden sich jedoch erst in den nächsten Jahrzehnten zeigen, wenn die geburtenschwachen Jahrgänge ihrerseits bei gleichbleibender Fertilität etwa 35 % weniger Kinder zur Welt bringen und die geburtenstarken Jahrgänge ins sterbeintensive Alter kommen. Wollte man den gegenwärtigen Bevölkerungsstand auch während des 21. Jahrhunderts beibehalten, so bedürfte es eines jährlichen Zuwanderungssaldos von zunächst gut 200 Tsd. Personen, der sich bis 2040 auf über 500 Tsd. Personen jährlich erhöht.[76]

Berücksichtigt man, daß in den vergangenen Jahrzehnten im jährlichen Durchschnitt eine halbe Million Menschen jährlich aus der Bundesrepublik weggezogen ist und schreibt diesen Wert fort, so zeigt sich, daß die Bundesrepublik in den kommenden Jahrzehnten zur Erhaltung ihres Bevölkerungsstandes auf eine jährliche Zuwanderung von 700 Tsd. bis 1 Mill. Personen angewiesen wäre. *Nur unter der Voraussetzung einer massiven und kontinuierlichen Zuwanderung kann der in Tabelle 3 erkennbare, sich beschleunigende Rückgang der erwerbstätigen Bevölkerung soweit gebremst werden, daß das Verhältnis zwischen Erwerbspersonen und Rentnern nicht völlig aus dem Gleichgewicht gerät.*

Dagegen spricht auch nicht die aktuelle Arbeitslosigkeit. In Zukunft wird vor allem der jugendliche Nachwuchs immer

76 Einen umfassenden Überblick über demographische Problematik in Deutschland gibt der Zwischenbericht der Enquête-Kommission »Demographischer Wandel«, *Herausforderungen unserer älter werdenden Gesellschaft an den einzelnen und die Politik*. Hg. Deutscher Bundestag. Bonn 1994.

knapper werden, dessen es insbesondere im Hinblick auf die schnelle Durchsetzung von Innovationen bedarf. Deshalb ist die Einwanderung auch keine bloße Frage der Quantitäten. Die insgesamt sehr komplexen Zusammenhänge zwischen Einwanderung und Wirtschaftsentwicklung können hier nur angedeutet werden.[77] Entscheidend für den Nutzen der Einwanderung ist die Integration der Immigranten in den einheimischen Arbeitsmarkt und die Erwartung eines Verbleibens ihrer Kinder in Deutschland. Nur erwerbstätige Immigranten stärken die schmaler werdende Basis der Beitragszahler und als kaufkräftige Konsumenten die inländische Nachfrage; und nur wenn es gelingt, deren Kinder zu akkulturieren, stellen diese einen Beitrag zur Nachwuchssicherung dar. In der Regel handelt es sich bei den Migranten um jüngere Menschen, und eben diese sind auf dem Arbeitsmarkt gefragt. Allerdings bringen sie vielfach nicht alle erforderlichen Kompetenzen mit; man wird sich deshalb in Zukunft viel konsequenter als bisher um ihre Qualifizierung, insbesondere um den Erwerb ausreichender Deutschkenntnisse und ihre Orientierung auf Mangelberufe kümmern müssen. Soweit die Akkulturation und die Integration in den Arbeitsmarkt gelingen – direkte Verdrängungseffekte der einheimischen Bevölkerung sind allerdings auf Teilarbeitsmärkten nicht auszuschließen –, dürfte die Nutzenbilanz langfristig positiv sein, vor allem wenn man die in der Regel höhere Neigung zur Familiengründung mit berücksichtigt.

Neben dieser demo-ökonomischen Perspektive gilt es, soziale und politische Aspekte zu berücksichtigen. Das Fehlen einer klaren einwanderungspolitischen Konzeption in der Bundesrepublik ist ein Hindernis für die Akkulturation und Integration der Migranten und eine fortgesetzte Irritation der Beziehungen zwischen Einheimischen und Zuwanderern.

Die Schätzung in Tabelle 3 berücksichtigt lediglich die de-

77 Vgl. hierzu Dita Vogel, *Zuwanderung und Sozialstaat. Fiskalische Effekte der Zuwanderung – ihre Messung und Interpretation*. Frankfurt a. M. 1996.

mographischen Potentiale; natürlich sind Variationen in der Erwerbsbeteiligung möglich, beispielsweise durch eine verstärkte Erwerbsbeteiligung der Frauen oder die Heraufsetzung des Rentenalters. Dies alles ist primär von den wirtschaftlichen Verhältnissen und politischen Maßnahmen abhängig, die sich auf so lange Sicht nicht realistisch vorausschätzen lassen. Aber *selbst wenn wir*, wie Optimisten meinen, *mit einem kontinuierlichen Wirtschaftswachstum auch bei schrumpfender Bevölkerung rechnen könnten, würde sich das Verteilungsproblem, auf das es in der Sozialpolitik entscheidend ankommt, ohne Zuwanderung nahezu unlösbar verschärfen.*

Die gebetsmühlenartige Wiederholung einer frühen Sentenz des Bundesverfassungsgerichts, die Bundesrepublik sei kein Einwanderungsland, kann an diesen Zusammenhängen nichts ändern. Vielmehr zeigt sie, wie sehr die Politiker in demographischer Hinsicht einer Politik der Wirklichkeitsverweigerung huldigen. Und auch die Bevölkerung scheint sich – trotz grundsätzlicher Bewußtheit der demographischen Veränderungen – hierüber kaum Sorgen zu machen.[78] Diese Verdrängung der »demographischen Zeitbombe« hat jedoch politische Konsequenzen: Die Bundesrepublik drückt sich um eine klare Politik der Zuwanderung und um die Frage, wie eine dauerhafte Integration und Qualifizierung des in Zukunft noch anschwellenden Migrantenstroms ohne größere soziale Spannungen ermöglicht werden kann. Das atavistische Bestehen auf dem Kriterium der Abstammung (»jus sanguinis«) als Definitionsmerkmal der Staatsbürgerqualität verhindert eine konsequente Integrationspolitik ebenso, wie »die strikte Ablehnung der nachvollziehbaren Wünsche vieler Ausländer, die bisherige Staatsangehörigkeit beibehalten zu dürfen, faktisch integrationshemmend« wirkt.[79] Unter Berücksichtigung der höheren

78 Vgl. R. Köcher, *Deutschland vergreist – wen kümmert's?* In: *FAZ* 18. 5. 1994, S. 5; H. Birg, *Die Leistung der Politik besteht im Verdrängen.* In: *FAZ* 10. 5. 1996, S. 9f.

79 So der Vorsitzende des Rechtsausschusses Horst Eylmann (CDU): *Der Mythos der unteilbaren Staatsangehörigkeit.* In: *FAZ* 25. 4. 1997, S. 18. Zur Restriktivität

Geburtenhäufigkeit der Zuwanderer würde ohne eine Änderung der Einbürgerungspraxis der Anteil der Personen mit ausländischer Staatsangehörigkeit in der Bundesrepublik kontinuierlich ansteigen und könnte nach von der »Enquête-Kommission Demographischer Wandel« des Deutschen Bundestages übernommenen Schätzungen bis zum Jahre 2050 einen Wert von über 46% erreichen.[80]

6.3 Der Nachwuchs wird zu einem Kollektivgut

Von einer demographischen Herausforderung des Sozialstaates ist nicht nur infolge einer Verschärfung der Verteilungsproblematik zu sprechen, sondern auch weil sich zeigen läßt, *daß die absehbare demographische Entwicklung mit hoher Wahrscheinlichkeit durch sozialstaatliche Maßnahmen mit ausgelöst worden ist.*[81] In den Ländern der Dritten Welt erscheinen zahlreiche Kinder noch heute als ein ökonomischer Vorteil für die Eltern, und so war es bis zum Verbot der Kinderarbeit und der Einführung der allgemeinen Schulpflicht auch in Europa. Diese Maßnahmen haben den Eltern die Arbeitskraft ihrer Kinder entzogen, sicher mit guten Gründen. Aber die Vorteile eines gesünderen und besser qualifizierten Nachwuchses kamen der Wirtschaft als ganzer, dem Staate und auch den sozialen Sicherungssystemen zugute, nicht den Eltern im besondern. Mit dem Ausbau der gesetzlichen Rentenversicherung, insbesondere durch die großzügigen Rentenreformen von 1957 und 1972, wurde das Kinderhaben auch für ein gesichertes Alter in Deutschland immer entbehrlicher.

der deutschen Politik vgl. M. Bös, *Ethnisierung des Rechts? Staatsbürgerschaft in Deutschland, Frankreich, Großbritannien und den USA*. In: *Kölner Zeitschrift für Soziologie und Sozialpsychologie*, H. 5 (1993), S. 619-643.

80 Enquête-Kommission Demographischer Wandel (FN 76), S. 58.

81 Vgl. hierzu F.-X. Kaufmann, *Sozialpolitik und Bevölkerungsprozeß*. In: H. Birg/R. Mackensen (Hg.), *Demographische Wirkungen politischen Handelns*. Frankfurt/New York 1990, S. 103-124.

»Kinder haben die Leute immer«, soll Konrad Adenauer bemerkt haben, als er im Vorfeld der Rentenreform von 1957 den Vorschlag einer »Kinderkasse« ablehnte, den Wilfried Schreiber, heute bekannt als Vater der sogenannten dynamischen Rente, als ergänzendes System zu einer »Alterskasse« unterbreitet hatte. Schreibers Grundgedanke war, daß es stets die Erwerbstätigen seien, die in einer Volkswirtschaft auch für die Nicht-Erwerbstätigen aufkommen müssen, und daß diese sich im besten Erwachsenenalter, heute also praktisch zwischen 20 und 60 Jahren, konzentrieren. Der Unterhalt der Noch-Nicht und der Nicht-Mehr Erwerbstätigen sollte demzufolge sozusagen symmetrisch durch zwei große Umverteilungssysteme – die Jugend- und die Altenkasse – gewährleistet werden, die beide durch Beiträge zu finanzieren seien.[82] Eben dies ist nicht geschehen und erweist sich als ein zentraler Konstruktionsfehler unseres gegenwärtigen Systems sozialer Umverteilung. Der Unterhalt der alten Generation ist zu fast 100% kollektiviert, derjenige der nachwachsenden Generation dagegen nur zu etwa 25%. Dieses Ungleichgewicht schlägt sich auch in der demographischen Entwicklung nieder, und diese verschärft ihrerseits die Finanzierungsprobleme des Sozialsektors.[83]

Die *Selbstverständlichkeit der familialen Leistungen* wurde auch von der liberalen Nationalökonomie stets vorausgesetzt. Ihr schärfster deutscher Kritiker, der Vorkämpfer für den deutschen Zollverein Friedrich List, warf ihr schon 1841 mit einer berühmt gewordenen Invektive vor: »Wer Schweine erzieht, ist ihr ein produktives, wer Menschen erzieht ein unproduktives Mitglied der Gesellschaft.«[84] Dementsprechend gehen bis heute die Leistungen der Familie nicht in die Berechnung des

82 Vgl. W. Schreiber, *Existenzsicherheit in der industriellen Gesellschaft.* Köln 1955.

83 Vgl. L. Leisering, *Sozialstaat und demographischer Wandel. Wechselwirkungen, Generationenverhältnisse, politisch-institutionelle Steuerung.* Frankfurt/New York 1992; J. Borchert, *Renten vor dem Absturz – Ist der Sozialstaat am Ende?* Frankfurt a. M. 1993.

84 F. List, *Das nationale System der politischen Ökonomie* (1841) 4.A. Jena 1922, S. 231; vgl. auch J. O'Neill, *The Missing Child in Liberal Theory.* Toronto 1994.

Volkseinkommens ein, ja, wir verfügen nicht einmal über einen allgemein anerkannten Begriff, um die entgeltlichen und unentgeltlichen werteschaffenden Leistungen zusammenfassend zu kennzeichnen.[85] Hierfür beginnt sich erst in jüngster Zeit der Begriff der *Wohlfahrtsproduktion* einzubürgern.[86] Der Begriff scheint am ehesten geeignet, auch das Problem der sogenannten *Externalitäten*, also der die Handlungshorizonte von Produzenten übersteigenden positiven oder negativen Wirkungen ihrer Produktionstätigkeit einer ökonomischen und soziologischen Betrachtung nahezubringen.

In ökonomischer Hinsicht sind durch den Umstand einer weitgehenden Kollektivierung der Kosten der Alterssicherung bei gleichzeitiger Individualisierung des Hauptanteils der Kosten für die Nachwuchssicherung *Kinder zu einer Art Kollektivgut geworden wie die natürliche Umwelt*: Alle haben ein Interesse an Nachwuchs oder Umwelt, aber keine ökonomischen Anreize, etwas dafür zu tun. Der Verzicht auf die Einführung der Kinderkasse rächt sich nunmehr durch einen von Jahrgang zu Jahrgang steigenden Anteil kinderloser Frauen und Männer. Das läßt sich am besten bei einer kohortenspezifischen Betrachtung erkennen: Während von den Frauen des Geburtsjahrgangs 1935 nur 9% kinderlos blieben, sind es beim Geburtsjahrgang 1958 voraussichtlich bereits 23%, mit weiter auf über 30% steigender Tendenz.[87] Auch der Anteil der dauerhaft

85 Vgl. H. G. Krüsselberg, *Die wertschaffende Leistung der Frau im Haus – Sinn und Unsinn ihrer Erfassung*. In: H. Rapin (Hg.), *Frauenforschung und Hausarbeit*. Frankfurt/New York 1988, S. 105-122.

86 Meines Wissens systematisch zuerst W. Zapf, *Wohlfahrtsstaat und Wohlfahrtsproduktion*. In: L. Albertin/W. Link (Hg.), *Politische Parteien auf dem Weg zur parlamentarischen Demokratie in Deutschland*. Düsseldorf 1981, S. 379-400; für eine stärkere Ausarbeitung des Konzeptes vgl. Kaufmann, *Staat und Wohlfahrtsproduktion* (FN 8); sowie A. Evers/T. Olk, *Wohlfahrtspluralismus – Analytische und normativ-politische Dimensionen eines Leitbegriffs*. In: Dies. (Hg.), *Wohlfahrtspluralismus: Vom Wohlfahrtsstaat zur Wohlfahrtsgesellschaft*. Opladen 1996, S. 9-60.

87 Vgl. H. Birg/E.-J. Flöthmann, *Entwicklung der Familienstrukturen und ihre Auswirkungen auf die Belastungs- bzw. Transferquotienten zwischen den Gene-*

unverheiratet Bleibenden nimmt zu, am deutlichsten zwischen den Geburtsjahrgängen 1950 und 1955 – von 10 auf 18 %. Ein gewisses Korrelat hierzu bildet die Zunahme der sogenannten nicht-ehelichen Lebensgemeinschaften, die – zumindest in den alten Bundesländern – weitgehend kinderlos bleiben. Es scheint also in der Bundesrepublik ein wachsender Bevölkerungsanteil auf die Gründung neuer Familien ganz zu verzichten. Man kann deshalb für Deutschland von einer Polarisierungstendenz zwischen Familien und kinderlos Lebenden sprechen. Mit 35 % Ein-Personen-Haushalten ist die Bundesrepublik Spitzenreiter in der EG. Diese Polarisierungstendenz ist besonders ausgeprägt in den höheren Bildungsschichten: Hier finden wir auf der einen Seite einen wachsenden Anteil Kinderloser, auf der anderen Seite aber auch einen nicht unerheblichen Anteil an Familien mit drei und mehr Kindern. Es kann kein Zweifel daran bestehen, daß in den letzten drei Jahrzehnten eine tiefgreifende Veränderung in der Art und Weise Platz gegriffen hat, wie Familie gedeutet, gelebt und vermutlich auch erlebt wird. *Unsere Gesellschaft polarisiert sich in Familien (mit überwiegend zwei oder mehr Kindern) und kinderlose Lebensformen – eine neue, gravierende Form sozialer Ungleichheit tut sich auf.*[88]

rationen. Forschungsbericht für die Bundestags-Enquête-Kommission »Demographischer Wandel«. Bundestagsdrucksache 12/7876 v. 14. 6. 1994.

88 Vgl. Kaufmann, *Zukunft der Familie im vereinten Deutschland* (FN 65), S. 137ff.; Berechnungen des Statistischen Landesamtes Baden-Württemberg zeigen, daß junge Familien mit zwei Kindern unter den gegenwärtigen Bedingungen in der Bundesrepublik nur über ein halb so hohes gewichtetes pro-Kopf-Einkommen verfügen wie vergleichbare kinderlose Ehepaare. Diese Wohlstandseinbuße resultiert nicht nur aus den direkten Kosten für Kinder, sondern auch aus den sogenannten Opportunitätskosten, beispielsweise durch Einschränkung der Erwerbstätigkeit eines oder beider Ehepartner. Der Ausgleichsanteil des Familienlastenausgleichs ist dabei stark von der Familienkonstellation und vom Umstand abhängig, ob wenigstens ein Elternteil im öffentlichen Dienst tätig ist oder nicht. Ehepaare mit zwei Kindern ohne Tätigkeit im öffentlichen Dienst werden nur um etwa 20% ihrer direkten Kinderkosten entlastet. Vgl. F. U. Willeke/R. Onken, *Allgemeiner Familienlastenausgleich in der Bundesrepublik Deutschland. Eine empirische Analyse zu drei Jahrzehnten monetärer Familienpolitik*. Frankfurt/New York 1990. Um dem abzuhelfen, wird neuerdings

Das Bundesverfassungsgericht hat dieses Problem in den letzten Jahren erkannt und zwingt den Gesetzgeber nunmehr zu einer Reform des Familienlastenausgleichs und zu einem weiteren Ausbau der sozialen Sicherung der Mütter.[89] Inwieweit das ausreicht, um die Übernahme von Elternverantwortung zu stabilisieren, muß sich zeigen. Wahrscheinlich wären der gleichzeitige Ausbau von Maßnahmen zur Förderung der Vereinbarkeit von Familien- und Erwerbstätigkeit sowie eine Verbesserung der Wohnungspolitik für junge Familien wirksamer.

Als grundlegendes Problem bleibt die Einsicht, *daß die Sozialpolitik nicht nur mit Bezug auf zwei, sondern auf drei Generationen im Zusammenhang entwickelt werden muß* (vgl. Abschnitt 11.2). Dabei drängt sich nicht nur eine stärkere Belastung derjenigen auf, die keine Elternverantwortung tragen, sondern auch eine relative Reduktion der öffentlich gewährleisteten Alterseinkommen. Der im Jahre 1992 eingeführte Übergang vom Prinzip der brutto- zum Prinzip der nettolohnbezogenen Altersrente stellt einen wichtigen Schritt in diese Richtung dar. Damit wird jedoch das aus der Verlängerung der Lebenserwartung und der unzureichenden Nachwuchssicherung resultierende Problem demographischer Lastverschiebungen noch nicht direkt angegangen. Diese bewirken sozusagen zwangsläufig eine Verschlechterung des Verhältnisses von heutigen Beitragszahlungen zu späteren Rentenleistungen. Das gilt auch dann, wenn die gegenwärtigen Vorschläge zur langfristigen Absenkung des Rentenniveaus Gesetz werden sollten. Waren früher die Eltern auf die Unterstützung durch ihre Kinder im Alter angewiesen, so gilt dies heute nicht mehr

ein »Erziehungsgehalt« gefordert. Vgl. O. Hatzold/C. Leipert, *Erziehungsgehalt – Wirtschaftliche und soziale Wirkungen bezahlter Erziehungsarbeit der Eltern*. Gutachten erstellt im Auftrag des Deutschen Arbeitskreises für Familienhilfe e.V., Freiburg i. Br. 1996.

89 Vgl. H. Lampert, *Die Rechtsprechung des Bundesverfassungsgerichts zur Familienpolitik aus familienpolitischer Sicht*. In: W. Bottke (Hg.), *Familie als zentraler Grundwert demokratischer Gesellschaften*. St. Ottilien 1994, S. 43-64.

im Einzelfall, aber nach wie vor bezogen auf die Kohortenschicksale. Es besteht also im Sinne der ökonomischen Theorie öffentlicher Güter ein »Trittbrettfahrerproblem«: *Die heute Kinderlosen werden von den Erziehungsleistungen der heutigen Eltern profitieren, und zwar um so mehr, je größer ihre Erwerbschancen im Vergleich zu denjenigen der Personen mit Elternverantwortung sind.* Man wird daher Oswald von Nell-Breuning zustimmen können, der das deutsche Rentenversicherungssystem als ein System zur Prämierung von Kinderlosigkeit angeprangert hat.[90] Die deutsche Sozialpolitik nimmt die demographische Problematik des Generationenzusammenhangs nicht ernsthaft in Angriff, sondern versucht, sie durch die Erschwerung von Frühverrentungen und das Hinausschieben der Ruhestandsgrenzen zu lösen. Dies ist zwar ein grundsätzlich zweckmäßiger Gedanke, da jede Verlängerung der Erwerbsphase das Beitragsaufkommen erhöht und die erforderlichen Rentenzahlungen reduziert. Aber dies kann nur unter den Bedingungen annähernder Vollbeschäftigung funktionieren. De facto stehen der Wirksamkeit derartiger gesetzlicher Bestimmungen wirtschaftliche Hindernisse entgegen, die in Abschnitt 7.2 verdeutlicht werden.

90 Vgl. O. v. Nell-Breuning, *Soziale Sicherheit: Zu Grundfragen der Sozialordnung aus christlicher Verantwortung*. Freiburg i. Br. 1979.

7. Die ökonomische Herausforderung: Strukturelle Arbeitslosigkeit

Die Finanzierung des Sozialsektors ist – wie die aller öffentlichen Aufgaben – von der Produktivität, dem Wachstum und der finanzwirtschaftlichen Ergiebigkeit des Wirtschaftssystems abhängig. Nach dem Zusammenbruch des Sozialismus erscheint die Leistungsfähigkeit des auf privater Verfügungsmacht über die Produktionsmittel beruhenden marktwirtschaftlichen Systems in noch leuchtenderen Farben, und es ist in der Tat kein anderes institutionelles Arrangement zu erkennen, das auch nur annähernd eine ähnliche Effizienz des Mitteleinsatzes und eine vergleichbare kontinuierliche Produktivitätssteigerung erwarten läßt.

7.1 Die tendenzielle Entkoppelung von Gewinnchancen und Beschäftigungsniveau

Das offensichtlichste Problem der westeuropäischen Wohlfahrtsstaaten ist seit Mitte der siebziger Jahre *eine zwar wellenförmige, aber stetige Zunahme des Anteils der Erwerbspersonen, die gerne erwerbstätig sein möchten, aber keine oder zumindest keine ihnen zusagende kontinuierliche Arbeit finden* (vgl. Tabelle 4). Diese Formulierung deutet bereits die Komplexität der Situation an, die nicht nur aus dem relativ zum Arbeitskräfteangebot sinkenden Beschäftigungsvolumen, sondern auch aus den mit wachsender Qualifizierung der Arbeitskräfte steigenden Ansprüchen an Arbeitsinhalte und Arbeitsformen resultiert. Ich muß mich hier auf die objektivierbare, quantitative Seite beschränken.

Die meisten Länder Westeuropas weisen derzeit eine tendenziell zunehmende Arbeitslosigkeit auf, die alte Bundesre-

Tab. 4: Arbeitslosenquoten[1] in ausgewählten OECD-Staaten (1960-1996)

	1960	1965	1970	1975	1980	1985	1990	1995	1996
Belgien	3,2	1,7	1,9	4,5	7,9	12,3	8,7	9,9	9,8
Dänemark	1,9	1,2	0,7	4,9	6,5	7,3	8,3	7,1	6,0
Deutschland[2]	1,0	0,5	0,6	4,0	3,2	8,0	6,2	8,2	9,0
Frankreich	1,2	1,3	2,5	4,0	6,3	10,2	8,9	11,6	12,3
Groß-britannien	1,3	1,1	2,2	3,2	5,6	11,5	5,5	8,8	8,2
Italien	3,9	3,6	5,3	5,8	7,5	10,1	11,2	11,9	–
Niederlande	1,2	0,8	1,0	5,2	6,0	10,9	7,5	7,0	6,6
Norwegen	1,2	0,9	0,8	2,3	1,6	2,6	5,2	5,0	–
Schweden	1,8	1,2	1,5	1,6	2,0	2,8	1,7	9,2	10,0
Österreich	2,6	2,0	1,5	2,0	1,9	3,6	3,2	3,8	4,1
Schweiz	0	0	0	0,4	0,2	0,9	0,5	3,3	–
Canada	6,8	3,9	5,6	6,9	7,4	10,4	8,1	9,5	9,7
Vereinigte Staaten	5,3	4,4	4,8	8,3	7,0	7,1	5,4	5,6	5,4
Japan	1,7	1,2	1,1	1,9	2,0	2,6	2,1	3,1	3,4

[1] Anteil der Arbeitslosen an allen Erwerbspersonen
[2] ab 1995 Deutschland insgesamt
Quelle: OECD, *Labour Force Statistics*.

publik lag dabei lange am günstigeren, unteren Ende und ist jetzt ins Mittelfeld »aufgestiegen« – unter Berücksichtigung der neuen Bundesländer ist die Situation noch ungünstiger. Die meisten Wirtschaftsanalytiker stimmen darin überein, *daß der Zusammenhang zwischen Wirtschaftswachstum und Vollbeschäftigung lockerer geworden ist.* Es bedarf, zumal in den entwickeltsten Volkswirtschaften, immer höherer Wachstumsraten, um einen bestimmten prozentualen Beschäftigungseffekt zu erzielen (vgl. Abbildung 2). Eine tatsächliche Erhöhung der gesamtwirtschaftlich geleisteten Arbeitsstunden setzte in den letzten Jahren erst bei einer Steigerung der Produktion um mehr als 2,8 % ein.[91] Den neu geschaffenen Arbeitsplätzen stehen selbst bei dieser »ansehnlichen« Wachstumsrate nahezu gleich viele verlorengegangene Arbeitsplätze gegenüber. Dieser Sachverhalt bildet einen auffallenden Gegensatz zur Situation der Nachkriegsjahrzehnte mit einer jeden Aufschwung begleitenden Vollbeschäftigung.

Es gibt noch keine übereinstimmenden Erklärungen für diesen Sachverhalt, ja, man wird vielmehr von einer bemerkenswerten Ratlosigkeit der Wirtschaftswissenschaften angesichts langfristiger Arbeitslosigkeit sprechen dürfen. Dabei stehen sich grundsätzlich zwei Forschungsrichtungen gegenüber: Auf der einen Seite die »allgemeinen Theoretiker«, welche Phänomene des Arbeitsmarktes aus Markt- oder Kreislauftheorien erklären wollen. Und andererseits die »Arbeitsmarktforscher«, welche ihre Theoreme vor allem auf induktivem Wege durch Beobachtung und Verallgemeinerung von Forschungsergebnissen zur Arbeitsmarktentwicklung, zum Verhalten von Arbeitsanbietern und Arbeitsnachfragern sowie zu den industriellen Beziehungen gewinnen.[92]

91 *iwd* 14. 12. 1995, S. 4. Als Ursachen werden das Zusammenwirken von höherer Kapitalintensität, stabiler Kapitalproduktivität und steigender Arbeitsproduktivität genannt.

92 Das Literaturangebot ist hier überaus breit, aber unübersichtlich. Einen guten Überblick gibt K. W. Rothschild, *Löhne, Theorien: Lohntheorien.* Johann-Heinrich-von-Thünen-Vorlesung 1994. In: *Die Wettbewerbsfähigkeit der ostdeutschen Wirtschaft.* Jahrestagung des Vereins für Sozialpolitik – Gesellschaft für Wirtschafts- und Sozialwissenschaften in Jena 1994. Berlin 1995, S. 209-224; vgl. auch H. J. Krupp u. a. (Hg.), *Wege zur Vollbeschäftigung – Konzepte einer aktiven Bekämpfung der Arbeitslosigkeit.* Freiburg i. Br. 1987; neue und möglicher-

Abb. 2: Entwicklung der Arbeitslosenquote[1] und des Bruttoinlandprodukts[2] in der Bundesrepublik Deutschland (1960-1996)

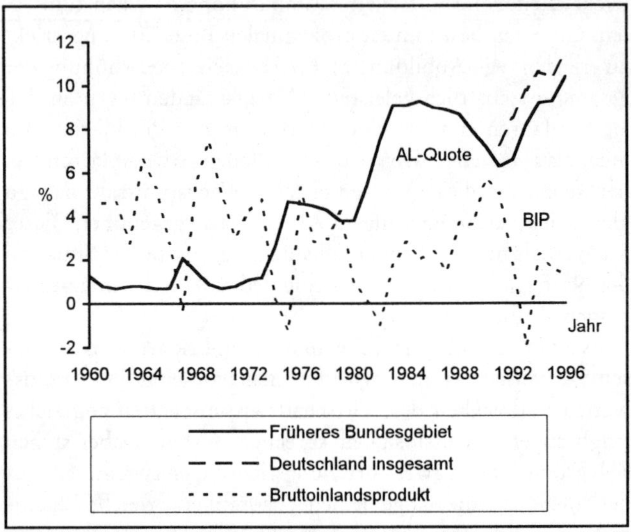

[1] Anteil an den abhängig Erwerbstätigen
[2] Die Berechnungen zum Bruttoinlandsprodukt (in Preisen von 1991) beziehen sich auf das frühere Bundesgebiet. Da die Ergebnisse des Saarlandes und West-Berlins erst seit 1961 in die Gesamtrechnung mit einbezogen werden, beschränkt sich die Darstellung auf den Zeitraum ab 1961.
Quelle: Amtliche Nachrichten der Bundesanstalt für Arbeit. Statistisches Bundesamt, *Statistisches Jahrbuch 1996*; *Wirtschaft und Statistik*, H. 1/1997. Eigene Berechnungen.

Orthodoxe Marktwirtschaftler machen ein überhöhtes Lohnniveau, das Ausmaß der sozialen Sicherung und die Inflexibilität der Löhne nach unten für das geringere Beschäftigungsvolumen

weise weiterführende Überlegungen bei A. Rams/N. Ehrentreich, *Arbeitslosigkeit – wie kann sie überwunden werden?* Lütjenburg 1996. Zur empirischen makroökonomischen Evidenz vgl. die in FN 70 zitierte Studie von Schröder/van Suntum.

verantwortlich. So erklärte beispielsweise der Wissenschaftliche Beirat beim Bundeswirtschaftsministerium, »die Langzeitarbeitslosigkeit sei nur zu überwinden, wenn ein Kurswechsel in der Tarifpolitik erfolge und Fehlanreize im Sozialsystem korrigiert würden«.[93] Diese Erklärung ist insoweit plausibel, als die Lohnhöhe über das Rentabilitätsniveau arbeitssparender Rationalisierungsinvestitionen entscheidet, aber das ist nur ein untergeordneter Aspekt des Problems. Wichtiger ist die internationale Konkurrenzfähigkeit: Sie ist – was die Löhne betrifft – von den sogenannten Lohnstückkosten abhängig, also vom Verhältnis von Produktivitätsentwicklung und Lohnhöhe. Durch die europäische Integration und den Wegfall des Eisernen Vorhangs stehen westlich und östlich der Bundesrepublik vergleichsweise qualifizierte Arbeitskräfte bereit, die zu weit niedrigeren Löhnen als in Westeuropa zu arbeiten bereit sind; somit lassen sich dort mit entsprechenden Investitionen in bestimmten Branchen weit schnellere Steigerungen der Arbeitsproduktivität und damit geringere Lohnstückkosten erzielen. Produktionsverlagerungen und härtere Konkurrenz auf vielen Märkten sind die Folge. Hinzu kommt ein weltweiter Rationalisierungswettbewerb in den administrativen Bereichen der Unternehmen, derzeit unter dem Stichwort »Lean Management«. *Die Intensivierung der internationalen Konkurrenz führt also hierzulande aus mehreren Gründen zum Abbau von Arbeitsplätzen; und offensichtlich ist die Innovativität der Wirtschaft nicht hoch oder zumindest nicht arbeitsintensiv genug, um vergleichbar mehr Arbeitsplätze zu schaffen*. Wie vor allem Joseph Schumpeter gezeigt hat, schaffen neu entstehende und expandierende Produktionszweige zunächst viele Arbeitsplätze, aber im Zuge ihrer Reifung erzielen sie immer geringere Beschäftigungseffekte. Nach dem Zweiten Weltkrieg befanden sich besonders viele Wirtschaftszweige aufgrund der Innovationen der Kriegszeit in der Expansionsphase; heute ist der

93 *FAZ* vom 7. 2. 1996, S. 13.

Abb. 3: Die Entwicklung des Verarbeitenden Gewerbes in der Bundesrepublik Deutschland (1970-1994)

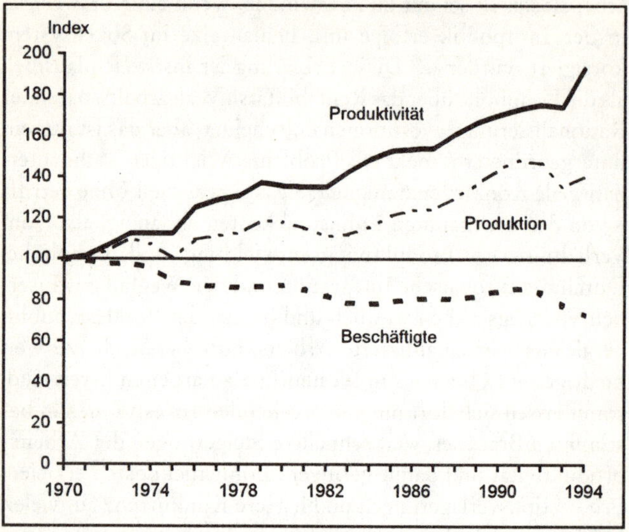

Quelle: Deutsches Institut für Wirtschaftsforschung, *Produktionsvolumen und -potential, Produktionsfaktoren des Bergbaus und des Verarbeitenden Gewerbes* (Bundesrepublik Deutschland ohne Beitrittsgebiet). Statistische Kennziffern, 37. Folge, 1995. Eigene Berechnungen.

überwiegende Teil in der Reifungsphase, unter ihnen auch die elektronische Datenverarbeitung mit ihren starken Rationalisierungseffekten für andere Branchen (vgl. Abbildung 3).

Dieses Schumpetersche Modell gilt in besonderem Maße für die industriellen Wirtschaftssektoren, jedoch weit weniger für den Bereich der *Dienstleistungen*. Allerdings sind hier Differenzierungen angebracht: Dienstleistungen können mittelbar oder unmittelbar personenbezogen sein. Während mittelbar personenbezogene Dienstleistungen (z. B. Handel, Banken, Versicherungen, Telekommunikation, weite Zweige der öffentlichen Verwaltung) einer technisch vermittelten Rationalisierung durchaus zugänglich sind, erfordern die unmittelbar personenbezogenen Dienstleistungen (z. B. im Bildungs-, Gesundheits- und Sozialwesen, aber auch im Bereich der Beratungsberufe, der Körperpflege und des Personentransportes) bereits im Zuge der Produktion der Dienstleistung die Anwesenheit und im Regelfall sogar die aktive oder passive Mitwirkung der Leistungsempfänger – *Produktion und Konsum lassen sich hier nicht trennen*. Es fehlen diesen Leistungen damit typische Eigenschaften von Waren, beispielsweise die Beweglichkeit und teilweise auch die beliebige Handelbarkeit.[94] Daraus resultieren Grenzen der Effizienzsteigerung, die die Produktion dieser Leistungen für unternehmerische Initiativen weniger attraktiv erscheinen lassen. Hinzu kommt, wie bereits erwähnt, daß nach Maßgabe der Steigerungen der Arbeitsproduktivität in den übrigen Wirtschaftssektoren die personenbezogenen Dienstleistungen *relativ* kostspieliger werden. Personenbezogene Dienstleistungen werden jedoch auch in erheblichem Umfange unentgeltlich erbracht, insbesondere im Rahmen der Privathaushalte, aber auch haushaltsübergreifend im Rahmen verwandtschaftlicher Netzwerke und in eingeschränktem Maße auch im Rahmen nachbarschaftlicher, caritativer oder sonstiger ehrenamtlicher Hilfen oder in Selbsthilfegruppen (vgl. Abschnitt 8). *Grundsätzlich bietet sich hier ein großes Potential an zusätzlichen entgeltlichen Beschäftigungsmöglichkeiten – aber nur eine Minderheit der Bevölkerung ist in der Lage, die vergleichsweise teuren Leistungen selbst zu bezahlen*. Nicht von ungefähr werden daher personenbezogene Dienstleistungen in hohem Umfange öffentlich finanziert; die Einführung der Pflegeversicherung stellt in Deutschland den jüngsten Schritt in diese Richtung dar.

Folgt man der marktwirtschaftlichen Orthodoxie, so wäre

94 Vgl. F.-X. Kaufmann/P. Schäfer, *Das Problem bürgernaher Sozialpolitik*. In: F.-X. Kaufmann (Hg.), *Bürgernahe Sozialpolitik – Planung, Organisation und Vermittlung sozialer Leistungen auf lokaler Ebene*. Frankfurt/New York 1979, S. 17-62, hier S. 30ff.

eine Wiederherstellung der Vollbeschäftigung von Reallohnverzichten der Arbeitnehmer und sich dadurch steigernden Gewinnchancen der Unternehmer abhängig.

Dem steht zunächst die empirische Tatsache entgegen, daß in der Bundesrepublik genau dies in den achtziger Jahren geschehen ist: Die Bruttoeinkommen aus unselbständiger Arbeit stiegen zwischen 1980 und 1989 nominell um 39 %, diejenigen aus Unternehmertätigkeit um 95 %; bezogen auf das reale Monatseinkommen je Verbrauchereinheit nahmen die Einkommen der Selbständigen (außer Landwirte) im gleichen Zeitraum um 44 %, diejenigen der Unselbständigen nur um 7-8 % zu.[95] Dennoch ist die Arbeitslosenquote in diesem – durch die Konkurrenz der post-sozialistischen Staaten noch nicht beeinflußten – Jahrzehnt deutlich gestiegen (vgl. wiederum Abbildung 2). »Entgegen einer weit verbreiteten Meinung in der Öffentlichkeit ist offensichtlich eine schlechte Arbeitsmarktlage mit einer guten Gewinnsituation der Wirtschaft vereinbar.«[96]

Aber auch eine keynesianische Erklärung der Arbeitslosigkeit greift zu kurz. Es herrschte in diesem Zeitraum keine allgemeine Nachfrageschwäche, die Konjunktur entwickelte sich vielmehr branchenmäßig sehr differenziert. Wir müssen hinsichtlich der Ursachen von Arbeitslosigkeit genauer unterscheiden. Zum einen hat sich die Nachfrage nach Arbeitsplätzen in den achtziger Jahren durch die geburtenstarken Jahrgänge und das wachsende Interesse der Frauen an Erwerbstätigkeit stark erhöht, so daß trotz eines deutlichen Wachstums

95 Nach K.-W. Bedau, *Die Entwicklung der Einkommensverteilung in der Bundesrepublik Deutschland (ohne neue Bundesländer) seit 1970 nach Einkommensarten und nach Haushalttypen.* In: *Vierteljahreshefte zur Wirtschaftsforschung*, 1990, H. 4, S. 295-309, hier S. 298 und 307; Steigerungsraten vom Verfasser berechnet. Ähnliche Befunde für die letzten Jahre bei C. Schäfer, *Soziale Polarisierung bei Einkommen und Vermögen – Zur Entwicklung der Verteilung 1994.* In: *WSI-Mitteilungen* 10/1995, S. 605-633; vgl. auch unten Abbildungen 6 und 7.

96 H. Görgens, *Kapitalrentabilität bei derzeitiger Massenarbeitslosigkeit so hoch wie bei früherer Vollbeschäftigung.* In: *WSI-Mitteilungen* 10/1995, S. 633-640, Zitat S. 639.

der Zahl der Arbeitsplätze die Arbeitslosigkeit nicht zurückging. Zum anderen haben sich – vor allem in jüngster Zeit – die *relativen* Standortqualitäten Deutschlands verschlechtert, aber dies ist (abgesehen von den vereinigungsbedingten Erhöhungen der Lohnnebenkosten) keine Folge der Sozialpolitik, sondern der verbesserten Konkurrenzfähigkeit anderer Volkswirtschaften und höherer Gewinnaussichten bei ausländischen Kapitalanlagen.

Diese Entwicklung bringt vor allem die Gewerkschaften in eine Zwickmühle: Reallohnerhöhungen beeinträchtigen derzeit in der Tat tendenziell die Standortqualitäten der deutschen Volkswirtschaft und reduzieren die Arbeitsnachfrage. Die naheliegende Schlußfolgerung ist jedoch keine Deregulierung des Tarifvertragssystems, wie sie von der marktwirtschaftlichen Orthodoxie gefordert wird, sondern eine mittelfristige Zurückhaltung in der Lohnpolitik, wobei Reallohneinbußen nicht auszuschließen sind. Diese Zumutung an die Arbeitnehmer resultiert im wesentlichen aus dem Umstand, daß sich die Möglichkeiten einer nationalen Beschäftigungspolitik weitgehend erschöpft haben, so daß die Wirkungen der globalisierten Märkte heute unmittelbarer auf die nationalen Volkswirtschaften durchschlagen (vgl. Abschnitt 5.2). *Dennoch ist selbst bei einer extrem zurückhaltenden Lohnpolitik auf marktwirtschaftlichem Wege allein in Zukunft keine Vollbeschäftigung in Deutschland mehr zu erwarten*. Selbst eine »Umverteilung der Arbeit«, also der solidarische Verzicht von Beschäftigten auf Überstunden bzw. die Reduzierung von Arbeitszeiten ohne Lohnausgleich, könnte nur in engen Grenzen zusätzliche Beschäftigung schaffen, da es vielfach trotz allgemeiner Unterbeschäftigung an für die nachgefragten Arbeiten qualifiziertem Personal fehlt.

Die markttheoretische Vorstellung, eine hochgradige Flexibilität der Löhne wäre der volkswirtschaftlichen Produktivität zuträglich, ist auch aus anderen Gründen höchst fragwürdig. Wie die neuere Arbeitsmarktforschung zutage gefördert hat, beruhen die in allen europäischen Ländern hohe Inflexibilität der Löhne und die geringe Bereitschaft der Arbeitgeber, Möglichkeiten der Lohnunterbietung wahrzunehmen, auf durchaus rationalen Überlegungen. Arbeitgeber haben ein hohes Interesse an einer geringen Mobilität ihrer qualifizierten Arbeitskräfte, und diese wiederum ein Interesse an langfristigen Beschäftigungschancen; Arbeitgeber sind zudem an guten Beziehungen mit den Arbeitnehmervertretern interessiert und sehen Zusammenhänge zwischen Arbeitsproduktivität und Arbeitsmotivation, die nicht allein monetär bedingt sind.[97]

7.2 Die Beschäftigung suboptimaler Arbeitskräfte als Zentralproblem

Eine Konsequenz des wechselseitigen Interesses von Arbeitgebern und Arbeitnehmern an stabilen Arbeitsbeziehungen ist eine zunehmende *Segmentierung des Arbeitsmarktes*: Nicht alle Arbeitnehmer gelangen in den Genuß der genannten stabilen Verhältnisse, sondern vor allem die Angestellten in den Mittel- und Großbetrieben[98], welche auch ihre Führungskräfte im wesentlichen unter den Betriebsangehörigen rekrutieren, sowie die Beschäftigten im Öffentlichen Dienst. Facharbeiter dagegen weisen eine höhere Fluktuation, aber nur geringe Zeiten der Arbeitslosigkeit auf. Schließlich existiert ein »Jedermanns-

97 Vgl. W. Franz, *Arbeitslosigkeit und ihre Ursachen in der Arbeitsmarkttheorie der 80er Jahre: Einige mikro- und makroökonomische Aspekte.* In: H.-J. Krupp u. a. (FN 92), S. 32-49, bes. S. 39ff. Im europäischen Vergleich ragt Deutschland durch eine besondere Stabilität der Arbeitgeber-Arbeitnehmer-Beziehungen hervor, doch ist auch in den übrigen Ländern Westeuropas trotz der schwieriger gewordenen wirtschaftlichen Verhältnisse kein Trend zur Deinstitutionalisierung der industriellen Beziehungen zu beobachten. Vgl. G. Baglioni, *Industrial Relations in Europe in the 1980's.* In: Ders./C. Crouch (Hg.), *European Industrial Relations.* London 1990, S. 1-41, bes. S. 19ff.

98 Dementsprechend steigen auch die Durchschnittslöhne und insbesondere die nicht gesetzlich vorgeschriebenen Lohnnebenkosten erheblich mit der Betriebsgröße. Vgl. P. Kaukewitsch, *Arbeitskosten im produzierenden Gewerbe 1992.* In: *Wirtschaft und Statistik* 5/1995, S. 400-408.

markt« für relativ ungesicherte Beschäftigungsmöglichkeiten, was sich auch in einem höheren Risiko der Arbeitslosigkeit niederschlägt.[99] Leider gestatten die empirischen Untersuchungen noch nicht, zu entscheiden, inwieweit der Trend zunehmender Arbeitslosigkeit auf eine Verschiebung zwischen den Arbeitsplatzsegmenten, also auf eine quantitative Zunahme des »Jedermannsmarktes«, oder auf die Beschränktheit rentabler Beschäftigungsmöglichkeiten generell zurückzuführen ist.

Auch die neo-klassische Arbeitsmarkttheorie geht nicht davon aus, daß selbst bei voller Flexibilität der Löhne Vollbeschäftigung im strengen Sinne erreichbar sei. Die erwünschte Mobilität auf dem Arbeitsmarkt setzt Suchprozesse voraus, welche zu einer *vorübergehenden Arbeitslosigkeit* führen; diese wird sogar als »natürliche« Arbeitslosenquote bezeichnet.[100] Geht man von dieser Position aus, so müßte die langfristige Zunahme der Arbeitslosigkeit mit den Bestimmungsgründen der »natürlichen Arbeitslosigkeit« zusammenhängen. Hierzu könnte beispielsweise eine Veränderung der nachgefragten Qualifikationen bei konstanter oder wenig veränderter Qualifikationsstruktur der Arbeitskräfte gehören, eine vor allem unter Bedingungen raschen technologischen Wandels plausible Annahme.

Ich möchte im folgenden ein damit verwandtes, aber doch spezifischeres Argument entwickeln, das in den bisherigen Erklärungsversuchen der langfristigen Zunahme der Arbeitslosigkeit noch nicht berücksichtigt wird. Es hängt mit der bereits von Karl Marx gesehenen »organischen Zusammensetzung des Kapitals«, also dem Anstieg der Kapitalintensität der Produk-

99 Grundlegend zur Arbeitsmarktsegmentation in der Bundesrepublik W. Sengenberger, *Struktur und Funktionsweise von Arbeitsmärkten. Die Bundesrepublik im internationalen Vergleich*. Frankfurt/New York 1987; zur Empirie der Arbeitsmarktsegmentation vgl. M. Szydlik, *Die Segmentierung des Arbeitsmarktes in der Bundesrepublik Deutschland. Eine empirische Analyse mit Daten des sozio-ökonomischen Panels, 1984-1988*. Berlin 1990.

100 Vgl. H. Gerfin, *Theoretische Erklärungsversuche länger anhaltender Beschäftigungsprobleme*. In: Krupp u. a. (FN 92), S. 13.

tion zusammen.[101] *Sie bewirkt, daß es immer unrentabler wird, Arbeitskräfte mit suboptimaler Produktivität zu beschäftigen.* Bei bloßer Handarbeit, bei der der Preis der Produktionsmittel zu vernachlässigen ist, sind die Durchschnittskosten und demzufolge auch die Grenzkosten der Produktion im wesentlichen konstant; die aus der Sicht des Unternehmers angemessene Lohnhöhe ist also ausschließlich von der Produktivität des Arbeiters abhängig. Demzufolge bleibt die Beschäftigung auch weniger produktiver Arbeitskräfte solange rentabel, als deren Lohnhöhe sich proportional zu ihrer Arbeitsproduktivität verhält. Je höher jedoch der Fixkosten- und der Gemeinkostenanteil eines Arbeitsplatzes wird, desto mehr reduzieren sich die Stückkosten bei steigender Produktivität der Arbeitskraft und desto kurvilinearer werden die Durchschnittskosten (vgl. Abbildung 4). Die Firma wird nun ein Interesse an der Beschäftigung solcher Arbeitskräfte entwickeln, die pro Arbeitsplatz eine möglichst hohe Leistung erbringen und so die Durchschnittskosten der Produkteinheit senken. Auch steigt die Gewinnschwelle an, d. h., ein Arbeiter wird bereits bei geringer Produktivitätseinbuße zum »Grenzarbeiter«. *Bei suboptimaler Produktivität müßten nun die Lohnkosten überproportional zur Arbeitsproduktivität sinken, damit die Produktion rentabel bleibt.*

Wie empirische Untersuchungen zeigen, neigen Unternehmer generell – auch dort, wo es ihnen rechtlich möglich wäre – dazu, keine Lohnunterbieter einzustellen. So besteht eine ent-

101 Zwischen 1981 und 1991 sind z. B. die Bruttoanlageinvestitionen je Beschäftigten im verarbeitenden Gewerbe (zu konstanten Preisen von 1985) um 58 % von 7700 auf 12 180 DM gestiegen, das Brutto-Anlagevermögen je Beschäftigten hat im gleichen Zeitraum um 20 % zugenommen. Vgl. Deutsches Institut für Wirtschaftsforschung, *Produktionsvolumen und -potential, Produktionsfaktoren des Bergbaus und des Verarbeitenden Gewerbes. Statistische Kennziffern*, 34. Folge, 1992, S. 129ff. Nach dem Informationsdienst des Instituts der deutschen Wirtschaft vom 8. 6. 1995 stecken heute »in einem Arbeitsplatz in Westdeutschland ... im Durchschnitt mehr als 230 000 DM Sachkapital – doppelt soviel wie vor 25 Jahren«.

Abb. 4: Fixkostenabhängigkeit der Durchschnittskosten

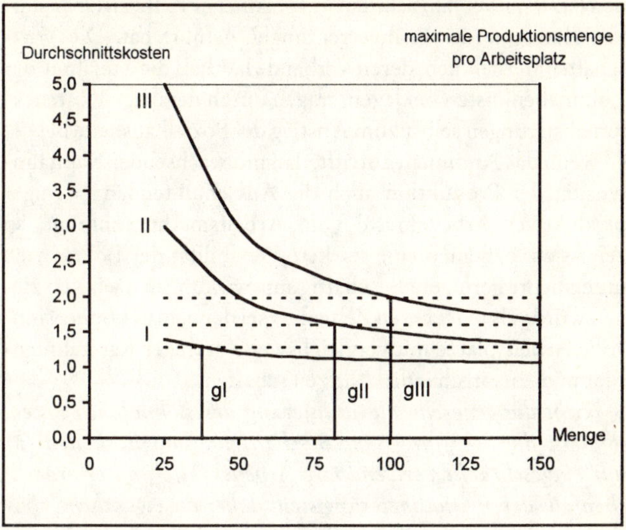

Schematische Darstellung unter der Annahme einer Konstanz der Zusatzkosten pro Einheit (a=1) und unterschiedlichen Fixkosten (I = 10; II = 50; III = 100). Die Gewinnschwelle (g) wird in allen Fällen bei 120% der Durchschnittskosten bei maximaler Produktionsmenge angenommen.

sprechende Bereitschaft erst recht nicht mit Bezug auf die Problemgruppen des Arbeitsmarktes. *Es existiert ein gemeinsames Interesse der Unternehmer und der Gewerkschaften, die Beschäftigung auf die tariflich bezahlbaren, hochproduktiven Arbeitskräfte zu beschränken.* Daraus resultiert eine Ausschlußtendenz aller übrigen vom Beschäftigungssystem. Das zeigt auch die Zusammensetzung der Arbeitslosen, unter denen ungelernte, ältere und behinderte Arbeitskräfte sowie problembelastete Personen bei den Langzeitarbeitslosen dominieren.[102] Es

102 Unter den im September 1990 arbeitslos gemeldeten 1,7 Mio. Personen befanden sich ca. 1,2 Mio. Personen (70%), die aufgrund ihres Alters, mangelnder Ausbildung, gesundheitlicher Beeinträchtigungen und/oder über einjähriger

zeigt sich aber auch an der Freisetzung älterer Mitarbeiter, die in den letzten zwei Jahrzehnten mit staatlicher Hilfe zu einer starken Zunahme der Frühverrentungen geführt hat. Die Wirtschaftsunternehmen, deren Verbände lauthals die Zunahme der Lohnnebenkosten beklagen, tragen durch derartige Kostenexternalisierungen selbst zum Anstieg der Sozialhaushalte bei.

Wenn das Argument zutrifft, daß mit wachsender Kapitalintensität der Produktion auch die Ausschlußtendenz weniger produktiver Arbeitskräfte vom Arbeitsmarkt zunimmt, so zeigt sich, daß auch eine stärkere Flexibilität der Löhne nach unten heute geringere Beschäftigungswirkungen nach sich ziehen würde als in früheren Zeiten. Es sei denn, man könnte sinnvolle Arbeitsplätze mit vergleichsweise geringer Kapitalintensität und entsprechenden Nutzen schaffen.

Nicht die generelle Flexibilisierung der Löhne nach unten, sondern die Schaffung von Beschäftigungsmöglichkeiten für nur eingeschränkt verwendbare Arbeitskräfte und erforderlichenfalls deren Qualifizierung stellt daher die eigentliche Herausforderung gegenwärtiger Beschäftigungspolitik dar. Das ist kein grundsätzlich neues Problem, aber es ergibt sich angesichts eines beschleunigten technologischen Wandels, zunehmender Alterung der erwerbstätigen Bevölkerung, der eingeschränkten zeitlichen Verfügbarkeit erwerbswilliger, oft alleinerziehender Mütter, einem wachsenden Anteil nur partiell inkulturierter ausländischer Arbeitskräfte und last but not least der weit verbreiteten Dequalifizierung freigesetzter Arbeitskräfte in den neuen Bundesländern mit einer bisher unbekannten Dringlichkeit und in nie dagewesenem Ausmaß.

Legt man diese Sicht der Dinge zugrunde, die gewiß ebenfalls nur eine Teilerklärung darstellt, so gewinnen Überlegungen an Gewicht, die für subventionierte Beschäftigungsverhältnisse oder aus Arbeitslohn und Sozialleistungen gemischte

Arbeitslosigkeit als schwer vermittelbar gelten. Diese Proportion galt auch schon in den achtziger Jahren. Vgl. B. Hof, *Für mehr Verantwortung – Langzeitarbeitslosigkeit und soziale Marktwirtschaft.* Köln 1991, S. 24f.

Strategien der Existenzsicherung eintreten.[103] Sie werden heute etwas unglücklich als Strategien des zweiten Arbeitsmarktes bezeichnet. Der zugrundeliegende Gedanke ist dabei folgender: Eine Vielzahl von Arbeitskräften ist offensichtlich unter Gesichtspunkten betriebswirtschaftlicher Rentabilität nicht produktiv genug, um Beschäftigung zu finden. Dennoch wäre ihre Beschäftigung volkswirtschaftlich sinnvoll, da sie durchaus nutzenstiftende Leistungen erbringen können (und meistens auch wollen); ihre Beschäftigung ist zudem für die öffentlichen Kassen weniger kostspielig als ihr Unterhalt auf der Basis der Arbeitslosen- oder Sozialhilfe. Schließlich würden sie durch ihre Beschäftigung zur Finanzierung der sozialen Sicherungssysteme beitragen und damit den Erwartungen generalisierter Reziprozität entsprechen. Die Ausgestaltung der institutionellen Regeln bedarf gewiß spezifischer Vorkehrungen, um bloße Mitnahmeeffekte zu verhindern. Sofern man sich jedoch auf wenig kapitalintensive und wenig mobile Tätigkeiten konzentriert, wie sie z. B. in der Landschaftspflege oder bei personenbezogenen Dienstleistungen gegeben sind, würde man Bedürfnisbereiche abdecken können, die im Schatten der allgemeinen Wirtschaftsentwicklung liegen. (Näheres hierzu in Abschnitt 11.3.)

Zusammenfassend läßt sich festhalten, *daß allein die fortgesetzte Steigerung des Sozialprodukts keine Gewähr für die Bestandsvoraussetzungen des Wohlfahrtsstaates bietet.* Der derzeit vorherrschende Typus einer zunehmenden Kapitalintensivierung der Produktion und die Weltmarktorientierung

103 Zur Begründung arbeitsmarktpolitischer Lösungen vgl. G. Schmid, *Strukturierte Arbeitslosigkeit und Arbeitsmarktpolitik.* Königstein/Ts. 1980; die Diskussion um ein garantiertes Grundeinkommen stellt den wichtigsten Strang der Erörterung einer Kombination von Arbeits- und Sozialeinkommen dar. Zur Begründung vgl. hierzu J. Berger/C. Offe, *Die Zukunft des Arbeitsmarktes.* In: G. Schmidt u. a. (Hg.), *Zur Industriesoziologie*, Sonderheft 24 der *Kölner Zeitschrift für Soziologie und Sozialpsychologie.* Opladen 1982, S. 348-371; einen Überblick über unterschiedliche Vorschläge gibt B. Kaltenborn, *Modelle der Grundsicherung: Ein systematischer Vergleich.* Baden-Baden 1995.

innovativer Wirtschaftszweige führen mit einer gewissen Zwangsläufigkeit zur Konzentration der Beschäftigung auf die vollproduktiven Arbeitskräfte, denen auch höhere Löhne und selbst freiwillige Sozialleistungen gezahlt werden können. Solange die Finanzierung der Sozialleistungen im wesentlichen durch lohnproportionale Beiträge erfolgt, werden die gesetzlichen Lohnnebenkosten der Unternehmer und die Sozialabgaben der Beschäftigten anteilmäßig weiter zunehmen müssen und dementsprechend die Abgabenwiderstände steigen. Indem diese Finanzierungsform die Lohnkosten in spezifischer Weise verteuert, verstärkt sie auch die Neigung der Unternehmer, Arbeitskräfte durch Sachkapital zu ersetzen, und heizt damit den geschilderten problematischen Prozeß weiter an.

Die unter Stichworten wie »Maschinenbeitrag« oder »umsatzorientierte Arbeitgeberbeiträge« diskutierten Finanzierungsalternativen der sozialen Sicherung würden diesen Verstärkungseffekt vermeiden, allerdings auch nicht zur Verbesserung der deutschen Standortbedingungen beitragen. Eine Entlastung der Beitragszahler durch einen höheren Anteil der Steuerfinanzierung sozialer Leistungen würde zwar die unmittelbaren Lohnnebenkosten der Unternehmer senken, aber die Belastungen der gering Verdienenden steigern, vor allem im Falle einer Erhöhung der Umsatzsteuern. So sinnvoll eine gewisse Lohnzurückhaltung in der gegenwärtigen Wirtschaftssituation sein mag, um der Gefährdung bestehender Arbeitsplätze entgegenzuwirken, eine Beseitigung der steigenden Arbeitslosigkeit ist durch tarifpolitische Maßnahmen allein nicht zu erreichen.

8. Die soziale Herausforderung: Gemischte Wohlfahrtsproduktion

8.1 Die sozialpolitische Entdeckung des informellen Sektors

Eine weitere Herausforderung des Sozialstaates wird am deutlichsten von der sogenannten Selbsthilfebewegung vorgetragen, doch steckt ein wesentlich weiterreichendes Problem dahinter, das bereits in den Abschnitten 5.3 und 6.3 angesprochen wurde. Seit Mitte der siebziger Jahre haben insbesondere Soziologen begonnen, auf die wohlfahrtschaffende Bedeutung von Handlungen und Transaktionen hinzuweisen, die sich »diesseits von Markt und Staat« abspielen. Ihnen liegen keine entgeltlichen Beschäftigungsverhältnisse zugrunde, und die entsprechenden Leistungen werden deshalb auch nicht in der Sozialproduktrechnung registriert. Stichworte wie Haushaltsproduktion, dritter Sektor, informeller Sektor, intermediäre Instanzen, non-profit Sector, nicht-professioneller Hilfesektor, assoziative Selbsthilfe, freiwillige Fremdhilfe und soziale Bewegung lassen die Vielschichtigkeit des Gegenstandsbereichs erahnen.

Die herkömmlichen ordnungspolitischen Auseinandersetzungen beziehen sich ausschließlich auf das Verhältnis von Marktwirtschaft und Staat, und noch immer werden die politischen Diskussionen um den Sozialsektor von dieser Perspektive dominiert. So konzentriert sich die gegenwärtige Deregulierungs- und Privatisierungsdebatte auf die Einführung von Konkurrenzelementen im Bereich der sozialen Leistungen. Das ist jedoch eine ideologisch verengte Perspektive: Sowohl die liberale Marktorientierung als auch die sozialdemokratische Staatsorientierung setzen den »gemeinschaftlichen« Bereich der mitmenschlichen Beziehung in ihren herkömmlichen (z. B. Familie, Nachbarschaft) und neueren Formen (z. B. freie

Assoziation und soziale Bewegung) als gegeben und funktionsfähig voraus.

Wie bereits obige Aufreihung von Stichworten zeigte, handelt es sich bei den *informell* organisierten Sozialbeziehungen um einen vielfältigen und heterogenen Bereich, der in der Literatur verschieden systematisiert wird.[104] Zwei Hauptdimensionen lassen sich unterscheiden: Nach der dominierenden Art der Leistung kann zwischen emotionaler Unterstützung, instrumenteller Hilfe und Interessenartikulation gegenüber Dritten unterschieden werden; nach dem Formalisierungsgrad lassen sich Primärbeziehungen, Gruppenbeziehungen, freie Assoziationen und Verbände unterscheiden. Unter theoretischen Gesichtspunkten werden meist informelle »gemeinschaftliche« und assoziative Formen (vgl. hierzu Abschnitt 9.4) gegenübergestellt.[105]

Im vorliegenden Zusammenhang interesssieren wir uns primär für die unmittelbaren, informellen Formen der Wohlfahrtsproduktion als notwendiger Wirkungsbedingung für alle anderen – staatlichen, marktlichen und assoziativen – Formen. Rechtsansprüche, Produktangebote oder Interessenvermittlung setzen zur Entfaltung ihrer Nützlichkeit im Regelfalle die Initiative der potentiellen Nutzer oder »Betroffenen« voraus. Diese leben regelmäßig in informellen Beziehungen verwandtschaftlicher, freundschaftlicher oder bekanntschaftlicher Art, die eine wichtige Quelle von Information und Motivation zur

104 Vgl. als unterschiedlich akzentuierte Überblicke H. J. Franz, *Selbsthilfe zwischen sozialer Bewegung und spezifischer Organisationsform sozialpolitischer Leistungserbringung.* In: F.-X. Kaufmann (Hg.), *Staat, intermediäre Instanzen und Selbsthilfe.* München 1987, S. 307-342; H. K. Anheier/W. Seibel (Hg.), *The Third Sector. Comparative Studies of Nonprofit Organizations.* Berlin/New York 1990; R. G. Heinze/C. Offe (Hg.), *Formen der Eigenarbeit.* Opladen 1990; V. Teichert, *Das informelle Wirtschaftssystem.* Opladen 1993; A. Evers/T. Olk (FN 86).

105 Wegweisend: W. Zapf, *Wohlfahrtsstaat und Wohlfahrtsproduktion* (FN 86); W. Streeck/P. C. Schmitter, *Community, market, state – and associations? The prospective contribution of interest governance to social order.* In: dies. (Hg.), *Private Interest Government. Beyond Market and State.* London 1985, S. 1-29.

Inanspruchnahme formellerer Wohlfahrtsangebote darstellen. Darüber hinaus generieren sie eine Vielzahl unmittelbar lebenswichtiger Leistungen.

Typischerweise erfolgen diese Leistungen im sozialen Nahbereich unter miteinander bekannten oder noch häufiger verwandten Personen, im Grenzfall eines Single-Haushalts aber auch als Eigenhilfe oder Selbstsorge.[106] Will man den Bereich aus der Gesamtheit der menschlichen Aktivitäten herausheben, empfiehlt sich zunächst eine strikt ökonomische Perspektive: Einzubeziehen sind nur solche Aktivitäten, die, würden sie nicht unentgeltlich erbracht, typischerweise einen entgeltlichen Aufwand nach sich ziehen. Quantitativ am stärksten ins Gewicht fallen die Haushaltsaktivitäten, d. h. Hausarbeit, Kindererziehung und Pflege von Angehörigen. Nach Schätzungen von M. Hilzenbrecher entspricht der Gesamtwert der in die Sozialprodukterhebungen nicht eingehenden Haushaltsaktivitäten mehr als der Hälfte des erfaßten Sozialprodukts.[107] Insbesondere die Aufwendungen für die nachwachsende Generation sind jedoch unmittelbar sozialproduktrelevant, nämlich als Humankapital von morgen.

Neben der Haushaltsproduktion spielen auch die Transaktionen *zwischen* Haushalten, die Verwandtschafts-, Nachbarschafts- und sonstigen Netzwerkhilfen eine erhebliche, allerdings quantitativ nur schwer zu schätzende Rolle. Dabei ist der Übergang zur sogenannten Schattenarbeit, also einer nicht unentgeltlichen, aber sich dem offiziellen Wirtschaftskreislauf entziehenden Arbeit – z. B. von Babysittern oder Nach-

106 Vgl. F.-X. Kaufmann u. a., *Netzwerkbeziehungen von Familien. Materialien zur Bevölkerungswissenschaft*, SH 17, Wiesbaden 1985.

107 Vgl. M. Hilzenbrecher, *Die schattenwirtschaftliche Wertschöpfung der Heimarbeit*. In: *Jahrbücher für Nationalökonomie und Statistik*, 201 (1986), S. 107-130. Die neueste Schätzung auf der Basis der repräsentativen Zeitbudgeterhebung des Statistischen Bundesamtes führt zu einem Mindestwert unbezahlter Hausarbeit von 1125 Mrd. DM (Wert 1992): ihr Einbezug würde zu einer Erhöhung des Bruttoinlandprodukts um 42 % führen. Vgl. K. Blanke u. a., *Zeit im Blickfeld. Ergebnisse einer repräsentativen Zeitbudgeterhebung*. Stuttgart 1996, S. 6f., 60ff.

barschaftshilfe im Baubereich bis zur eigentlichen Schwarzarbeit – fließend.[108] Schließlich sind hier die älteren Formen ehrenamtlicher Hilfen und die neueren Formen der sozialen Selbsthilfe – insbesondere im Bereich von Süchten und chronischen Krankheiten – und der freiwilligen Fremdhilfe von Belang, also das Aktivitätsspektrum der sogenannten Selbsthilfebewegung.

8.2 Familiale Wohlfahrtsproduktion

Die familiale Wohlfahrtsproduktion besteht in all denjenigen nützlichen Leistungen, die Familienmitglieder füreinander erbringen.[109] Am elementarsten ist dabei der familiale Zusammenhalt, also die Pflege der emotionalen Verbundenheit der Familienmitglieder durch fortgesetzte Interaktion und damit die Stabilisierung der Erwartung, daß man sich aufeinander verlassen kann. Wir können dies als die *soziale Kohäsion* der Familienmitglieder bezeichnen. Sie ist die notwendige Voraussetzung aller weiteren familialen Leistungen, die man etwa unter dem Gesichtspunkt der Zuwendung, der wechselseitigen Hilfe, der Führung eines gemeinsamen Haushaltes, und nicht zuletzt der Fortpflanzung sowie der Pflege und Erziehung von Kindern thematisieren kann. Familiale Lebensformen unterscheiden sich von sonstigen Primärbeziehungen durch die *normativen Verpflichtungen*, die in genau diesen Dimensionen

108 Vgl. hierzu K. Gretschmann u. a. (Hg.), *Schattenwirtschaft. Wirtschafts- und sozialwissenschaftliche Aspekte, internationale Erfahrungen.* Göttingen 1984; Teichert (FN 104) schätzt den Zeitaufwand der deutschen Haushaltwirtschaft auf 70,2 Mrd. Stunden jährlich. Hinzu kommen 4,1 Mrd. Stunden in der Selbstversorgungswirtschaft und Selbsthilfeökonomie (S. 280). Dies kommt der Schätzung des Jahresvolumens unbezahlter Arbeit von 76,5 Mrd. Stunden (alte Bundesländer) durch Blanke u. a. (FN 107, S. 42) sehr nahe.

109 Hierzu nunmehr grundlegend: U. Meier, *Familienhaushalte als Produktionsstätten von kulturellem und sozialem Kapital – Zur gesellschaftlichen Bedeutung des vermeintlich Privaten.* In: *Hauswirtschaft und Wissenschaft*, 1995, Heft 6, S. 243-250.

grundsätzlich anerkannt und in der Regel auch praktisch umgesetzt werden.[110]

Diese Beschreibung verbleibt noch auf der Systemebene der einzelnen Familie. Bei einer gesellschaftsweiten Wohlfahrtsbetrachtung interessieren diese familialen Leistungen jedoch weniger im Hinblick auf die einzelnen Familienmitglieder als hinsichtlich ihrer *Effekte auf andere Gesellschaftsbereiche*. Offensichtlich haben diese familialen Leistungen positive Auswirkungen, von denen die übrigen Gesellschaftsbereiche – insbesondere Wirtschaft und Staat – profitieren. Sie werden gelegentlich auch als *Funktionen* bezeichnet und lassen sich wie folgt systematisieren[111]:

1. Die Funktion der *Reproduktion*: Alle anderen Sozialsysteme sind darauf angewiesen, daß in einer Gesellschaft Kinder heranwachsen, die im Zuge ihres Erwachsenwerdens Aufgaben in den verschiedenen Funktionssystemen – beispielsweise als Arbeitnehmer, Eltern, Ehrenamtliche, Mitglieder usw. übernehmen. *Familien ziehen also die Akteure der übrigen Sozialsysteme auf.*

2. Die Funktion der *Sozialisation* oder Humanvermögensbildung: Es geht in einer Gesellschaft nie allein um demographische Potentiale, sondern stets um die Qualitäten und Fähigkeiten der Personen. Der Fünfte Familienbericht schlägt zur zusammenfassenden Kennzeichnung dieser qualitativen Merkmale den Begriff des Humanvermögens vor, der eine charakteristische Doppelsinnigkeit besitzt: Vermögen, das meint zum einen die Fähigkeit, etwas tun zu können, also Kompetenzen, Fähigkeiten. Der Begriff »Vermögen« wird jedoch auch für einen Ressourcenbestand verwendet und kann in dieser Form als Aggregatbegriff verstanden werden: *Humanvermögen meint die Gesamtheit der Kompetenzen, welche die einer Gesellschaft*

110 Vgl. F.-X. Kaufmann, *Zukunft der Familie im vereinten Deutschland* (FN 65), S. 36ff.; M. Wingen, *Familie – ein vergessener Leistungsträger?* Grafschaft 1995.
111 Vgl. Kaufmann, ebda., S. 66ff.

zuzurechnenden Individuen in die verschiedenen gesellschaftlichen Zusammenhänge (Wirtschaft, Staat, Kultur, Familie usw.) einbringen. Es geht also nicht nur um das wirtschaftlich genutzte Arbeitsvermögen, d. h. die Fachkompetenzen oder Berufsqualifikationen, sondern auch um die Qualifikationen für die übrigen Dimensionen des menschlichen Lebens, z. B. als Staatsbürger, Mutter oder Vater, Konsument, Vereinsvorsitzender usw.

3. Nicht nur für den Aufbau, sondern auch für die Erhaltung des Humanvermögens im Erwachsenenalter sind familiale Beziehungen von größter Bedeutung. Die näheren Verwandten sind in der Regel die einzigen Menschen, zu denen heute noch tendenziell lebenslange Beziehungen aufrechterhalten werden; sie sind bedeutungsvoll für die emotionale Unterstützung und Stärkung des Selbstbildes, aber auch für die Kontinuität des eigenen Selbsterlebens. Hinzu kommen die weit alltäglicheren Leistungen im Rahmen eines gemeinsamen Haushalts: die wechselseitige Hilfe im Alter, die Förderung einer gesunden Lebensführung und die Ermöglichung von Erholung, nicht zuletzt im Falle von Krankheitsepisoden. Die Fähigkeit und Bereitschaft, sich in den verschiedensten Bereichen zu engagieren, erscheint nicht zuletzt von familialer Anerkennung und Unterstützung abhängig. Wir können all diese Sachverhalte unter dem Stichwort einer *Regenerationsfunktion der Familie* zusammenfassen.

4. Schließlich sei auf die große Bedeutung familialer, insbesondere verwandtschaftlicher Beziehungen für die Herstellung von Solidarpotentialen in unserer Gesellschaft hingewiesen. Verwandtschaften, und zwar insbesondere solche zwischen verschiedenen Generationen, aber auch z. B. zwischen Geschwistern, sind nach allen empirischen Untersuchungen die stabilsten, vielseitigsten und leistungsfähigsten Netzwerkbeziehungen von Individuen. Und die *verwandtschaftliche Solidarität scheint auch gesellschaftsweite Wirkungen auszulösen*: Die Akzeptanz des sogenannten Generationenvertrages

scheint nicht zuletzt auf der Erfahrung zu beruhen, die ein jeder mit der Leistungsfähigkeit des sozialen Sicherungssystems in seiner engeren familialen Umgebung macht.[112]

Neuere Schätzungen der mit dem Aufziehen von Kindern verbundenen Kosten machen deutlich, in welchem Umfang sich allein die Familien auf unentgeltliche Weise am Aufbau des volkswirtschaftlichen Kapitals beteiligen: Bezogen auf das Preisniveau von 1990 wird der monetäre Aufwand einer Zwei-Kinder-Familie für die Erziehung ihrer Kinder (bis 18 Jahre) auf gut 300 000 DM geschätzt. Hinzu kommt der zeitliche Aufwand für die Betreuung der Kinder und die unmittelbar auf Kinder bezogenen Haushaltsleistungen, berechnet aufgrund von Zeitbudgeterhebungen. Bewertet man diesen Stundenaufwand gemäß dem durchschnittlichen Bruttoverdienst einer Arbeiterin, so beläuft er sich auf fast 500 000 DM; bewertet man ihn zum Lohn einer qualifizierten Pflegekraft oder Kindergärtnerin, gelangt man auf nahezu 600 000 DM. Rechnet man diese familialen Investitionen, die im Laufe von 18 Jahren eine Höhe von 400 000 bis 450 000 DM pro Kind erreichen, auf die volkswirtschaftliche Kapitalbildung hoch, so beläuft sich der Beitrag der Familien zur Humanvermögensbildung bzw. zur Bildung der volkswirtschaftlichen Arbeitsvermögen auf ca. 15 Billionen DM. Das ist mehr als das Doppelte des Wertes des gesamten Sachvermögens der Bundesrepublik Deutschland, das für das Jahr 1990 auf 6,9 Billionen DM geschätzt wird. Zieht man die staatlichen Leistungen für die Familien und Kinder ab, so bleiben ca. 12,5 Billionen übrig, die von den Familien selbst geleistet werden.[113] *Die unentgeltlichen Investitionen der Familie*

112 Vgl. F.-X. Kaufmann, *Generationenbeziehungen und Generationenverhältnisse im Wohlfahrtsstaat.* In: K. Lüscher/F. Schultheis (Hg.), *Generationenbeziehungen in »postmodernen« Gesellschaften.* Konstanz 1993, S. 95-108.

113 Die entsprechenden Berechnungen stammen von Professor Heinz Lampert, Augsburg. Vgl. *Fünfter Familienbericht* (FN 48), S. 290ff.; sowie ausführlicher: H. Lampert, *Wer »produziert« das Humanvermögen einer Gesellschaft?* In: N. Glatzel u. E. Kleindienst (Hg.), *Die personale Struktur des gesellschaftlichen Lebens. Festschrift für Anton Rauscher.* Berlin 1993, S. 121-134.

sind also nahezu doppelt so hoch wie die gesamten Wirtschaftsinvestitionen.

Während innerhalb eines gemeinsamen Haushaltes von *nicht verwandten* Personen vielfach durchaus Leistungen beobachtet werden können, die typischerweise nur unter Familienmitgliedern erbracht werden, verliert sich diese Solidarität in der Regel spätestens mit der Auflösung des gemeinsamen Haushaltes, während verwandtschaftliche Solidaritäten auch haushaltsübergreifend wirksam sind.[114] Natürlich fungiert dabei Verwandtschaft – und zwar üblicherweise enge Verwandtschaft – nur als notwendige, nicht als hinreichende Bedingung. Die Intensität der Sozialkontakte und wohlfahrtsstiftenden Transaktionen kann zwischen Personen ähnlichen Verwandtschaftsgrades stark variieren, und unter ungünstigen Umständen können Verwandtschaftsbeziehungen auch dauerhafte biographische Belastungen bewirken.[115]

8.3 Staat und moralische Ökonomie

Viele Gegenwartsdiagnosen weisen darauf hin, daß die traditionalen Formen wechselseitiger Hilfe rückläufig seien – wir haben dies mit Bezug auf die Familie bereits am elementaren Tatbestand wachsender Kinderlosigkeit gezeigt (vgl. Abschnitt 6.3). Aber der Traditionsabbruch reicht weiter und betrifft vielleicht noch stärker die Auflösung sozialmoralischen Milieus weltanschaulicher Art; die Distanzierung von Kirchen und Ge-

114 Vgl. J. Alber, *Pflegebedürftigkeit im Spiegel der öffentlichen Meinung, Ergebnisse einer repräsentativen Umfrage des Jahres 1989*. In: *Sozialer Fortschritt* 9/1989, S. 211ff. Angesichts des zunehmenden Anteils kinderloser Haushalte dürfte sich daraus insbesondere für die Alleinstehenden ein wachsendes Problem ergeben. Daher sind Vorschläge von Interesse, welche den haushaltsübergreifenden Leistungstausch durch eine Art Gutscheinsystem stimulieren wollen. Vgl. C. Offe/R. G. Heinze, *Organisierte Eigenarbeit. Das Modell Kooperationsring*. Frankfurt/New York 1990.

115 Vgl. *Fünfter Familienbericht* (FN 48), S. 249ff.

werkschaften ist die Folge. Die Thematisierung neuer Formen von Gemeinschaftlichkeit und Solidarität läßt sich als Suche nach Alternativen zu den schwindenden traditionellen Solidarpotentialen, aber auch als Legitimationsversuch einer liberalen Moderne verstehen. Es ist jedoch eine offene Frage, »inwieweit die in der heutigen individualistischen Alltagskultur vorfindlichen Formen des Engagements und der Mitgliedschaft sozialpolitisch ähnlich tragfähig und belangreich sind wie ältere in stabilen Verbänden und Mitgliedervereinigungen organisierte Solidaritäten«.[116]

Wenn wir uns fragen, was Menschen motivieren kann, sich abgesehen von der ja im unmittelbaren Eigeninteresse liegenden Eigenhilfe oder Selbsthilfe in solchen wohlfahrtschaffenden Aktivitäten zu engagieren, so reichen ökonomische Überlegungen im heutigen Verständnis nicht hin. Wir haben es hier mit einer Art naturalwirtschaftlicher oder *moralischen Ökonomie* zu tun, die nicht auf isolierbaren Tauschprozessen, sondern auf dem wesentlich diffuser wirksamen Prinzip der *Gegenseitigkeit* (Reziprozität) beruht.[117] Sympathie und Solidarität erweisen sich hier als wichtige Motive, soziale Anerkennung und Mißbilligung als wichtigste Sanktionen, um diese Prozesse der Wohlfahrtsproduktion in Gang zu halten. Sie zeichnen sich durch wesentlich geringere Transaktionskosten als denjenigen des Marktes und erst recht der staatlich indu-

116 Evers/Olk (FN 84), S. 55.

117 Vgl. M. Kohli, *Moralökonomie und Generationenvertrag*. In: *Kultur und Gesellschaft. Verhandlungen des 24. Deutschen Soziologentags, des 11. österreichischen Soziologentags und des 8. Kongresses der Schweizerischen Gesellschaft für Soziologie in Zürich 1988*. Frankfurt/New York 1989, S. 532-555. Kohli beschränkt seine Ausführungen allerdings auf die moralischen Aspekte der Arbeitsverteilung und der Rentenversicherung. Die moralökonomische Einbettung des Marktsystems umfaßt jedoch zusätzlich die Haushalt- und Netzwerkproduktion. Eine umfassendere Bestimmung des moralökonomischen Aspektes auch moderner Gesellschaften unternimmt G. Elwert, *Ausdehnung der Käuflichkeit und Einbettung der Wirtschaft – Markt und Moralökonomie*. In: K. Heinemann (Hg.), *Soziologie wirtschaftlichen Handelns*. In: Sonderheft 28 der *Kölner Zeitschrift für Soziologie und Sozialpsychologie*. Opladen 1987, S. 300-321.

zierten Wohlfahrtsproduktion aus und lösen positive Effekte im Sinne von Wohlbefinden, Stärkung des Selbstwertgefühls usw. aus.[118] Bezogen auf den Typus der Produkte handelt es sich um Dienstleistungen, vor allem um unmittelbar personenbezogene; es sind meist wenig professionalisierte Aktivitäten, was jedoch nicht ausschließt, daß sie hohe Anforderungen an Engagement, Umsicht und Zeit stellen, wie jede Hausfrau und Mutter weiß.

Sozialpolitisch relevant wurden diese Aktivitäten auf zweierlei Wegen: Zum einen wandte sich die *Selbsthilfebewegung* gegen die wachsende Dominanz der Professionellen in den sozialen Diensten, deren Leistungen in der Regel jener Sympathie und Solidarität entbehren, welche eine wesentliche Quelle des Wohlbefindens ausmachen. Die Selbsthilfebewegung erkannte die Lust und den Reiz der selbstbestimmten Eigentätigkeit und der gemeinschaftlichen Problemlösungen neu und kritisierte den entfremdenden Charakter jener hochorganisierten Prozesse der Verrechtlichung, Bürokratisierung und Professionalisierung, von denen uns die staatliche Sozialpolitik abhängig gemacht hat.[119] Zum anderen entdeckte aber auch die staatliche Sozialpolitik den Bereich der Haushaltsproduktion und Selbsthilfe neu, und zwar als möglicher *kostengünstiger Ersatz für hochorganisierte Dienstleistungen*. So wurde z. B. versucht, insbesondere den Bereich der häuslichen Pflege durch die Schaffung von Sozialstationen und zunehmend durch die Anerkennung der Hauspflege im Rahmen der Pflege- und Rentenversicherung zu stabilisieren. Auch die Familienpolitik findet

118 Vgl. F.-X. Kaufmann, *Solidarität als Steuerungsform. Erklärungsansätze bei Adam Smith*. In: Ders./H. G. Krüsselberg (Hg.), *Markt, Staat und Solidarität bei Adam Smith*. Frankfurt/New York 1984, S. 158-184.

119 Vgl. B. Badura u. a., *Sozialpolitische Perspektiven*. In: Ders./C. v. Ferber (Hg.), *Selbsthilfe und Selbstorganisation im Gesundheitswesen*. München/Wien 1981, S. 1-38; F. Hegner, *Zukunftswege der Industriegesellschaft: Ausbau der »Einbahnstraße« oder Umbau zur »Zweibahnstraße«?* In: R. G. Heinze (Hg.), *Neue Subsidiarität: Leitidee für eine zukünftige Sozialpolitik?* Opladen 1986, S. 303-338; W. Dettling, *Politik und Lebenswelt. Vom Wohlfahrtsstaat zur Wohlfahrtsgesellschaft*. Gütersloh 1995.

ihren wesentlichen Sinn in der Stützung der familialen Selbsthilfepotentiale.

Indem sich staatliche Sozialpolitik nun nicht mehr nur der unmittelbaren Konsequenzen marktwirtschaftlicher Prozesse auf die Lebenslage der Bevölkerung annimmt, sondern sich anschickt, auch solidarische Lebensformen einer wohlmeinenden Stützung und damit Beeinflussung zu unterwerfen, geschieht etwas Neuartiges oder zumindest Andersartiges als in der herkömmlichen Sozialpolitik. Denn hier sind es nicht nur die Grenzen ökonomischer Mittel und der Reichweite des Rechtes, welche die möglichen Wohlfahrtseffekte in Frage stellen, sondern *Eigendynamiken des sozialen Nahbereichs*, über die wir bisher so gut wie nichts wissen.[120] Hier müssen wir uns Fragen stellen wie: Wovon ist das Wohlbefinden der Menschen in der sozialen Interaktion abhängig? Wie sind Beziehungen der Gegenseitigkeit und monetäre Anreize vereinbar? Wie weit lassen sich Solidarität und rechtliche Kontrollansprüche vereinbaren? Und was geschieht, wenn auf staatliche Maßnahmen verzichtet wird und man den Dingen ihren Lauf läßt?

Wir sehen also, daß sich hier eine neue Front der Auseinandersetzung um den Sozialstaat aufgetan hat, nämlich die *Frage nach der Effektivität und Problemlösungsfähigkeit staatlicher Interventionen.*[121] Aus dem sogenannten Marktversagen läßt sich nicht automatisch auf eine Fähigkeit des Staates schließen, die entsprechenden Probleme in eigener Regie oder durch Kompetenzdelegation zu lösen. Es gibt auch Staatsversagen, und dieses müßte in seinen typischen Formen genauer geklärt

120 Ähnliche Probleme stellen sich auch im Rahmen der Produktion sozialer Dienste, beispielsweise im Bereich der Therapie oder der Beratung. Mit der zunehmenden staatlichen oder parastaatlichen Reglementierung derartiger Dienstleistungen (beispielsweise über Vorschriften und Programme der »Qualitätssicherung«) steht zu befürchten, daß die Dienstleister sich stärker an derartigen Standards und Normen als an der spezifischen Problemlage ihrer jeweiligen Klienten orientieren.

121 Vgl. Kaufmann, *Elemente einer soziologischen Theorie sozialpolitischer Intervention* (FN 22).

werden. Auf jeden Fall lassen sich soziale Dienstleistungen nur sehr ungenügend durch zentralstaatliche Maßnahmen steuern, so daß hier die Zuständigkeit ortsnaher Formen der Politik, also insbesondere der kommunalen oder *lokalen Politik*, weitgehend anerkannt ist. Die skizzierte Kritik der Selbsthilfebewegung bezieht sich denn auch vor allem auf den Bereich der kommunalen und verbandlichen Einrichtungen.

Diese Skizze verdeutlicht, daß der normative Anspruch der Sozialstaatlichkeit, nämlich die politische Verantwortung für die elementaren Bedingungen der Wohlfahrt aller Bürger bzw. legalen Einwohner eines Landes, in seiner Verwirklichung eine wesentlich komplexere Aufgabe darstellt, als dies in den gängigen Debatten sichtbar wird.

Die Umrisse einer solchen Aufgabe seien zum Abschluß dieses den Sozialstaat als eine geschlossene Einheit betrachtenden ersten Teils thesenartig zusammengefaßt:

1. Das jeweilige Wohlfahrtsnivau einer nationalen Gesellschaft resultiert nicht allein aus der Größe des in Geld meßbaren Volkseinkommens, sondern es wird zusätzlich durch eine moralische Ökonomie mitbestimmt, im Rahmen derer Personen sich unentgeltlich in einer Vielzahl verschiedener Rollen für ihre Mitmenschen nützlich machen.

2. Unter dem Aspekt der Produktionsfaktoren ist das Wohlfahrtsniveau daher nicht nur von dem eingesetzten Sachkapital und dem entlohnten Arbeitsvermögen (Humankapital) sowie der Effizienz der wirtschaftlichen Organisation abhängig. Gleichberechtigt ist das *»soziale Kapital«* , d. h. das Ausmaß der Sozialbeziehungen, im Rahmen derer Menschen sich einander unentgeltlich nützlich machen.[122]

122 Eine den wirtschaftlichen Bereich übergreifende Wohlfahrtsperspektive hat als erster F. List (FN 84) als Theorie der »produktiven Kräfte« entwickelt. In neuerer Zeit hat vor allem Pierre Bourdieu theoretische Grundlagen für eine die Wissensperspektive (»capital culturel«) und die Beziehungsperspektive (»capital social«) einbeziehende Wohlfahrtsbetrachtung entwickelt. Vgl. P. Bourdieu, *La réproduction: éléments pour une théorie du système d'enseignement.* Paris 1971. Für den angelsächsischen Raum wegweisend J. S. Coleman, *Social Capi-*

3. Die herkömmliche sozialpolitische Perspektive orientiert sich an der Verteilung der geldwerten Wohlfahrtsprodukte *einer bestimmten Periode*, d. h. an der Einkommensumverteilung. Diese wird ausschließlich unter dem Gesichtspunkt der Markteinkommen (als Gegenwert für zur Verfügung gestellte Arbeit oder Kapitalvermögen) und der gesetzlich definierten Sozialeinkommen sowie des zwischen beiden vermittelnden Transfersystems (Steuern, Beiträge) betrachtet. Der Gesamtbereich der unentgeltlichen Leistungen bleibt damit sowohl unter dem Gesichtspunkt ihrer Verfügbarkeit als auch unter dem Gesichtspunkt ihrer Erbringung und ihrer häufig erst in späteren Perioden sichtbaren Folgen außer Betracht.

4. Diese auf das Verhältnis zwischen Marktprozessen und staatlich organisierter Umverteilung *reduzierte Perspektive* ist solange unschädlich, als davon ausgegangen werden kann, daß das Ausmaß der wohlfahrtsstiftenden, nicht geldwerten sozialen Beziehungen und ihrer Reproduktion sich unabhängig von der Gestaltung der Produktionsprozesse und der staatlichen Umverteilungsprozesse entwickelt. *Die Arbeitskräftenachfrage wie die staatliche Umverteilung schränken jedoch die Anreize zumindest für die familiäre Wohlfahrtsproduktion ein.* Für die Vereinigten Staaten wurde auch das Schwinden haushaltsübergreifender Beziehungen und assoziativer Bindungen plausibel gemacht[123]; vergleichbare Ergebnisse stehen für die Bundesrepublik aus. Zahlreiche Untersuchungen und Initiativen richten sich jedoch auf den Zusammenhang zwischen staatlicher Sozialpolitik und Formen gesellschaftlicher Selbstorganisation.[124] Daß Interdependenzen zwischen staatlicher Sozialpolitik und sozialen Formen der Wohlfahrtsproduktion bestehen, ist hoch plausibel und bedarf daher ebenso sorgfälti-

tal in the Creation of Human Capital. In: *American Journal of Sociology,* 94 (1988) suppl., S. 95-120.

123 Vgl. R. D. Putnam, *Bowling Alone: America's Declining Social Capital.* In: *Journal of Democracy,* 6 (1995), S. 64-78.

124 Vgl. F.-X. Kaufmann (Hg.), *Staat, intermediäre Instanzen und Selbsthilfe.* (FN 104); Evers/Olk, *Wohlfahrtspluralismus* (FN 86).

ger Beobachtung wie die Interdependenz zwischen staatlicher Sozialpolitik und Marktwirtschaft.

5. Schließlich bedarf es auch der Untersuchung der Zusammenhänge zwischen den Strukturen der (primären und sekundären) Einkommensverteilung einerseits und den Möglichkeiten informeller Wohlfahrtsproduktion andererseits. Erste Untersuchungen legen nahe, daß die Selbsthilfepotentiale in der Gesellschaft nach ähnlichen Kriterien ungleich verteilt sind wie die Einkommen.[125] Und das gilt – entgegen einer weit verbreiteten Meinung – auch für die Schwarzarbeit; »so beweisen die sozialwissenschaftlichen Erfahrungen, daß hauptsächlich jene Erwerbstätigen informell tätig sind, die am besten und stabilsten in der formellen Ökonomie verankert sind«.[126]

Wir müssen also davon ausgehen, daß die informelle Ökonomie die durch die formelle Ökonomie bedingten sozialen Ungleichheiten nur in den Fällen auszugleichen in der Lage ist, wo enge familiale Beziehungen zwischen Erwerbstätigen und Nicht-Erwerbstätigen bestehen. In der Regel verfügen die Wohlhabenderen auch über die leistungsfähigeren informellen Ressourcen. Dies könnte sich allerdings im Generationenwechsel ändern. Wenn Kinderlose wesentlich günstigere Lebenseinkommensschancen besitzen, so ist zu erwarten, daß sie im Alter gleichzeitig ökonomisch günstiger und sozial isolierter dastehen. Daraus folgt, daß sie dann stärker auf öffentliche Hilfe angewiesen sein dürften, als diejenigen, welche auf familiale Hilfe hoffen können. Die Polarisierung privater Lebensformen in familiale und nicht-familiale (vgl. Abschnitt 6.3) führt zu einer Verschiebung der Interessenlagen, welche die bisherigen Prämissen der Generationenverhältnisse differen-

125 Vgl. K. Hinrichs, *Zeit und Geld in privaten Haushalten. Gelegenheitsstruktur und Bedarf für Eigenarbeit als Determinanten sozialer Ungleichheit.* Bielefeld 1989; H. J. Andreß u. a., *Soziale Isolation und mangelnde soziale Unterstützung im unteren Einkommensbereich? Vergleichende Analysen mit Umfragedaten.* In: *Zeitschrift für Soziologie*, 24 (1995), S. 300-315.

126 Teichert (FN 104), S. 280.

zieren.[127] *Ein wachsender Teil der Bevölkerung kann sich nicht mehr auf familial begründete Gegenseitigkeitsbeziehungen stützen, und es stellt sich die Frage, wie sie in einen politisch vermittelten Gegenseitigkeits- und Sicherungszusammenhang eingebunden werden können, der ihren spezifischen Bedürfnissen entspricht, aber sie auch entsprechend in die Pflicht nimmt.*

127 Vgl. Krüger, *Generationensolidarität oder Altenmacht* (FN 6).

9. Die internationale Herausforderung: weit mehr als eine Standortfrage

9.1. Die Relativierung des Nationalstaates

Alle wohlfahrtsstaatlichen Debatten der Vergangenheit haben den Nationalstaat als entscheidende Ebene nicht nur der Sozialpolitik, sondern aller Politikfelder vorausgesetzt. Die große Transformation Europas, für die wir heute meist den Begriff der Modernisierung verwenden, vollzog sich seit dem 16. Jahrhundert in politischer Hinsicht als Herausbildung des modernen *Staates*, d. h. eines durch Zentralisierung der legitimen Gewalt, durch eine einheitliche Rechtsordnung, durch den Anspruch auf Souveränität nach innen und außen sowie durch eindeutige Grenzen und bürgerschaftliche Zugehörigkeitsnormen definierten Gemeinwesens. Diese politische Vergesellschaftungsform entstand nicht ohne Widerstände, setzte sie doch die Überwindung partikulärer Rechtsordnungen, regionaler Machtverhältnisse, innerer Zollschranken und die Bildung eines gemeinsamen »Nations-« oder »Volksbewußtseins« voraus.[128]

Die im Gefolge der Industrialisierung einsetzende wirtschaftliche und soziale Dynamik bildete im 19. und 20. Jahrhundert eine zentrale Herausforderung des so entstandenen Nationalstaates. Einerseits konnte sich kein Staat den offenkundigen Vorteilen der Industrialisierung und der sie erst ermöglichenden ökonomischen Liberalisierung verschließen. Andererseits führte dies überall zu charakteristischen Folgeproblemen: zur Auflösung traditioneller Schutzverhältnisse, zur Konzentration eines entwurzelten Proletariats in wachsen-

128 Die maßgebliche Darstellung dieser Prozesse ist immer noch C. Tilly (Hg.), *The Formation of National States in Western Europe*. Princeton 1975; vgl. auch O. Hintze, *Wesen und Wandlung des modernen Staates*. In: Ders., *Staat und Verfassung*. 3.A. Göttingen 1970, S. 470-496.

den Städten, zu neuen gesundheitlichen Risiken des industriellen und des städtischen Lebens und – je mehr die neue Wirtschaftsweise Fuß faßte – zum Aufstieg von Unternehmerschaft und Industriearbeiterschaft als maßgeblichen Machtfaktoren. Wie bereits angedeutet (vgl. Abschnitt 4.2), wurde die *Sozialpolitik* zu einem zentralen Feld der Integration der neuen, sich zunächst meist antagonistisch verstehenden Klassen in die nationalgesellschaftliche Ordnung. Dieser Prozeß hat sich auch nach dem Zweiten Weltkrieg fortgesetzt. Die unerwartet friedliche Entwicklung, welche Westeuropa in außen- und innenpolitischer Hinsicht seit dem Ende des Zweiten Weltkriegs erfahren hat, wird überwiegend auf das Wirksamwerden der alliierten Programmatik einer freiheitlichen, demokratischen und wohlfahrtsstaatlich verfaßten Gesellschaft zurückgeführt, die sich ganz selbstverständlich im Horizont der herkömmlichen Nationalstaatlichkeit verwirklichte. Deren Prinzipien wurden nunmehr im Zuge der Entkolonisierung und der Bildung der »Vereinten Nationen« weltweit durchgesetzt. Erst seither »besteht« die Welt in politischer Hinsicht »aus Staaten«, wobei *unterstellt* wird, es handele sich dabei nicht nur um eine politische, sondern auch um eine gesellschaftliche Einheit, d. h. um einen sozialen Zusammenhang des »Staatsvolks«. Bekanntlich stimmen die politischen Grenzen auf dieser Erde keineswegs überall mit Grenzen selbstdefinierter Schicksalsgemeinschaften oder »Völker« überein, woraus nicht enden wollende Konflikte entstehen. Aber selbst diese Konflikte bestätigen noch das Leitbild des Zusammenfallens von »Volk« und »Staat«, das mit dem Begriff des Nationalstaates avisiert wird.

Weithin vergessen ist heute eine zweite innenpolitische Frontlinie, welche im 19. Jahrhundert durch die neue Wirtschaftsform geschaffen wurde, nämlich diejenige zwischen den Verfechtern des *Freihandels* und den *Protektionisten*.[129] Mit

129 Die Bedeutung dieser Frontlinie für den wohlfahrtsstaatlichen Zusammenhang und ihre erneute Virulenz im Zusammenhang der Globalisierung verdeutlichen E. Rieger und S. Leibfried, *Grenzen der Globalisierung. Wohlfahrtsstaat-*

Ausnahme der führenden Industrienation Großbritannien, in deren nationalem Interesse die Freiheit des Handels lag, blieben die europäischen Staaten dieser Forderung gegenüber zurückhaltend und suchten die wichtigen Wirtschaftszweige ihrer Länder durch Zölle zu schützen. Die protektionistische Zollpolitik erhielt nach der allgemeinen Durchsetzung des Goldstandards (1885-1914) zusätzlichen Auftrieb, da den Staaten nunmehr eine Beeinflussung der Wirtschaftsbeziehungen durch Ab- oder Aufwertung der Währung verwehrt war. Mit dem Ausbruch des Ersten Weltkriegs gelangte die internationale Währungsordnung des Goldstandards an ihr Ende und konnte nicht wieder hergestellt werden. Die auf einem gemischten (Gold/Dollar-)Standard beruhende Währungsordnung von Bretton Woods (1944) führte zu einer einseitigen Begünstigung der Vereinigten Staaten, welche von der Überbewertung ihrer Leitwährung profitierten. 1971 widerriefen die Vereinigten Staaten ihre Pflicht, Dollarguthaben durch Gold gegenüber ausländischen Notenbanken einzulösen. Damit wurde der Dollar zu einer gegenüber dem Gold wie den übrigen Währungen frei schwankenden Währung, das System fester Wechselkurse war am Ende.[130]

Zum alliierten Leitbild der Nachkriegsordnung gehörte neben der Entkolonisierung und der Entwicklung demokratischer, an Freiheit und sozialer Sicherheit ihrer Bürger orientierter Staaten auch eine internationale Wirtschaftsordnung auf der Grundlage des Freihandels und eines Systemes konvertibler Währungen. Die im Prinzip der souveränen Staatlichkeit verallgemeinerte staatliche Autonomie stand damit von An-

liche Gründe außenwirtschaftlicher Öffnung und Schließung. Vervielfältigtes Manuskript 1997 (zur Veröffentlichung vorgesehen in: *Politische Vierteljahresschrift*). Vgl. auch die ältere Studie von T. Geiger, *Welfare and Efficiency. Their interactions in Western Europe and implications for international economic relations.* London and Basingstoke 1979.

130 Zur Erklärung des Zusammenbruchs des Währungssystems von Bretton Woods vgl. Th. Plümper, *Der Wandel weltwirtschaftlicher Institutionen: Regimedynamik durch ökonomische Prozesse.* Berlin 1996, S. 161ff.

fang an in Spannung zum international konzipierten Wirtschaftssystem, wie bereits im 19. Jahrhundert. Diese Spannung wurde so lange für die wirtschaftlich führenden Länder des Westens nicht belastend, als sie durch die wirtschaftlichen Austauschbedingungen (Terms of Trade) begünstigt wurden. Bereits die Ölkrise von 1973 machte jedoch deutlich, daß die zunehmende internationale Interdependenz nicht immer zum Vorteil der fortgeschrittenen Industrieländer ausschlägt. In jüngster Zeit haben sich die internationale Arbeitsteilung und mit ihr die internationale Konkurrenz intensiviert. In Deutschland wird die zunehmende Arbeitslosigkeit vielfach als Mangel an internationaler Konkurrenzfähigkeit gedeutet und diese den sozialstaatlichen Einschränkungen der Wirtschaftsfreiheit und den »überhöhten Lohnnebenkosten« angelastet.

Bei den gegenwärtigen wirtschaftlichen Schwierigkeiten in Deutschland handelt es sich jedoch weniger um ein Standortproblem als um eine grundsätzliche Einschränkung der wirtschaftspolitischen Handlungsmöglichkeiten im Vergleich zu den vorangehenden Jahrzehnten. Dies ist eine Folge vielfältiger politischer Entscheidungen, die in ihrer Konsequenz zu einer weitgehenden *Entgrenzung des nationalstaatlichen Raums* geführt haben. Die Vorstellung eines souveränen, nach außen hin grundsätzlich unabhängigen und hinsichtlich seiner inneren Verhältnisse zwar demokratisch und gerichtlich kontrollierten, aber prinzipiell autonomen Staates wird immer unrealistischer.[131] Transnationale politische Vernetzungen und internationale Wirtschaftsverflechtungen bewirken gerade für hochgradig exportabhängige Länder eine Lage, die mit den Erwartungen der Bevölkerung an eine autonome Staatlichkeit immer weniger übereinstimmt. Die Möglichkeit erneuter protek-

131 Dies entspricht einem breiten Konsens in der neueren Politikwissenschaft. Vgl. zusammenfassend und weiterführend M. Zürn, *Jenseits der Staatlichkeit: Über die Folgen der ungleichzeitigen Denationalisierung*. In: *Leviathan*, 20 (1992), S. 490-513.

tionistischer Bewegungen muß deshalb ernst genommen werden.

Zwar ist die »alte« Bundesrepublik als Notlösung einer geteilten Nation auf der Basis eines als provisorisch geltenden Grundgesetzes entstanden, das zudem die Frage der Wirtschafts- und Sozialordnung offenließ. Dennoch hat sich auch hier eine hohe Legitimität der politischen Ordnung entwickelt. In funktionaler Hinsicht wird man das Grundgesetz und die soziale Marktwirtschaft als zivilreligiöse »Mythen« der alten Bundesrepublik bezeichnen dürfen, deren verbindender Charakter im Zuge der Wiedervereinigung jedoch noch der Bewährung bedarf.[132]

9.2 Die Internationalisierung der Wirtschaft und die Globalisierung der Finanzmärkte

»Globalisierung« ist in jüngster Zeit zu einem Allerweltsbegriff geworden, um die wachsende internationale Abhängigkeit der Bundesrepublik zu erklären. Das ist nicht hilfreich.[133] Wir müssen zumindest drei Sachverhalte unterscheiden:

1. Die dank technischer Fortschritte, internationaler Abkommen und politischer Liberalisierungen möglich gewordene weltweite Vernetzung von Informations- und Verkehrsmitteln führt zu einem Schrumpfen der Übermittlungszeiten und zu einem Bedeutungsverlust räumlicher Distanzen, so daß immer mehr Ereignisse weltweit gleichzeitig wahrgenommen und mit

132 Hierzu ausführlicher F.-X. Kaufmann, *Normative Konflikte in Deutschland: Basiskonsens, Wertewandel und soziale Bewegungen.* In: P. L. Berger (Hg.), *Die Grenzen der Gemeinschaft. Konflikt und Vermittlung in pluralistischen Gesellschaften.* Ein Bericht der Bertelsmann-Stifung an den Club of Rome. Gütersloh 1997, S. 155-197.

133 Wer dramatisierende Einseitigkeiten vorzieht, dem sei empfohlen: C. Koch, *Die Gier des Marktes. Die Ohnmacht des Staates im Kampf der Weltwirtschaft.* München 1995; H.-P. Martin/H. Schumann, *Die Globalisierungsfalle. Der Angriff auf Demokratie und Wohlstand.* Reinbek bei Hamburg 1996.

immer kürzeren Verzögerungen an unterschiedlichen Orten der Welt wirksam werden können. Dieses Zusammenrücken der räumlich verteilten Weltereignisse und ihre bewußtseinsmäßige Kopräsenz werden zu Recht als *Globalisierung* – des Bewußtseins wie auch der Prozesse selbst – bezeichnet.[134]

2. Die Zunahme des Anteils von die staatlichen Grenzen überschreitenden Transaktionen an der Gesamtheit der für eine nationale Wirtschaft bzw. Gesellschaft bedeutungsvollen Transaktionen sollte als *Internationalisierung* bezeichnet werden. Besonders auffällige Formen beziehen sich auf den Handel (Importe/Exporte), die Mobilität von Personen (Tourismus, Geschäftsverkehr, Migration) und den Informationsaustausch (Wissenschaft, Medien, Öffentlichkeit).[135]

3. Die wachsende Einbindung staatlicher, verbandlicher und privater Akteure in Institutionengefüge, die die nationalstaatliche Rechtsordnung übergreifen, läßt sich in Abgrenzung von den beiden erstgenannten Sachverhalten als *Transnationalisierung* bezeichnen. Damit sind praktisch unkündbare, auch völkerrechtliche Verträge gemeint, welche einem partiellen Souveränitätsverzicht gleichkommen.[136] Dies gilt im Falle Deutschlands vor allem für die Einbindung in die *Europäische Union*. Aber auch die Einbindung in multilaterale Bündnissysteme kann de facto zu einer ähnlichen transnationalen Vernetzung mit entsprechendem Souveränitätsverlust führen. Ebenso kann im privatrechtlichem Bereich von *transnationalen Unternehmen* die Rede sein, sobald diese sich eine von bestimmten nationalen Standorten weitgehend unabhängige Ordnung und Struktur gegeben haben und hinsichtlich der Verfolgung ihrer

134 In diesem Sinne rückt der Begriff auch in die Nähe desjenigen einer Weltvergesellschaftung. Vgl. hierzu R. Stichweh, *Zur Theorie der Weltgesellschaft*. In: *Soziale Systeme*, 1 (1995), S. 29-46, insb. S. 37.

135 In diesem Sinne die meisten Beiträge in: U. Steger (Hg.), *Globalisierung der Wirtschaft: Konsequenzen für Arbeit, Technik und Umwelt*. Berlin etc. 1996.

136 Hierfür bürgert sich die Bezeichnung internationaler Regime ein. Vgl. B. Kohler-Koch (Hg.), *Regime in internationalen Beziehungen*. Baden-Baden 1989.

Interessen als »globale Spieler« nach dem jeweils »günstigsten Wirt« suchen.

Während somit Globalisierung und Internationalisierung eine wachsende grenzüberschreitende Vernetzung bewirken und damit die Bedeutung staatlicher Grenzen relativieren, jedoch nicht aufheben, sind für transnationale Gebilde staatliche Grenzen *normativ* belanglos. Sie konstituieren ihrerseits neue Grenzen, die im Falle transnationaler Staatenverbünde größere, meist funktional spezifische Einheiten mit gemeinsamen Außengrenzen bilden, während die Grenzen der globalen Spieler im wesentlichen privatrechtlicher und daher leicht modifizierbarer Art bleiben. *Eben diese Anpassungsfähigkeit und die damit verbundene »nationale Treulosigkeit« macht sie gegenüber herkömmlichen staatlichen Kontrollen weitgehend immun.* Es entsteht hier eine neue *Superstruktur einer realen transnationalen Wirtschaft*, die sich im wesentlichen auf Finanzgeschäfte, wirtschaftsnahe Dienstleistungen und andere immaterielle Produkte bezieht.[137]

Die in unserem Zusammenhang entscheidende Einschränkung staatlicher Autonomie bezieht sich auf die *Wirtschaftspolitik*. Der Erfolg des wohlfahrtsstaatlichen Arrangements beruhte auf der Komplementarität von Wirtschafts- und Sozialpolitik: Vereinfacht gesagt, sorgte Sozialpolitik für die Sicherung der Humankapitalbildung und eine weitreichende Akzeptanz produktivitätsorientierter Strukturveränderungen sowie friedliche Arbeitsbeziehungen; Wirtschaftspolitik sorgte für Wachstum und Vollbeschäftigung als Grundlagen für die Finanzierung der öffentlichen Einkommen und Dienstleistungen. Die sich vergrößernde Arbeitslosigkeit ist zum einen auf die Intensivierung der internationalen Konkurrenz und zum

137 Die wichtigsten Studien zum Charakter der neuen globalen Wirtschaft und ihrer Akteure stammen von S. Sassen, *The Global City: New York, London, Tokyo* (New Jersey 1991) und: *Cities in a World Economy* (Thousands Oaks u. a. 1994). Vgl. auch U. Menzel, *Die postindustrielle Revolution. Tertiarisierung und Entstofflichung der postmodernen Ökonomie*. In: *Entwicklung und Zusammenarbeit*, 36 (1995), S. 100-104.

anderen auf das Schwinden der Voraussetzungen für staatliche Vollbeschäftigungspolitik zurückzuführen. Je geringer jedoch der Anteil der vollzeiterwerbstätigen Bevölkerung, desto schwieriger und belastender wird die Finanzierung der Sozialleistungen.

Aus dem Zusammentreffen verstärkter internationaler Konkurrenz, steigender Arbeitslosigkeit und zunehmenden Finanzierungsschwierigkeiten des Sozialsektors läßt sich jedoch nicht schließen, die Höhe der Sozialaufwendungen sei eine entscheidende Ursache für die sinkende internationale Konkurrenzfähigkeit und diese lasse sich durch eine Reduktion der sozialpolitischen Umverteilungsvorgänge wiederherstellen. Dies ist jedoch ein zentrales Argument der gegenwärtigen Debatte, weshalb darauf ausführlicher einzugehen ist.

Die Behauptung einer sinkenden internationalen Konkurrenzfähigkeit der deutschen Wirtschaft stützt sich im wesentlichen auf drei Argumente: (A) die überhöhten Lohnstückkosten, (B) einen sinkenden Anteil der deutschen Exporte an den Weltmärkten und (C) eine defizitäre Investitionsbilanz.

Zu (A): Es wird allgemein zugestanden, daß nicht die Lohnhöhe an sich, sondern die Entwicklung des Verhältnisses von Lohnhöhe zu Arbeitsproduktivität (Lohnstückkosten) die entscheidende arbeitsbezogene Variable internationaler Konkurrenzfähigkeit bildet, welche zudem von einer Vielzahl weiterer Faktoren abhängig ist. Die Lohnstückkosten wurden vor allem durch die Lohnpolitik in den neuen Bundesländern in den ersten Jahren nach der Vereinigung in die Höhe getrieben. Inwieweit die seitherige Lohnpolitik »maßvoll« betrieben wurde, bleibt unter den Kontrahenten umstritten. Das arbeitnehmerfreundlicher Interpretationen der Wirtschaftslage unverdächtige Institut der Deutschen Wirtschaft schätzt den zwischen 1989 und 1995 entstandenen gravierenden internationalen Kostennachteil der deutschen Industrie zu einem Drittel als »hausgemacht, also verursacht durch eine Lohn- und Sozialpolitik, die weniger Rücksicht auf die Produktivität genommen hat als im Ausland. Zwei Drittel des Nachteils gehen auf die starke Aufwertung der DM vor allem seit 1992 zurück.«[138] Die positive Entwicklung der deutschen Exporte in den letzten beiden Jahren läßt erkennen, daß mit dem Rückgang des Aufwertungsdruckes die Lohnstückkosten keinen entscheidenden Nachteil für wichtige Exportmärkte mehr darstellen. Aber die Konkurrenzfähigkeit wird mit fortgesetzten Rationalisierungen erkauft, die mit Arbeitsplatzverlusten verbunden sind. Insbesondere industrielle Produktionsvorgänge, die keine besonderen Qualifikationen voraussetzen, werden ins Ausland verlagert, wo sie von billigeren Arbeitskräften ausgeführt werden. Die Lohndifferenzen sind dabei in der Regel so massiv, daß die Vorstellung, entsprechende Produktionsverlagerungen ließen sich durch Lohnsenkungen hierzulande aufhalten, nur in Grenzfällen realistisch wäre. Wenn man die zunehmende internationale Arbeitsteilung und die Entwicklung der Dritten Welt bejaht, führt kein Weg an der seit langem in Gang befindlichen Neuorganisation der Produktionsstrukturen in Deutschland vorbei.[139] Die entscheidende Frage ist also, inwieweit die Höhe der Lohn- und der Lohnnebenkosten der eigentliche Engpaßfaktor für die Schaffung neuer Arbeitsplätze ist. Das scheint weniger im Bereich der exportorientierten Wirtschaftszweige als im binnenorientierten Dienstleistungssektor der Fall zu sein (vgl. hierzu Abschnitt 11.3).

Zu (B): Gegen diese die Standortdiskussion relativierenden Überlegungen wird eingewandt, daß nach wie vor der Anteil der deutschen Exporte am Weltumsatz auf den verschiedenen Märkten rückläufig sei. Diese Tendenz ist jedoch zwangsläufig mit der Expansion des weltwirtschaftlichen Austausches ver-

138 G. Fels, *Unergiebige Schuldzuweisungen*. In: *iwd* vom 18.7.1996, S. 2.

139 Bekanntlich führte im 19. Jahrhundert die Lohnkonkurrenz weniger entwickelter Länder regelmäßig zu protektionistischen Maßnahmen. Daß bisher protektionistische Reaktionen in den westlichen Industrieländern marginal geblieben sind, dürfte im wesentlichen auf die sozialpolitische Abfederung der entsprechenden Freisetzungsprozesse zurückzuführen sein. Vgl. Rieger/Leibfried (FN 129).

bunden und trifft die übrigen alten Industrieländer im Prinzip gleichermaßen. Je mehr Volkswirtschaften eine exportstarke Wirtschaft aufbauen, desto stärker sinken die Anteile der einzelnen Volkswirtschaften an den Weltmarktumsätzen. Triftige Argumente ließen sich also nur aus Vergleichen mit anderen entwickelten Volkswirtschaften ziehen. Hier ist die Datenlage nach wie vor unübersichtlich. Es hat den Anschein, als ob in den letzten Jahren die Vereinigten Staaten ihre Position verbessert hätten, während Deutschland seine frühere Spitzenstellung eingebüßt hat. Der Terrainverlust Deutschlands dürfte dabei stärker auf Positionsschwächen in stark expansiven, innovativen Wirtschaftszweigen als auf die Höhe der Arbeitskosten zurückzuführen sein. Und hierfür lassen sich »Innovationsbremsen« im Sinne einer starken staatlichen Reglementierung und schleppender politischer Entscheidungsprozesse namhaft machen.

Zu (C): Unverkennbar hat sich die Kapital- und Investitionsbilanz in jüngster Zeit zuungunsten der Bundesrepublik verschoben (vgl. Abbildung 5). Es findet somit ein Abfluß von in Deutschland erwirtschafteten Ersparnissen statt, welche entweder direkt investiert oder auf den internationalen Finanzmärkten in kaum verfolgbarer Weise angelegt werden. Was die Investitionen betrifft, so ist den Äußerungen aus der Wirtschaft zu entnehmen, daß das primäre Motiv der Auslandsinvestitionen eine größere Marktnähe und nicht die Lohndifferenz ist. Fragwürdiger als der steigende Kapitalexport ist der geringe Anteil, den Deutschland an den insgesamt steigenden ausländischen Investitionen in Europa für sich mobilisieren kann; innerhalb des seiner Vollendung zustrebenden europäischen Binnenmarktes hat die Standortkonkurrenz zugenommen. Die die Standortentscheidungen bestimmenden Faktoren sind komplex: Zum einen spielen die Gewinnerwartungen, zum anderen praktische Gesichtspunkte (Sprache, Rechtsordnung, sozialer Friede, bisherige Standortpolitik, Nähe zu relevanten Ressourcen und Märkten usw.) eine Rolle. Die Gewinnerwartungen

Abb. 5: Kapitalverkehr mit dem Ausland (Zunahme und Saldo der Direktinvestitionen in Mrd. DM pro Jahr)

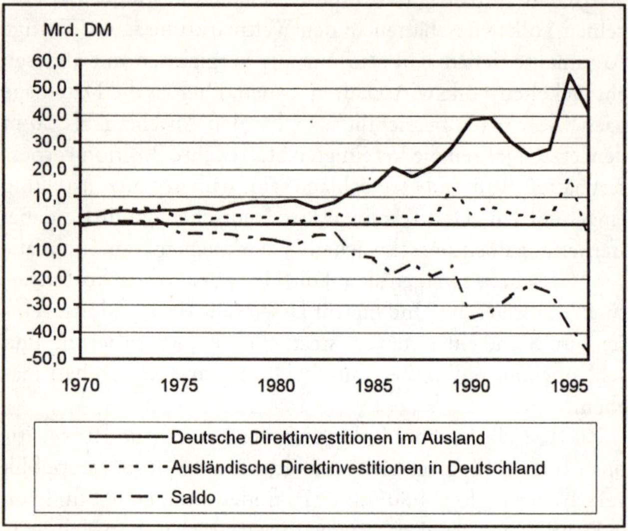

Quelle: Deutsche Bundesbank, *Zahlungsbilanzstatistik*.

sind in erster Linie von der erwarteten Marktentwicklung abhängig. Hier ist zu fragen, für wen Deutschland als ein in vielen Sektoren weitgehend saturiertes Land mit einer absehbar sinkenden Bevölkerung in den kaufkräftigsten Altersgruppen noch einen vergleichsweise attraktiven Markt darstellt oder ob ausländische Investoren anderswo eine stärkere Steigerung der Nachfrage erwarten. Erst in zweiter Linie spielen hier die Kosten, insbesondere die Lohnstückkosten und die Höhe der Unternehmensbesteuerung eine Rolle. Die hier in Frage stehenden Lohnnebenkosten beeinflussen die Entwicklung der Lohnstückkosten weit weniger als die Veränderungen der Arbeitsproduktivität und die Lohnpolitik der Gewerkschaften. Sie sind somit nur ein nachrangiger Standortfaktor.

Die Diskussion um die Lohnnebenkosten in Deutschland hat ihren berechtigten Grund nicht im Zusammenhang mit der Sorge um den Standort, sondern in der ungerechtfertigten Finanzierung der sozialen Folgekosten der Deutschen Einigung mittels Beiträgen von Unternehmen und Sozialversicherten statt aus allgemeinen Steuermitteln (vgl. Abschnitt 1). Hinzu kommt, daß der Anteil der Lohnnebenkosten an den Gesamtkosten der Arbeit in Deutschland tatsächlich im Vergleich zu den übrigen OECD-Staaten besonders hoch ist, da hier ein großer Anteil der sozialen Sicherung durch Beiträge finanziert wird. Vorschläge, den Beitragsanteil der Sozialkosten zu Lasten einer stärkeren Finanzierung durch indirekte Steuern zu senken, verdienen daher ernsthafte Prüfung. Dagegen ist der Anteil der Sozialaufwendungen am Volkseinkommen in Deutschland in den letzten zwei Jahrzehnten kaum mehr gestiegen, im Gegensatz zu den meisten anderen OECD-Staaten (vgl. Tabelle 1). *Die Behauptung, die Verschlechterung der internationalen Position der deutschen Volkswirtschaft, soweit sie überhaupt zu konstatieren ist, sei eine Folge der übertriebenen Expansion der Sozialkosten, besitzt bei unvoreingenommener Betrachtung der Zusammenhänge kein sachliches Fundament.*

Die zunehmenden Schwierigkeiten bei der Finanzierung sozialstaatlicher Aufgaben resultieren zum einen aus den in den Abschnitten 6 und 7 skizzierten Zusammenhängen, d. h. aus der Zunahme der von Sozialleistungen zum Lebensunterhalt Abhängigen im Verhältnis zu den das Volkseinkommen Produzierenden. Derzeit noch einflußreicher sind zum anderen die gesteigerten Mobilitätschancen der Ersparnisse (Kapitale) und der Sog der globalisierten Finanzmärkte. Hier sind in den letzten 15 Jahren erhebliche institutionelle Veränderungen eingetreten, die zu einem ungeheuren Anschwellen der Umsätze auf den Finanzmärkten geführt haben.[140]

140 Zwischen 1990 und 1995 stieg die weltweite Produktion um ein Drittel, die Exporte vermehrten sich um die Hälfte, die Umsätze auf den Finanzmärkten dagegen stiegen um 230%; bezogen auf 1972 hat sich die Weltproduktion

Diese Veränderungen sind letztlich eine Konsequenz *politischer* Entscheidungen, unter denen die Deregulierung des Londoner Finanzmarktes (Big Bang 1986) und die völlige Liberalisierung des Kapitalverkehrs in der EU (1990) für Deutschland die folgenreichsten gewesen sind. Ausgehend von den Devisenüberschüssen der Ölländer nach der ersten Ölkrise (»Petrodollars«) hat sich im Laufe der letzten Jahrzehnte ein gigantischer Weltmarkt für Devisen und andere, zum Teil neu geschaffene Finanzierungsinstrumente entwickelt, dessen *tägliche* Umsätze allein im Devisensektor auf 1190 Milliarden US-Dollar (April 1995) geschätzt werden.[141] Nur etwa 2% der weltweiten Finanztransaktionen beziehen sich noch auf die Absicherung von Warengeschäften und Investitionen; der ganz überwiegende Teil der Transaktionen bleibt innerhalb der Finanzmärkte, getrieben vor allem von spekulativen Interessen. Die durchschnittlichen täglichen Umsätze auf den Devisenmärkten (und erst recht diejenigen in Zeiten heißer Spekulation) übersteigen bereits die Gesamtheit der offiziellen Währungsreserven aller Mitglieder des internationalen Währungsfonds. Deshalb mußten die früher häufig erfolgreichen Versuche der Notenbanken, ihre Währung gegen die internationale Spekulation zu verteidigen, weitgehend aufgegeben werden. Der Wert der international führenden Währungen weist seither starke Schwankungen auf, und dies steigert wiederum das Interesse an Devisenspekulationen und die damit verbundenen Gewinnchancen.[142]

verachtfacht, das Volumen der Exporte verdreizehnfacht, die Umsätze auf den Finanzmärkten dagegen sind um das 43fache gestiegen (*iwd* 2.1.1997, S.3).

141 Einen knappen Überblick gibt L.E. Kodreß, *Devisenmärkte: Struktur und Gesamtrisiken*. In: *Finanzierung und Entwicklung*, Dezember 1996, S. 22-25.

142 Vgl. M. Stewart, *The Age of Interdependence: Economic Policy in a Shrinking World*. Cambridge, Mass. 1984; E.W. Heri, *Expansion der Finanzmärkte: Ursachen, Konsequenzen, Perspektiven*. In: *Kyklos* 42 (1989), S. 17-37; W. Kamppeter, *Kapital- und Devisenmärkte als Herausforderung der Wirtschaftspolitik*. Frankfurt/New York 1990; B. Eichengreen, *International Monetary Arrangements for the 21st Century*. Washington DC, 1994; H. Büttner/P. Hampe (Hg.), *Die Globalisierung der Finanzmärkte. Auswirkungen auf den Standort Deutschland*. Mainz/München 1997.

Bezogen auf die Probleme des Sozialstaates sind drei Wirkungen dieser neuen »unstofflichen« Weltwirtschaft hervorzuheben: Die gesteigerte Transnationalisierung der Kapitalmärkte erleichtert es erstens jedermann, *sein Kapital der Kontrolle eines bestimmten Staates zu entziehen* und mögliche Standortvorteile (z. B. geringe Steuern) zu nutzen; die wachsende Bedeutung von Kapitalsammelstellen (Kapitalfonds, Versicherungen, Pensionfonds, usw.) ermöglicht dies auch für die Ersparnisse von Personen, die hierzu weder motiviert noch in der Lage wären. Die gesteigerte Mobilität des Kapitals bewirkt zweitens einen *erheblichen Machtgewinn für die Kapitalseite* in der anonymen Form einer stärkeren politischen Berücksichtigung von Kapitalinteressen wie in der durchaus faßbaren Form unterschiedlicher Verhandlungsmacht, z. B. bei Tarifverhandlungen. Angesichts der Gewinnmöglichkeiten an internationalen Finanzmärkten und der dadurch gesteigerten Liquiditätspräferenz werden heute auch investive Engagements weit konsequenter unter dem Gesichtspunkt der Gewinnaussichten für die Aktionäre (»shareholders value«) beurteilt. Das trifft zwar primär für die international operierenden Firmen zu, betrifft aber indirekt auch diejenigen Unternehmen, die auf nationalen Märkten operieren. Drittens führt der Umfang der internationalen Devisenspekulationen zu einer Kontrolle aller nationalen Währungen. Der Umstand, daß heute die Währungen, von jeder materiellen Fixierung gelöst, ihren relativen Wert ausschließlich durch das Verhältnis von Angebot und Nachfrage auf den internationalen Devisenmärkten zugewiesen erhalten, bedeutet, *daß das Urteil der internationalen Finanzexperten über die wirtschaftliche Stärke bestimmter Länder und die wirtschaftspolitische Disziplin ihrer Regierungen Einfluß auf die Entwicklung des Wertes einer Währung nimmt*. Kriterien für diese Beurteilung sind unter anderem das Ausmaß des Preisauftriebs (Inflation) und die Entwicklung der Haushaltsdefizite bzw. der Verschuldung eines Staates. Damit entsteht ein wachsender Druck auf nationale Parlamente, Regierungen und Notenbanken zur Ausgaben- und Währungsdisziplin, der im europäischen Raum durch die im Maastricht-Vertrag vereinbarten Kriterien für den Beitritt zu einer eventuellen europäischen Währung verstärkt wird.

Die klassischen Formen des Umgangs mit sonst nicht lösbaren Verteilungskonflikten innerhalb von Wohlfahrtsstaaten, nämlich Inflation und Staatsverschuldung, werden damit immer riskanter. Und dasselbe gilt für eine vielfach als keynesianisch bezeichnete Beschäftigungspolitik mittels staatlicher Defizite. Redlicherweise wird man aber zugeben müssen, daß die Angemessenheit dieser inflationären Strategien bereits vor dem Wirksamwerden dieser internationalen Faktoren wachsenden Zweifeln ausgesetzt war. Nur in wenigen Ländern gelang es, durch eine maßvolle Lohnpolitik die schwierige Gratwanderung zwischen Inflation und Unterbeschäftigung zu bewerkstelligen. Da die Politik jedoch nicht in erster Linie von ökonomischen Fakten, sondern von verbreiteten Vorstellungen und Denkmodellen getrieben wird, wird man die weitgehende Verdrängung des keynesianischen Denkmodells durch neo-liberale Denkmodelle in vielen Ländern den internationalen Entwicklungen zuschreiben dürfen.[143]

Obwohl Trendänderungen statistischer Indikatoren unterschiedlichen Erklärungen offenstehen, sei die Verschiebung der Machtverhältnisse zwischen Kapital und Arbeit anhand zweier Graphiken plausibilisiert. Abbildung 6 zeigt zunächst die Veränderung der Zuwachsraten: Dabei fällt auf, daß die Zuwachsraten sowohl der Einkommen aus unselbständiger Arbeit als auch aus selbständiger Tätigkeit und aus Vermögen (die beiden Größen lassen sich leider nicht trennen) in der Regel über der Zuwachsrate des Sozialprodukts lagen. Bis 1982 dominierten

143 Eine differenzierte Analyse des Zusammenspiels von internationalen und nationalen Faktoren einer Labilisierung der wohlfahrtsstaatlichen Entwicklung gibt A. Martin, *What Does Globalization Has to Do With the Erosion of Welfare States? Sorting Out the Issues.* ZeS-Arbeitspapier Nr. 1/1997. Zentrum für Sozialpolitik der Universität Bremen, 1997.

Abb. 6: Veränderung der Nettoeinkommen und des Bruttoinlandsprodukts in der Bundesrepublik Deutschland[1]

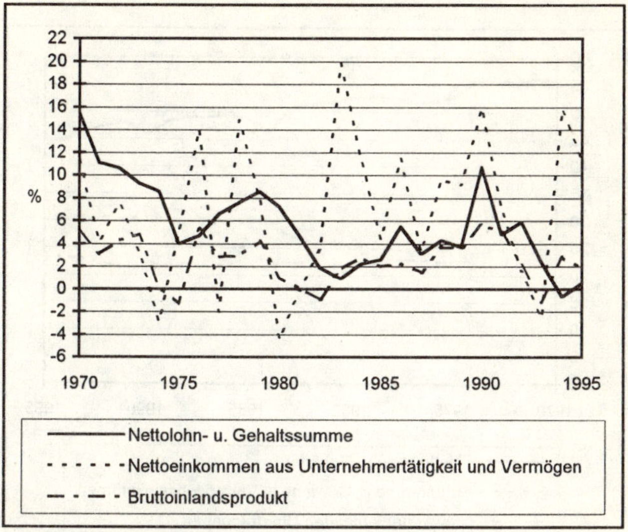

[1] ab 1992 Deutschland insgesamt

Quelle: Bundesministerium für Arbeit und Sozialordnung, Statistisches Taschenbuch 1996. Statistisches Bundesamt, Statistisches Jahrbuch 1996. Eigene Berechnungen.

dabei die Zuwachsraten der Nettolöhne, während seither die Nettoeinkommen aus Unternehmertätigkeit und Vermögen stärker gestiegen sind. Zwar fand 1982 auch der Regierungswechsel zu einer unternehmerfreundlicheren Koalition statt, aber die Veränderung der Machtverhältnisse dürfte doch stärker von den ökonomischen Entwicklungen bestimmt worden sein: Die Hoffnung auf eine Verbesserung der Beschäftigungslage war ein starkes Motiv der Lohnzurückhaltung bei den Gewerkschaften, während die Verschärfung der internationalen Konkurrenz die Widerstandsbereitschaft der Unternehmer gestärkt hat.

Abb. 7: Verfügbares Einkommen[1] der privaten Haushalte in der Bundesrepublik Deutschland[2] nach Arten (1970-1995)

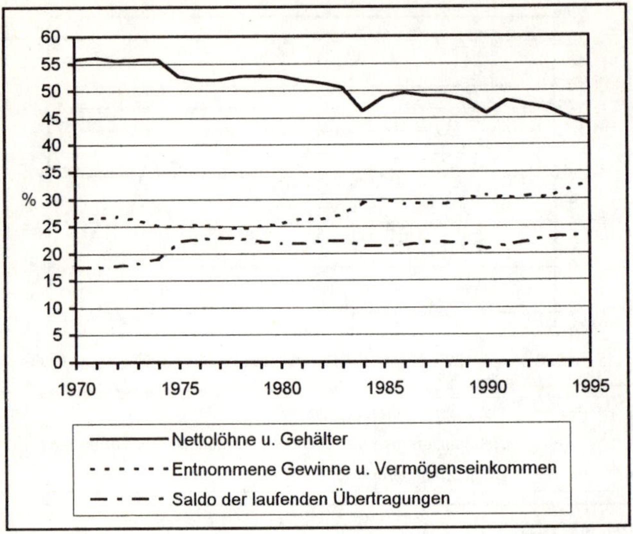

[1] ohne nichtentnommene Gewinne der Unternehmen ohne eigene Rechtspersönlichkeit
[2] ab 1991 Deutschland insgesamt
Quelle: Bundesministerium für Arbeit und Sozialordnung, *Statistisches Taschenbuch 1996.*

Die Veränderung der Machtbalance schlägt sich auch deutlich in der Entwicklung der verfügbaren Einkommen der Privathaushalte (Abbildung 7) nieder: Der Anteil der Löhne sinkt seit 1974 fast kontinuierlich von 56 % auf nunmehr unter 45 %. Parallel dazu hat der Anteil der Kapital- und Unternehmereinkommen von 25 auf 33 % zugenommen, während der Anteil der Transfereinkommen bemerkenswert stabil geblieben ist.

9.3 Europäische Integration: Bedrohung oder Chance des Sozialstaates?

Die skizzierten, grundsätzlich alle entwickelten Länder betreffenden Zusammenhänge werden im Falle Deutschlands nicht nur durch die Vereinigungsfolgen, sondern auch und vor allem durch den Prozeß der europäischen Integration überlagert, der in jüngster Zeit durch das dreifache Programm einer Vollendung des Binnenmarktes, das Projekt einer Währungsunion und die Reform der politischen Strukturen im Lichte einer wachsenden Zahl der Mitgliedsländer neue Schubkraft gewonnen hat. Das Programm einer Vollendung des Binnenmarktes verfolgt das Ziel eines vereinheitlichten Wirtschaftsraumes, in dem die Mobilitätshemmnisse für Güter, Dienstleistungen, Kapital und Arbeit weitestmöglich beseitigt sind. Das Projekt der Währungsunion setzt die Möglichkeit einer weitgehenden Koordination der Wirtschafts- und Finanzpolitik zwischen den beteiligten Staaten voraus und will diese gleichzeitig herbeiführen. Die Reform der politischen Strukturen betrifft vor allem die Entscheidungsregeln und damit das Ausmaß an Souveränitätsverlusten, dem sich die beteiligten Länder unterwerfen müssen; insoweit nämlich die Einstimmigkeitsregel herrscht, bleibt zumindest formal die Souveränität der beteiligten Staaten im Prozeß ihrer gemeinsamen Bindung gewahrt.

Der Grundimpuls der europäischen Einigung war und ist zweifellos politischer, ihre wesentlichen Mittel dagegen sind ökonomischer Art. Das *Ziel einer dauerhaften europäischen Friedensordnung* sollte mit den Römischen Verträgen (1957) durch die Schaffung eines »gemeinsamen Marktes« vorangetrieben werden. Auch die gegenwärtig geplante Osterweiterung folgt primär politischen Motiven, vertraut jedoch auf erwartete ökonomische Vorteile, um entgegenstehende Interessen zu überwinden. Das Ziel der ökonomischen Integration wirft jedoch seit jeher auch sozialpolitische Probleme auf. Die angestrebte Freizügigkeit der Arbeitskräfte erforderte bereits im ursprünglichen EWG-Vertrag Regelungen über die soziale Sicherung der sogenannten Wanderarbeitnehmer. Diese Bestimmung sowie der Grundsatz der Gleichberechtigung von Mann und Frau wurden zur wesentlichen Grundlage der Rechtsprechung des Europäischen Gerichtshofes in sozialpolitischen Fragen. Und es sind vor allem seine Urteile, die allmählich die europäische Integration auch in sozialer Hinsicht vorangebracht haben.[144]

Nicht nur das Niveau der Sozialleistungen ist in den verschiedenen Ländern Europas sehr unterschiedlich; vor allem haben unterschiedliche Prioritäten und institutionelle Entwicklungen zu einer erheblichen *Heterogenität der Wohlfahrtsstaatlichkeit in Europa* beigetragen.[145] Dies dürfte – neben dem Widerstand aus Unternehmerkreisen – ein Hauptgrund gewesen sein, weshalb sich die schon früh artikulierte Forderung nach einer Harmonisierung der sozialen Leistungen in der EWG nicht durchsetzen ließ.[146] Statt dessen ist – vor allem auf der Basis von Initiativen aus der Europäischen Kommission und im fortgesetzten Kontakt der Sozialminister – eine gewisse Konvergenz der nationalen Entwicklungen zu beobachten, ohne daß hierdurch grundsätzliche Systemveränderungen ausgelöst worden wären.[147]

144 Vgl. als jüngsten Überblick K. Sieveking, *Der Europäische Gerichtshof als Motor der sozialen Integration der Gemeinschaft*. In: *Zeitschrift für Sozialreform*, 43 (1997), S. 187-208. Überblicke über die europäische Sozialpolitik geben Mäder (FN 28) und B. Schulte, *Sozialstaat und europäische Union*. In: P. Clever/B. Schulte (Hg.), *Bürger Europas*. Bonn 1995 (sowie weitere Beiträge in diesem Band); W. Schmähl/H. Rische (Hg.), *Europäische Sozialpolitik – Stand und Perspektiven*. Baden-Baden 1997.

145 Vgl. die in FN 16 und 17 genannte Literatur sowie S. Leibfried/P. Pierson (Hg.), *Standort Europa. Europäische Sozialpolitik*. Frankfurt a. M. 1997.

146 Vgl. F.-X. Kaufmann, *Nationale Traditionen und Sozialpolitik und europäische Integration*. In: L. Albertin (Hg.), *Probleme und Perspektive europäischer Einigung*. Düsseldorf 1986, S. 69-82.

147 Vgl. zuletzt B. Schulte, *Europäische Sozialpolitik – auf dem Wege zur Sozialunion? Die »soziale Dimension« der Gemeinschaft: Europäischer Sozialstaat oder Koordination nationaler sozialer Systeme*. In: *Zeitschrift für Sozialreform*, 43 (1997), S. 165-186.

Diese Entwicklung wird von manchen als dynamischer Prozeß zu einem europäischen Sozialstaat verstanden.[148] Eine gegenläufige Interpretation betont dagegen die Dominanz marktwirtschaftlicher und unternehmerischer Interessen auf der europäischen Ebene und sieht die Eigenart des europäischen Einigungsprozesses in der Entkoppelung von ökonomischer und sozialer Integration, welche auch im Widerstand gegen eine Demokratisierung der EU zum Ausdruck komme. Da die Integration der Märkte lediglich eine negative Koordination der Staaten (Beseitigung oder Ungültigerklärung hinderlicher Vorschriften) voraussetze, die Entwicklung sozialstaatlicher Institutionen dagegen eine positive Koordination (also die Einigung auf bestimmte Grundsätze), ergebe sich schon aus dieser Perspektive die Unwahrscheinlichkeit einer effektiven europäischen Sozialpolitik.[149]

Betrachtet man die jüngste Entwicklung seit den Vereinbarungen von Maastricht I, so zeigt sich allerdings ein Bild, das keiner dieser beiden Positionen entspricht. Vielmehr wird eine *Differenzierung sozialpolitischer Zuständigkeiten auf der europäischen bzw. der nationalstaatlichen Ebene* sichtbar, die einem deutlichen Muster folgt: Regelungen des Arbeits- und Gesundheitsschutzes wie Regelungen, welche eine Vereinheitlichung der Bedingungen der Produktion anstreben, werden auf europäischer Ebene dynamisch und über die nationalen Standorte hinausgehend entwickelt, während die Einkommensumverteilung und die Dienstleistungssysteme der nationalen Ebene überlassen bleiben.[150] Auch wenn es zweifellos richtig ist, daß

148 So S. Leibfried, *Wohlfahrtsstaatliche Entwicklungspotentiale: Die EG nach Maastricht.* In: *Nachrichtendienst des Vereins für öffentliche und private Fürsorge,* 72 (1992), S. 107-119; S. Leibfried/P. Pierson, *Zur Dynamik sozialpolitischer Integration.* In: Dies. (FN 145), Kap. 10.

149 So W. Streeck, *Vom Binnenmarkt zum Bundesstaat?.* In: Leibfried/Pierson (FN 145), Kap. 9.

150 In diesem Sinne G. Majone, *The European Community between Social Policy and Social Regulation.* In: *Journal of Common Market Studies,* 31 (1993), S. 153-170.

die Entstehung einer supranationalen europäischen Regulierungsebene die nationale Politik als Ganze verändert und zu einer nachhaltigen Einschränkung der Souveränität und der Autonomie der Nationalstaaten führt, wirken sich diese Einschränkungen doch je nach Politikfeld und Zuständigkeitsverteilung unterschiedlich aus.[151]

Es ist deshalb auch zu einfach, die Europäische Union lediglich als Tummelplatz kapitalistischer Interessen zu betrachten; was die Regulierung der Produktionsbedingungen und insbesondere den Arbeits- und Gesundheitsschutz wie ansatzweise den Umweltschutz betrifft, so nimmt die Union durchaus effektive sozialpolitische Einschränkungen der Verfolgung von Gewinninteressen vor. *Der Tummelplatz eines ungehinderten Kapitalismus ist nicht die Ebene der Europäischen Union, sondern die Ebene der Weltfinanzmärkte*. Angesichts des geringen Gewichts der europäischen Mittel- und Kleinstaaten auf den Weltmärkten und ihres schwachen Einflusses auf die Weltwirtschaftspolitik kommt der EU vielmehr eine Schutzfunktion von Arbeitnehmerinteressen vor den Effekten der Globalisierung zu. Dagegen bedeutet die Entkopplung von in der Perspektive der deutschen Sozialpolitik eng zusammenhängender Maßnahmen des Arbeitsschutzes und der sozialen Sicherung eine *Perspektivenverschiebung*. Wir beobachten eine Differenzierung und Aufteilung der sozialstaatlichen Funktionen auf die europäische und die nationale Ebene, wobei der heute umstrittene Bereich der Verteilungspolitik weitgehend bei den Nationalstaaten verbleibt.[152]

151 Eine differenzierte Analyse unter Einschluß des Problems unterschiedlicher Steuersysteme geben hierzu L. P. Feld und G. Kirchgässner, *»Omne Agens Agendo Perficitur«: The Economic Meaning of Subsidiarity.* In: R. Holzmann (Hg.), *Maastricht: Monetary Constitution Without a Fiscal Constitution?* Baden-Baden 1996, S. 195-217.

152 Weitgehend, denn der europäische Sozialfonds wie auch der europäische Regionalfonds verfolgen sozialpolitisch relevante Ziele mit Hilfe von Umverteilungsprogrammen. Es handelt sich hier jedoch um eine Umverteilung zwischen Regionen, nicht zwischen Personen oder gar Erwerbsklassen und Versorgungsklassen.

Damit spitzt sich die internationale Herausforderung des deutschen Sozialstaates in differenzierter Weise zu: Die Integration Europas bringt zwar eine Intensivierung der regionalen Standortkonkurrenz mit sich, die sich aber im wesentlichen zwischen Staaten mit einer wohlfahrtstaatlichen Programmatik abspielt. *Im Weltmaßstab sind sich die europäischen Staaten auch in sozialpolitischer Hinsicht so ähnlich, daß hier Differenzen von Löhnen und sozialem Schutz nicht zu einer fundamentalen Spaltung, sondern eher zur Angleichung tendieren*; dies wird auch an der faktischen Entwicklung in den Staaten Südeuropas deutlich. Dennoch zeigt sich kein »europäischer Sozialstaat« am Horizont, sondern es bleibt bei differenzierten Mustern der Wohlfahrtsstaatlichkeit auf der nationalen Ebene, *wobei die institutionelle Fortentwicklung des Wohlfahrtssektors auch in absehbarer Zukunft Aufgabe nationaler Politik sein wird.*[153]

Da jedoch gleichzeitig die wirtschaftspolitische Autonomie der europäischen Sozialstaaten sowohl infolge der Globalisierungstendenzen als auch der Europäisierung – insbesondere im Falle einer Währungsunion – abnimmt, geraten die weiterhin auf nationaler oder regionaler Ebene sich abspielenden Verteilungskonflikte unter bisher ungewohnte Restriktionen. Zu verteilen ist nur, was in diesem Raum erwirtschaftet und gegebenenfalls für Umverteilungszwecke abgeschöpft werden kann. Die sozialpolitischen Einrichtungen und ihre Klientelen geraten damit zum einen in wechselseitige Verteilungskonflikte, insofern kaum mit größeren Zuwächsen der für soziale Zwecke zu verteilenden Summen zu rechnen ist. Sie geraten darüber hinaus in mehrfache indirekte Abhängigkeiten: von nationaler und europäischer Politik sowie von Weltmarktverhältnissen. Kausale Zurechnungen werden immer schwieriger und beliebiger. Und es hat den Anschein, daß politisch Verantwortliche auch gezielt sich mit Hinweis auf externe Bedingun-

153 In diesem Sinne auch Schulte (FN 147) und Streeck (FN 149).

gen und Zuständigkeiten Dritter ihrer Verantwortung zu entziehen suchen.

9.4 Ist der Nationalstaat überholt?

In seiner Rede auf dem Münchner Historikertag 1996 bemerkte Bundespräsident Roman Herzog, der Nationalstaat habe sich überlebt. »Das Prinzip der Abgrenzung, aus dem im 19. Jahrhundert die Nationalstaaten entstanden, taugt ebenso wenig wie das der Expansion, das ja auch mit dem Nationalstaat verbunden war. Wir sind am Ende dieses Jahrhunderts dabei, die nationalstaatliche Form zu überwinden, die in ihrer ideologischen Übersteigerung den Kontinent in den Abgrund gezogen hat.«[154] Die Frage ist allerdings, was an die Stelle der so bestimmten nationalstaatlichen Form tritt. Ohne auf die ohnehin umstrittene Bezeichnung einzugehen, sei im folgenden gezeigt, *daß wesentliche Aufgaben der Staatlichkeit wie die Notwendigkeit politischer Vergesellschaftungsformen auch unter den veränderten Bedingungen weiterbestehen*.

Wie gezeigt, verlieren die europäischen Staaten zunehmend den Charakter eines souveränen Machtzentrums nach außen. Durch Verträge und Abkommen immer vielfältiger vernetzt, werden sie zu Akteuren im Rahmen multilateraler Abkommen, aus denen »auszusteigen« um so schwieriger und letztlich nachteiliger wird, je länger sich diese in ihrer Ordnungskraft bewähren. *Staaten und Märkte sind nicht mehr die einzigen Ordnungsformen moderner Vergesellschaftung*. Auch innerhalb ihres unmittelbaren Einflußbereichs verlieren Staaten heute viel von ihrem »hoheitlichen« Charakter und sind in einer Vielzahl von Politikfeldern auf die Zusammenarbeit mit nicht-staatlichen Akteuren, insbesondere mit Verbänden als Repräsentanten gesellschaftlicher Interessen, angewiesen. Der

154 R. Herzog, *Abschied vom Nationalstaat*. In: *Die politische Meinung*, 1996, Nr. 324, S. 49f.

Vervielfachung der Verbände auf nationaler Ebene entspricht die Verbreitung von Nicht-Regierungsorganisationen auf der internationalen Ebene. Die notwendige Kooperation zwischen staatlichen und gesellschaftlichen Akteuren führt überdies zur Entstehung einer Vielzahl »gemischter« Organisationen (Körperschaften öffentlichen Rechts, öffentliche Unternehmungen, Quangos[155] u. ä.), welche auf der Basis staatlicher Vorgaben öffentliche Aufgaben erfüllen. Wir können hier von einem weit über die Staatstätigkeit im engeren Sinne hinausreichenden »öffentlichen Sektor« sprechen, zu dem unter anderem auch der Wohlfahrtssektor gehört (vgl. Abschnitt 2).

Der souveräne, in seinen Entscheidungen unabhängige, hoheitliche Staat war allerdings auch in der Vergangenheit stets eine idealtypische Vorstellung, dem vollkommenen, transparenten Konkurrenzmarkt rationaler Akteure vergleichbar. Sie wurde vor allem von kontinentaleuropäischen Juristen gepflegt[156] wie diejenige des Konkurrenzmarktes von angelsächsischen Ökonomen. Markt und Staat sind leitbildhafte Ordnungsmuster, die nie zu einem stabilen, komplementären Verhältnis gefunden haben und doch in ihren Verwirklichungen vielfältige Verbindungen eingegangen sind. *Die historische Entwicklung westlicher Gesellschaften hat uns gelehrt, daß Märkte auf politische Rahmenbedingungen und ihre Verteilungsergebnisse auf politische Korrekturen angewiesen sind.* Umgekehrt tendiert die unvermeidliche Machtakkumulation in politischen Strukturen zu einer Erstarrung der ökonomischen und sozialen Verhältnisse, welche nur durch die Unabhängigkeit gesellschaftlicher Akteure und ihre Konkurrenz auf verschiedenen Gebieten stets erneut aufgebrochen werden kann. Die Diskussion um »Marktversagen« und »Staatsversagen« hat zudem zur Entdeckung weiterer Koordinationsformen menschlichen Handelns (z. B. Solidarität, Verhandlungssysteme, Expertensy-

155 D. h. Quasi non Governmental Organizations.
156 Vgl. K. Dyson, *The State Tradition in Western Europe*. Oxford 1980.

steme) geführt, denen gerade im Rahmen des öffentlichen Sektors große Bedeutung zukommt. *Deshalb hat auch das Programm des Sozial- oder Wohlfahrtsstaates stets mit dem Problem der Vereinbarkeit unterschiedlicher Logiken zu kämpfen und stellt in seinen national unterschiedlichen Verwirklichungen einen Kompromiß dar* (vgl. Abschnitt 3), der zudem eine starke zeitgebundene Komponente hat (vgl. Abschnitt 5).

Angesichts der großen Bedeutung, die dem Staatsdenken gerade in Deutschland zukommt, haben der Souveränitäts- und Autonomieverlust des Staates und die Problematik der Steuerung des öffentlichen Sektors zu einer breiten Diskussion geführt.[157] In der hier gebotenen Kürze kann nur soviel festgehalten werden:

1. Nach wie vor bleibt die staatliche Form des Gemeinwesens der privilegierte Ort kollektiver Entscheidungsfindung auf demokratischer Grundlage.

2. Es scheint eine Verschiebung der Staatsaufgaben dergestalt stattzufinden, daß die hoheitliche Form der Aufgabenerfüllung wiederum auf die klassischen Bereiche der Rechtsprechung und Ordnungssicherung konzentriert wird, während bei den Leistungen des öffentlichen Sektors sich der Staat auf Regulierungs- und Gewährleistungsfunktionen zurückzieht und die Leistungserbringung in wachsendem Umfange parastaatlichen oder gesetzlich kontrollierten gesellschaftlichen Akteuren überläßt.

157 Vgl. insbesondere W. Streeck/P. C. Schmitter (Hg.), *Private Interest Government. Beyond Market and State.* London 1985; F.-X. Kaufmann/G. Majone/V. Ostrom (Hg.), *Guidance, Control and Evaluation in the Public Sector.* The Bielefeld Interdisciplinary Project. Berlin/New York 1986; M. G. Schmidt (Hg.), *Staatstätigkeit.* Sonderheft 19 der *Politischen Vierteljahresschrift.* Opladen 1988; H. Willke, *Ironie des Staates. Grundlinien einer Staatstheorie polyzentrischer Gesellschaften.* Frankfurt a. M. 1992; D. Grimm (Hg.), *Staatsaufgaben* (FN 52); R. Mayntz/F. W. Scharpf (Hg.), *Gesellschaftliche Selbstregelung und politische Steuerung* (FN 25); ferner als knappe Überblicke Zürn (FN 131) sowie E. Grande, *Abschied vom Nationalstaat? Entwicklungslinien moderner Staatlichkeit in Europa.* Arbeitspapier Nr. 1/1997 des Lehrstuhls für Politische Wissenschaft, Technische Universität München.

3. Innerhalb der internationalen Regime operieren die Regierungen als Interessenwahrer der von ihnen vertretenen Staaten. Gleichzeitig nehmen sie internationale Verantwortungen zunehmend im Rahmen dieser Regime wahr. Dadurch entstehen transnationale Entscheidungsebenen ohne demokratische Kontrolle.

4. Transnationale Bindungen und Entscheidungen bestimmen in wachsendem Maße nationale Gegebenheiten, ohne jedoch im Regelfalle die nationale Entscheidungsebene und ihre politischen Gestaltungsmöglichkeiten auszuschalten. Es entstehen somit interdependente politische Steuerungsebenen zwischen nationalen und transnationalen Entscheidungsstrukturen.

5. Im Bereich der Umsetzung und Kontrolle rechtlicher Regelungen bleibt die nationale Autonomie weitgehend gewahrt. Die unterschiedlichen Verwaltungstraditionen und Formen gesellschaftlicher Selbststeuerung werden von den transnationalen Entwicklungen nur mittelbar tangiert.

Bereits dieser Skizze ist zu entnehmen, daß das Regieren selbst wie die Frage der Legitimierbarkeit solcher Regierungstätigkeit deutlich schwieriger geworden sind als unter den Bedingungen eines unitarischen und demokratischen Staatsmodells. Dieses beispielsweise in Frankreich, Großbritannien und Schweden annähernd verwirklichte Staatsmodell stellte jedoch nie die einzige Form politischer Vergesellschaftung in der Moderne dar. Ihm traten konkurrierend föderalistische Staatsformen zur Seite, wie sie beispielsweise in den Vereinigten Staaten, der Schweiz und in abgeschwächtem Maße in der Bundesrepublik Deutschland verwirklicht sind. Und es hat den Anschein, daß die gegenwärtigen vertikalen Verflechtungen nationaler und transnationaler Politik in ihren Möglichkeiten und Schwächen deutliche Analogien zu föderalistischen Systemen aufweisen.[158] *Die vielfältigen Vernetzungen moderner Staaten und*

158 Vgl. F. W. Scharpf, *The Joint-Decision Trap: Lessons from German Federalism and European Integration*. In: *Public Administration*, 66 (1988), S. 238-278;

Regierungen führen zu einer wachsenden Verselbständigung einzelner Politikfelder und zu einem schwindenden Einfluß demokratischer Verfahren. Zwischen Expertenzirkeln und politischen Eliten entstehen neue Strukturen der Konsensbildung, so daß vielfach die parlamentarischen Prozeduren nicht viel mehr als die Ratifizierung vorgängig unter weitgehendem Ausschluß der Öffentlichkeit ausgehandelter Kompromisse darstellen.

All dies gilt grundsätzlich auch für die Politikfelder der Sozialstaatlichkeit. Diese Sachlage gewinnt hier jedoch eine *besondere Brisanz* durch den Umstand, daß erstens die diesbezüglichen politischen Entscheidungen die Lebenslage der Bevölkerung – oder zum mindesten breiter Bevölkerungsgruppen – unmittelbar betreffen und daß zweitens die Regulierung der Systeme sozialer Sicherung und der öffentlichen Dienstleistungen erhebliche Auswirkungen auf die Verteilung von Wohlstand und Armut haben. Eben diese Bereiche sind es zudem, welche entsprechend der sich andeutenden Aufgabenteilung im Rahmen der Sozialpolitik der jeweiligen nationalen Ebene überlassen bleiben. Die sich damit andeutenden Dilemmata bedürfen nun einer präziseren Beschreibung.

W. Streeck, *Politikverflechtung und Entscheidungslücke. Zum Verhältnis von zwischenstaatlichen Beziehungen und sozialen Interessen im europäischen Binnenmarkt.* In: K. Bentele/B. Reissert/R. Schettkat (Hg.), *Die Reformfähigkeit von Industriegesellschaften: Fritz W. Scharpf; Festschrift zu seinem 60. Geburtstag.* Frankfurt/New York 1995, S. 101-128 (sowie weitere Beiträge in diesem Band).

10. Die kulturelle Herausforderung: Wohlfahrtsstaatlicher Konsens und offene Gesellschaft

10.1 Bezugspunkte von Loyalitäten

Das herkömmliche Konzept des Sozialstaats setzt einen abgegrenzten Gestaltungsraum voraus, innerhalb dessen nicht nur die Kosten, sondern auch die Nutzen der Sozialpolitik sich niederschlagen (vgl. Abschnitt 4). Diese Nutzen lassen sich auch stärker zusammenfassend in der Perspektive einer auf dem Prinzip der Gegenseitigkeit beruhenden moralischen Ökonomie thematisieren.[159] *Die privatkapitalistische Marktökonomie erscheint nur in dem Maße legitim, als die durch sie permanent hervorgebrachten Risiken und tendenziell steigenden ökonomischen Ungleichheiten und negativen Effekte in den Zusammenhang einer moralischen Ökonomie eingebettet bleibt, welche die Beteiligung der Gesamtbevölkerung an den Vorteilen dieser Wirtschaftsform im Sinne einer verallgemeinerten Gegenseitigkeit sicherstellt.*[160] Den institutionellen Rahmen dieser

159 Vgl. hierzu grundsätzlich die in FN 117 zitierten Arbeiten von Kohli und Elwert. Während in Abschnitt 8.3 die Bedeutung von Reziprozitätserwartungen für soziale Nahbeziehungen betont wurde, geht es im folgenden um den Einfluß von moralischen Einstellungen auf die Integrationsleistung sozialer Makrogebilde. Dieses in der Soziologie umstrittene Thema kann hier nur andeutungsweise behandelt werden. Für eine ausführlichere Diskussion vgl. F.-X. Kaufmann, *Schwindet die integrative Funktion des Sozialstaates?* In: *Berliner Journal für Soziologie*, 7 (1997), S. 5-22.

160 So argumentieren z. B. K. O. Hondrich und C. Koch-Arzberger »an die Adresse der Tüchtigen und Leistungsstarken gerichtet, ... daß die ihnen abverlangten Solidarbeiträge der Preis für Entfaltungschancen sind; solche Chancen verstehen sich ja nicht von selbst, sondern sind gleichsam die Vorleistungen liberaler Gesellschaftsordnungen an die Individuen. Je mehr Entfaltungschancen eine Gesellschaft bietet, desto mehr erzeugt sie, auf deren Kehrseite, Leistungsversagen derjenigen, die nicht mithalten können. Die Einsicht in diesen Zusammenhang des Gegensätzlichen verwandelt soziale Abgaben, dem Sinne nach, von milden Gaben in Solidarbeiträge und bestärkt die Akzeptanz des So-

moralischen Ökonomie bildet in modernen Gesellschaften ein als nicht korrumpierbar angesehener Staat, welcher gleichzeitig für demokratische Beteiligung, Rechtsschutz und die Institutionalisierung eines Wohlfahrtssektors sorgt, dem die Existenzsicherung für die in den Marktprozessen Benachteiligten obliegt. *Die Funktionsfähigkeit des wohlfahrtsstaatlichen Zusammenhangs beruht dabei auf dem vorherrschenden Glauben, daß eine verallgemeinerte Gegenseitigkeit tatsächlich herrscht*, daß also per Saldo alle Beteiligten von diesem Arrangement auf ihre Weise profitieren bzw. daß die vorhandenen Institutionen trotz aller Fehlleistungen und Defizite *insgesamt* einer »gerechten« Ordnung nahekommen.[161] Derartige Ordnungsvorstellungen beziehen sich stets auf einen bestimmten, primär *politisch* definierten Bezugsrahmen.[162] Insofern meint der in der Bundesrepublik gebräuchliche Begriff der »sozialen Marktwirtschaft« zwar genau diesen Tatbestand, ist aber irreleitend, weil er die betreffenden Leistungen dem Markte allein und nicht auch dem (Sozial-)Staat zuschreibt.

Die *Leistung des Staates* bestand nicht zuletzt darin, daß er durch die Aufrichtung und Kontrolle seiner Grenzen sicherstellte, daß sich die generalisierten Gegenseitigkeitserwartun-

zialstaates.« (*Solidarität in der modernen Gesellschaft*. Frankfurt a. M. 1992, S. 115)

161 Zur empirischen Verbreitung solcher Reziprozitätsvorstellungen vgl. C. Ulrich u. a., *Leistungen und Beiträge als Determinanten der Zufriedenheit in der gesetzlichen Krankenversicherung*. In: *Zeitschrift für Sozialreform*, 40 (1994), S. 349-375; sowie zusammenfassend K. Hinrichs, *Restrukturierung der Sozialpolitik? Das Beispiel Gesundheitspolitik*. In: B. Riedmüller/T. Olk (Hg.), *Grenzen des Sozialversicherungsstaates*. Opladen 1994, S. 119-145, bes. S. 138ff.; M. v. Klipstein/B. Strümpel, *Der Überdruß am Überfluß*. München 1984, S. 139ff.

162 So definiert z. B. Peter Koller unter Bezugnahme auf Rawls »soziale Gerechtigkeit als die Gesamtheit aller jener Forderungen der Gerechtigkeit ..., die sich auf die institutionelle Ordnung einer ganzen Gesellschaft, d. h. auf deren Regeln, Institutionen und Verhältnisse beziehen«. Die offene Frage in unserem Zusammenhang bezieht sich auf die Grenzen oder den Horizont der »ganzen Gesellschaft«, welche heute unklar werden. Vgl. P. Koller, *Soziale Gleichheit und Gerechtigkeit*. In: H.-P. Müller/B. Wegener (Hg.), *Soziale Ungleichheit und soziale Gerechtigkeit*. Opladen 1995, S. 53-77, Zitat S. 54.

gen auf einen abgegrenzten und damit im Grundsatz überschaubaren Verteilungsraum bezogen, im Rahmen dessen eine abgestimmte Wirtschafts- und Sozialpolitik möglich war. Die Bevölkerung dieses Raumes wies zudem aufgrund von gemeinsamen Traditionen und den Anstrengungen des Bildungswesens eine hohe kulturelle Homogenität auf, teilte also wichtige normative Vorstellungen. Damit waren wesentliche Voraussetzungen einer Solidaritätsbereitschaft gegeben, die durch ein entsprechendes »Nationalbewußtsein« noch verstärkt wurde. *Nicht zuletzt waren es jedoch die wohlfahrtsstaatlichen Einrichtungen selbst, welche – zusammen mit den demokratischen Verfahren – solcher Solidarität Ausdruck verliehen und gleichzeitig eine funktionale Rechtfertigung vermittelten.*

Diese Sachverhalte werden in der soziologischen Theorie unter dem Begriff der *Inklusion* thematisiert. Im Anschluß an den englischen Soziologen T. H. Marshall wird darunter in erster Linie die durch die staatliche Rechtsordnung vermittelte Ausstattung des Menschen mit bürgerlichen, politischen und sozialen Rechten verstanden.[163] Die Einräumung bürgerlicher Rechte beinhaltet zunächst die *Anerkennung als Rechtspersönlichkeit*, welche unter dem Ancien Régime bekanntlich nur den Haushaltsvorständen zukam. Die Einräumung politischer Rechte fügt den *Menschen als Bürger* in ein bestimmtes politisches Gemeinwesen ein, und die Anerkennung sozialer Rechte gibt ihm die *Möglichkeit, an allen lebenswichtigen Leistungszusammenhängen einer funktional differenzierten Gesellschaft teilzuhaben*, zu denen der einzelne sonst nur aufgrund von Arbeit oder Vermögen Zugang hätte. Die Soziologie deutet die Zuerkennung dieser Rechte somit in einem dreifachen Sinne: Erstens als notwendige Begleiterscheinung der modernisierenden Transformation gesellschaftlicher Leistungszusammen-

163 Vgl. Th. H. Marshall, *Bürgerrechte und soziale Klassen* (FN 30). Zur Begründung des im folgenden verwendeten komplexen Inklusionsbegriffs und zur ihm zugrundeliegenden soziologischen Diskussion vgl. Kaufmann, *Schwindet die integrative Funktion des Sozialstaates?* (FN 159).

hänge in themenspezifisch organisierte *soziale Systeme*; zweitens als Moment der Konstituierung einer staatlich vermittelten *Rechtsordnung* und drittens als Akt der *moralischen Anerkennung* des anderen als Mitmenschen mit grundsätzlich gleichen Rechten und Pflichten.

Hierin kommt eine erhebliche, *gleichermaßen politische wie kulturelle Leistung* zum Ausdruck. Daß jedermann die gleichen Rechte als Mensch und Bürger besitzt, welche von jedem anderen Menschen und Bürger anzuerkennen sind, ist eine durch Christentum und Aufklärung tief in der europäischen Tradition verankerte Leitidee, welche durch die Allgemeine Erklärung der Menschen- und Bürgerrechte der Vereinten Nationen und weitere internationale Abkommen heute zu einem nahezu weltweit akzeptierten Programm und damit *zur kulturellen Grundlage einer möglichen Weltgesellschaft* geworden ist. Zumindest in Westeuropa ist dieses Programm im Rahmen der nationalen Wohlfahrtsstaaten auch weitgehend verwirklicht worden.

Wie gezeigt, wird jedoch durch die Internationalisierung sowohl der Zusammenhang zwischen Demokratie und Staatlichkeit als auch der Zusammenhang von Produktionsverhältnissen und generalisierter Gegenseitigkeit durch den Bedeutungsverlust der Staatsgrenzen und die wachsende internationale Vernetzung von Wirtschaft und Politik in Frage gestellt. Hinzu kommen Umstände, welche auf Dauer ein Vollbeschäftigung sicherndes Wirtschaftswachstum nicht mehr erwarten lassen, und Veränderungen im Bereich der Demographie und der informellen Wohlfahrtsproduktion, welche zum Verlust der bisherigen stillen Reserven kollektiver Wohlfahrtsproduktion geführt haben.

All diese den wohlfahrtsstaatlichen Konsens erleichternden Faktoren werden in absehbarer Zukunft an Wirksamkeit verlieren. *Es muß also nüchtern damit gerechnet werden, daß die Aufrechterhaltung des wohlfahrtsstaatlichen Konsenses in Zukunft weit größere Anforderungen an die Beteiligten stellt als bisher. Es ist auf jeden Fall mit einer Verschärfung der Verteilungskonflikte und mit einer sinkenden Effektivität der nationalen Steuerungsebene im Spannungsfeld zwischen Wirtschafts- und Sozialpolitik zu rechnen.* Allerdings bietet die schlichte Tatsache der historisch verankerten Existenz der wohlfahrtsstaatlichen Einrichtungen auch einen erleichternden Faktor, der gezielte Beeinflussungen der Umverteilungsvorgänge durch staatliche Entscheidungen grundsätzlich und mit überschaubaren Folgen ermöglicht. Diese zunehmende Transparenz der Umverteilungsvorgänge schärft schließlich auch das Bewußtsein für die eigenen Interessen bei den Beteiligten und steigert dadurch die Anforderungen, aber auch die Möglichkeiten rationaler Suche nach produktiven Kompromissen.

An den Leistungen des Wohlfahrtssektors ist die zunehmend international denkende Wirtschaft nicht unmittelbar interessiert, sondern nur die in engeren Sozialbeziehungen denkende Bevölkerung, deren Repräsentanten, etwa die Gewerkschaften, sich nach wie vor sehr schwer tun, sich auf übernationaler Ebene zu organisieren.[164] Auch wenn der Bereich der umverteilenden Sozialpolitik weiterhin in der Zuständigkeit der Nationalstaaten verbleibt, so ist doch damit zu rechnen, daß eine Vielzahl internationaler Entwicklungen die nationalstaatlichen Entscheidungen in nicht voraussehbarer Weise überlagert.[165] Schließlich kommt auch den grenzüberschreitenden Wanderungen zunehmende Bedeutung zu. Nicht zuletzt aus demographischen Gründen sind die meisten europäischen Staaten und insbesondere die Bundesrepublik in Zukunft auf eine kontinuierliche Zuwanderung angewiesen, wobei neben der Mobilität qualifizierter Arbeitskräfte vor allem die Immigration aus ärmeren und zum Teil auch politisch gespaltenen Gesellschaf-

164 Vgl. B. Keller, *Perspektiven europäischer Kollektivverhandlungen – Vor und nach Maastricht*. In: *Zeitschrift für Soziologie*, 24 (1995), S. 243-262.

165 Vgl. H.-P. Fröhlich u. a., *Lohnpolitik in der europäischen Währungsunion*. Gutachten des Instituts der Deutschen Wirtschaft. Köln 1994.

ten eine wachsende Rolle spielen wird.[166] *Die sowohl institutionelle als auch soziale Integration dieser neuen Bevölkerungsteile wird zu einer entscheidenden Bedingung zukünftiger Sozialstaatlichkeit.*

Deutschland steht im Vergleich zu anderen hoch entwickelten Ländern wegen seines Wirtschaftspotentials wie aufgrund der Legitimität des Staates, der Stabilität der Beziehungen zwischen Unternehmern und Gewerkschaften sowie der Effektivität seiner Wohlfahrtseinrichtungen vergleichsweise gut da.[167] Und die europäische Integration bringt natürlich nicht nur eine Beschränkung der nationalen Souveränität, sondern auch eine breite Palette ökonomischer Vorteile mit sich, die auf der Haben-Seite zu Buche schlagen. Andererseits hat Deutschland mit der Integration der Bevölkerung der neuen Bundesländer in das System sozialer Sicherung und der gleichzeitigen tiefgreifenden Umstrukturierung der ostdeutschen Wirtschaft seine öffentlichen Haushalte mittelfristig in besonderer Weise belastet. Dies zwingt bereits heute zu Auseinandersetzungen, die sonst erst in einigen Jahren akut würden.

Auch wenn festzuhalten ist, daß die Effekte der hier skizzierten Herausforderungen sich tendenziell im Sinne wachsender Probleme verstärken, so handelt es sich doch nicht um ein Katastrophenszenarium. Moderne Gesellschaften verfügen dank ihrer Komplexität über eine historisch wahrscheinlich noch nie

166 Vgl. hierzu M. Bommes/J. Halfmann, *Migration und Inklusion. Spannungen zwischen Nationalstaat und Wohlfahrtsstaat.* In: *Kölner für Zeitschrift für Soziologie und Sozialpsychologie*, 46 (1994), S. 406-424; A. Wolter/Ph. Straubhaar, *Europeanisation of Production and the Migration of the Highly Skilled.* HWWA-Diskussionspapier Nr. 41. Hamburg 1997.

167 Das ist natürlich ein eher intuitives Gesamturteil, das sich jedoch auf zahlreiche Einzelbefunde stützen läßt. Diese Ansicht vertreten z. B. auch: E. Kantzenbach, *Deutschland im internationalen Wettbewerb.* HWWA-Diskussionspapier Nr. 30, Hamburg 1995; L. Lindlar, *Hat Westdeutschland ein Standortproblem?* Deutsches Institut für Wirtschaftsforschung. *Wochenbericht* 38/95, 62. Jg., S. 653-661; vgl. auch S. Hückemann/U. van Suntum, *Beschäftigungspolitik im internationalen Vergleich. Länderranking 1980-1993.* Gütersloh 1994; H. Müller-Vogg, Deutschland deine Stärken. Nation zwischen Wohl und Wehe. Köln 1994.

dagewesene strukturelle Anpassungsfähigkeit und über vielfältige Reserven. Ob und in welcher Hinsicht davon Gebrauch gemacht werden kann, hängt zum einen von der Fähigkeit ihres Führungspersonals und den jeweiligen politischen Strukturen ab, zum anderen aber auch von *kulturellen Entwicklungen*.

Im Falle Deutschlands scheint dabei weniger die Ausdehnung und Differenzierung der Loyalitäten auf die europäische Ebene problematisch. Die (west-)europäische Orientierung hat in der alten Bundesrepublik seit Adenauer Tradition, und die Vorstellung, daß es wesentlich zur modernen Existenzweise gehöre, Loyalitäten zu unterschiedlichen Sozialkontexten zu entwickeln, ist hier weit verbreitet. Schon bisher bestand eine Konkurrenz von lokalen, regionalen und bundesstaatlichen Identifikationen, und es dürfte daher keine grundsätzlichen Schwierigkeiten bereiten, sich auch als Europäer oder gar Weltbürger zu fühlen. Inwieweit allerdings ähnlich komplexe Identifikationsbereitschaften in den neuen Bundesländern entstehen, bleibt abzuwarten.

Schwieriger dagegen gestaltet sich die Herausforderung durch die fortgesetzte Einwanderung (vgl. Abschnitt 6.2). Einerseits ist die Bundesrepublik im Interesse einer weiter wachsenden Wirtschaft in Zukunft noch mehr auf die Zuwanderung junger Erwachsener als Produzenten und Konsumenten sowie auf deren Kinder als Ersatz für den fehlenden eigenen Nachwuchs angewiesen. Andererseits gelingt es bisher nur ungenügend, die Zuwanderer politisch und kulturell zu integrieren. Gerade angesichts der Schwächung des staatlichen Integrationsniveaus ist es kontraproduktiv, an einem an der Abstammung orientierten Verständnis des Staatsbürgerrechts festzuhalten. Viele Ausländer wären bereit, die deutsche Staatsangehörigkeit zu erwerben, wenn von ihnen nicht verlangt würde, auf die identitätsbestimmende ihrer Herkunft zu verzichten. *Indem die Bundesrepublik einem stetig zunehmenden Anteil der hier seßhaften Bevölkerung die politischen Rechte verweigert, stellt sie auch deren soziale Integration in Frage, auf die sie ökonomisch angewiesen ist.* Zur selben Gesellschaft gehören all diejenigen, die sich wechselseitig als »ihresgleichen« anerkennen. Integration vollzieht sich auf der Grundlage geteilter Wertorientierungen als *Anerkennung gegenseitiger Verpflichtungen trotz bestehender sozialer Unterschiede.*[168] Solange z.B. die Verfehlungen hier seßhafter Mitbewohner ausländischer Herkunft statistisch in dieselbe Rubrik wie das organisierte Verbrechen ausländischer Banden oder von illegalen Arbeitskräften fallen, bedeutet dies eine symbolische Verweigerung der Inklusion und damit auch eine In-Frage-Stellung der Gegenseitigkeitsverhältnisse.

Unsere bisherigen Überlegungen haben gezeigt, daß die selbstverständliche Dominanz nationalstaatlich bestimmter Institutionen *aus der Sicht eines sozialwissenschaftlichen Beobachters* rückläufig ist, daß aber der staatlichen Regulierungs- und Verwaltungsebene auch weiterhin erhebliche Aufgaben bleiben werden. *Aus der Sicht der betroffenen Bevölkerung* ist der Bezug zu den internationalisierenden Tendenzen dagegen sehr indirekt, und es ändert sich an den alltagspraktischen Bezügen zur Daseinsvorsorge nur wenig: Sie werden weiterhin durch die länderspezifische Verwaltung und zumeist örtlich präsente Einrichtungen vermittelt. Im übrigen wird es vor allem von den Präsentationen in den Massenmedien abhängen, welche politischen Ebenen und Arenen wann eine Priorität in der öffentlichen Meinung gewinnen.

Das eigentliche Problem besteht jedoch in dem Umstand, daß die politischen Einstellungen und Erwartungen der Bevölkerung im Zuge einer wachsenden internationalen Vernetzung der Politik immer weniger Einfluß auf die politischen Entscheidungen gewinnen. Die Entfremdung der Vorstellungen der politischen Eliten von denjenigen der Bevölkerung wird besonders deutlich im Bereich der Sozialstaatlichkeit. Wie internatio-

168 Zur gesellschaftstheoretischen Bedeutung des Anerkennungsaspekts menschlichen Zusammenlebens vgl. A. Honneth, *Der Kampf um Anerkennung.* Frankfurt a. M. 1992.

nal vergleichende Studien zeigen, regte sich selbst in den Ländern, in denen die Wähler Regierungen mit wirtschaftsliberalen Prioritäten zur Macht verholfen haben, erheblicher Widerstand gegen einschneidende Kürzungen im Bereich des Sozialsektors.[169] Die Kluft zwischen den politischen Einstellungen von Bevölkerung und Eliten scheint dabei in repräsentativen Demokratien deutlich stärker als in direkten Demokratien. Beachtlicherweise verbindet beispielsweise die Schweiz einen vergleichsweise kleinen Staatsanteil am Sozialprodukt mit einem stärker egalisierenden Umverteilungseffekt des Steuer- und sozialen Sicherungssystems als in Deutschland.[170]

Der deutschen Politik wird in jüngster Zeit von vielen Seiten Immobilismus und fehlende Lern- und Reformfähigkeit vorgeworfen. In der Tat haben mehrere, durchaus als Wohlfahrtsstaaten zu qualifizierende Länder (z. B. Niederlande, Dänemark, Neuseeland) in jüngster Zeit weitreichende Reformen durchgeführt, welche auch beschäftigungspolitische Wirkungen zu zeitigen scheinen. In unserem Zusammenhang scheint der Hinweis berechtigt, *daß der deutsche Sozialsektor mit seinem vielfältig gegliederten sozialen Sicherungs- und Umverteilungssystem besonders ungünstige Voraussetzungen für weitreichende Reformen bietet*. Die Kompliziertheit der bestehenden Regelungen und die starken Aufspaltungen von Lösungen für ähnliche Probleme – beispielsweise der Alterssicherung – führen zu einer Vielzahl unterschiedlicher Interessen und zu einer weitgehenden Undurchschaubarkeit der Wirkungen bestimmter Reformvorschläge. Das gilt sowohl auf der Belastungs- wie auf der Begünstigungsseite. Der ausgeprägte Formalismus der deutschen Rechtskultur ermutigt im übrigen Unternehmen wie Individuen, durch geschickte Anpassung ihrer Verhältnisse an

169 Vgl. P. Pierson, *The New Politics of the Welfare State*. In: *World Politics*, 48 (January 1996), S. 143-179, insb. S. 173 ff.; J. Borchert, *Die konservative Transformation des Wohlfahrtsstaates*. Frankfurt/New York 1995, insb. Kap. 11.

170 Vgl. G. Kirchgässner/W. W. Pommerehne, *Tax Harmonization and Tax Competition in the European Union: Lessons from Switzerland*. In: *Journal of Public Economics*, 60 (1996), S. 351-371; sowie Feld/Kirchgässner (FN 151).

die steuerlichen und leistungsrechtlichen Normen sich Vorteile zu verschaffen, die den erkennbaren Intentionen der Gesetzgebung zuwiderlaufen.[171]

Da jede Reform, die in einem »großen Wurf« einfachere und transparentere Lösungen anzielt, zwangsläufig vielfältige Teilinteressen berührt, ist die Wahrscheinlichkeit von Veto-Koalitionen auch dann groß, wenn grundsätzlich mehrheitsfähige Zielsetzungen verfolgt werden. Wahrscheinlich wird es eines wesentlich größeren Problemdrucks auf die »politische Klasse« bedürfen, um – vielleicht über eine große Koalition? – zu Reformerfolgen zu gelangen. Gerade im Bereich der Sozialpolitik sind Reformen bisher nur im (gelegentlich stillschweigenden) Konsens der großen Volksparteien zustande gekommen.

Die folgenden Überlegungen beschränken sich notgedrungen aufs Grundsätzliche, auf die normativen Grundlagen möglicher Sozialreformen, denn praktikable Reformvorschläge müßten beim Anspruch auf einen »großen Wurf« eine solche Vielzahl an Voraussetzungen und Bedingungen bedenken, daß dies den Rahmen dieses Versuchs sprengen würde.

10.2 Gerechtigkeit und Solidarität

Die zentrale Denkfigur politischer Legitimation heißt in der westlichen Kultur *Gerechtigkeit*. Sie wird heute im wesentlichen in zwei Formen – als politische und als soziale Gerechtigkeit – bedacht. Die *politische Gerechtigkeit* bezieht sich auf die Grundlagen des Gemeinwesens, auf die Voraussetzungen eines gewaltfreien Zusammenlebens unter grundsätzlich als frei angesehenen Menschen.[172] *Der demokratisch legitimierte Verfas-*

171 Vgl. O. Lang, *Steuervermeidung und -hinterziehung bei der Einkommensteuer: Eine Schätzung von Ausmaß und Gründen*. In: *ZEW-Newsletter*, Nr. 1, April 1993. Zentrum für Europäische Wirtschaftsforschung, Mannheim.

172 Für eine auf Staatsmetaphysik verzichtende und daher vielleicht auch skeptische Intellektuelle ansprechende tauschtheoretische Begründung vgl.

sungsstaat, welcher gleichzeitig Freiheit und Sicherheit seiner Bürger zu gewährleisten hat, kann als weithin unbestrittene Grundlage für den anstehenden »Umbau des Sozialstaates« gelten, wenngleich der rechtliche Charakter der supranationalen Regelungen die wünschenswerte Klarheit vermissen läßt.[173] Die *soziale Gerechtigkeit* wird heute zwar häufig auf das Problem gerechter Einkommensverteilung reduziert, aber gerade auf dieser Ebene dürfte es nahezu unlösbar bleiben.[174] *Die Frage sozialer Gerechtigkeit bezieht sich umfassender auf die Gestaltung jener Institutionen, von denen die Verteilung der Lebenschancen in modernen Gesellschaften abhängig ist.*[175] In jüngster Zeit ist die Gerechtigkeitsfrage auch erneut von gesellschaftstheoretischer Seite ins Gespräch gebracht worden.[176] Man wird dies als Symptom eines wachsenden Problembewußtseins nehmen dürfen.

Es handelt sich hier um eine komplexe Thematik, die mit Bezug auf verteilungspolitische Entscheidungen als *doppelte Spannung* zwischen Leistungs- und Bedarfsgerechtigkeit einerseits und zwischen Besitzstands- und Chancengerechtigkeit andererseits erörtert werden müßte. Das Ergebnis wäre stets ernüchternd – wir kommen aus der Spannung zwischen kon-

O. Höffe, *Politische Gerechtigkeit. Grundlegung einer kritischen Philosophie von Recht und Staat.* Frankfurt a. M. 1987.

173 Vgl. C. Joerges, *Taking Law Seriously: On Political Science and the Role of Law in the Process of European Integration.* In: *European Law Journal*, 2 (1996), S. 105-135.

174 Zur historischen Freisetzung der Verteilungsproblematik und ihrer tendenziellen Unlösbarkeit vgl. N. Luhmann, *Zum Begriff der sozialen Klasse.* In: Ders. (Hg.), *Soziale Differenzierung: Zur Geschichte einer Idee.* Opladen 1985, S. 119-162. Die normative Unlösbarkeit von Umverteilungskonflikten bildet auch den harten Kern von F. A. Hayeks Polemik gegen den Wohlfahrtsstaat. Band 2 seines Werkes: *Recht, Gesetzgebung und Freiheit* (2 Bde. München 1980) trägt den Titel *Die Illusion der sozialen Gerechtigkeit.*

175 Hierzu bahnbrechend J. Rawls, *Eine Theorie der Gerechtigkeit.* Frankfurt a. M. 1975 (engl. 1971); differenzierender M. Walzer, *Sphären der Gerechtigkeit.* Frankfurt/New York 1992 (engl. 1983).

176 Vgl. zusammenfassend H.-P. Müller/B. Wegener, *Die Soziologie vor der Gerechtigkeit. Konturen einer soziologischen Gerechtigkeitsforschung.* In: Dies. (Hg.), *Soziale Ungleichheit und soziale Gerechtigkeit.* Opladen 1995, S. 7-49.

trären Prinzipien nicht heraus.[177] Bestenfalls ließe sich ein Konsens dahingehend finden, daß praktikable Lösungen nicht einseitig nur einem Pol jeder Spannung zugute kommen dürfen. Verteilungsentscheidungen sind notwendigerweise Kompromisse. Insofern stellt die *Institutionalisierung von Verfahren der Kompromißfindung*, wie sie in parlamentarischen wie korporatistischen Gremien gegeben sind, grundsätzlich eine praktikable Lösung dar. Allerdings wird stets zu fragen sein, inwieweit die Betroffenen oder zum mindesten ihre Anwälte mit am Verhandlungstisch sitzen. Die strukturellen Machtverhältnisse äußern sich nämlich in Beteiligungsrechten.

Neben Gerechtigkeit treten »Wohlfahrt« und »Sicherheit« als klassische politische Legitimationsformen, die aber selbst nicht unabhängig von Gerechtigkeitsvorstellungen gedacht werden können. Die sozialstaatliche Formel »Wohlfahrt und Sicherheit für alle« ist ja selbst Ausdruck bestimmter Gerechtigkeitsvorstellungen. *Wer aber sind »alle«?* Diese Frage ist aufgrund der internationalen Verflechtungen immer schwieriger zu beantworten. Solidarität bezieht stets nur »meinesgleichen« ein, aber wer ist heute »meinesgleichen«? Hat Europa hier überhaupt eine Chance, eine tragfähige differenzielle Identität zwischen Nation und Menschheit auszubilden? Und sollen wir uns das überhaupt wünschen? Das Christentum wird sich trotz seiner abendländischen Herkunft schwerlich zur Legitimation einer partikulären Identität instrumentalisieren lassen, und auch die Aufklärung hat schließlich ein universalistisches Programm, das nur die ganze Menschheit als letzten Bezugspunkt anerkennen kann.

Wenn der Nationalstaat mit seiner zwar nicht allzu hohen philosophischen Dignität, aber aufgrund von Sprach- und Geschichtsgemeinschaft vorhandener kultureller Plausibilität seine politischen Funktionen mehr und mehr verlieren sollte, stellt sich die Frage, welche politische Instanz dann in der Lage

177 Vgl. D. Döring/F. Nullmeier/R. Pioch/G. Vobruba, *Gerechtigkeit im Wohlfahrtsstaat*. Marburg 1995.

ist, jene *grundlegende Solidarität* zu mobilisieren, derer es zur Stabilisierung der massiven sozialpolitischen Umverteilungsvorgänge bedarf, und auf welche kulturellen Voraussetzungen hierfür rekurriert werden kann.

Auf diese Frage gibt es nicht einmal Ansätze einer überzeugenden Antwort. Das Problem hat zwei Seiten: Zum einen geht es um die Quellen, Begründungen und Bedingungen der Solidaritätsentwicklung und zum anderen um die Legitimation der Institutionalisierung von Prozessen einer zwangsweisen Umverteilung von Kaufkraft zugunsten derjenigen, die von der wirtschaftlichen Entwicklung benachteiligt oder gar strukturell bzw. aufgrund persönlicher Eigenschaften ausgeschlossen sind.

Was die *institutionelle Seite* angeht, so spricht zunächst vieles dafür, daß demokratisch geschaffene Institutionen eine beachtliche historische Beharrungskraft trotz wechselnder Umstände und Legitimationen aufweisen.[178] Der Grundsatz der Sozialstaatlichkeit bildet mit denjenigen der Rechtsstaatlichkeit, der Demokratie, des Föderalismus und der Menschenwürde die unabänderlichen Pfeiler des Grundgesetzes (Art. 79 III GG). Damit sind allen Forderungen nach Abbau oder Umbau des Sozialstaates Grenzen gesetzt, die vom Bundesverfassungsgericht ausgelegt werden. Auch *die bestehenden Einrichtungen des deutschen Sozialstaates sprechen schon durch ihre Existenz sozusagen für sich selbst, solange keine besseren Lösungen in Sicht sind.* So werden wir aller Voraussicht nach noch weit länger mit unseren nationalstaatlich verfaßten sozialen Einrichtungen recht und schlecht leben, als es die Fortschrittsszenarien der einen und die Krisenszenarien der anderen uns glauben machen wollen. Ja, es spricht vieles dafür, daß der Sozialsektor zu einer unverzichtbaren Domäne staatlicher Innenpolitik im Kompetenzgerangel der Europäisierung erklärt werden wird.

178 Eine differenzierte Problemdiagnose gibt F. W. Scharpf, *Economic Integration, Democracy and the Welfare State*. MPIfG Working Paper 96/2. Max-Planck-Institut für Gesellschaftsforschung, Köln, Juli 1996.

Dennoch muß aus ökonomischen und fiskalischen Gründen mit einem wachsenden Veränderungsdruck gerechnet werden. Dabei werden die vorherrschenden Wertorientierungen und Situationsdeutungen richtungsweisende Bedeutung erlangen.

Solidarität ist ein vielfältig ausdeutbarer Begriff, und es scheint nicht überflüssig, daran zu erinnern, daß das Wort auf das lateinische »solidus« zurückgeht, was soviel wie »fest, haltbar, zuverlässig, verläßlich« bedeutet.[179] Die Forderung nach Solidarität beinhaltet somit im Kern den Anspruch auf die Verläßlichkeit der Mitmenschen, auf ihre Anerkennung bestehender Normen und daraus folgender Pflichten, auf ihre Kooperationsbereitschaft und ihren Einsatz für gemeinsame Interessen. Wo Solidarität in diesem praktischen Sinne vorhanden ist, wirkt sie sozial steuernd. Sie motiviert Menschen, sich in die Lage ihrer Mitmenschen zu versetzen, also »Sympathy« (A. Smith) oder moderner: Empathie zu entwickeln und entsprechend im Sinne einer eigene und fremde Interessen ausbalancierenden *Verantwortung* zu handeln.[180] Solidarität äußert sich im Verzicht auf das ökonomisch rationale Ausnützen illegaler Gelegenheiten oder den zweckwidrigen Gebrauch von Rechtsnormen, wie sie sich im wohlfahrtsstaatlichen Kontext vor allem als Steuerhinterziehung, Steuerumgehung und Steuerflucht, Subventionsbetrug, Schwarzarbeit oder Erschleichung von Sozialleistungen äußern.[181]

179 Zur Bedeutungsgeschichte und zur folgenden Interpretation von Solidarität als Steuerungsform vgl. Kaufmann, *Solidarität als Steuerungsform* (FN 118).

180 Zur Bedeutung und zu Grenzen der Verantwortung unter überkomplexen Gesellschaftsbedingungen vgl. F.-X. Kaufmann, *Der Ruf nach Verantwortung. Risiko und Ethik in einer unüberschaubaren Welt.* Freiburg i. Br. 1992.

181 Vgl. K. Gretschmann, *Solidarity and Markets Reconsidered: Cum, Versus, or What?* In: F.-X. Kaufmann (Hg.), *The Public Sector – Challenge for Coordination and Learning*. Berlin/New York 1991, S. 395-415. Die Bedeutung von Solidarität als drittem Steuerungsprinzip neben staatlicher Rechtsetzung und marktlicher Koordination wird neuerdings auch in den Vereinigten Staaten durch die Bewegung der sogenannten Kommunitaristen wieder entdeckt. Vgl. als Überblick Ch. Zahlmann (Hg.), *Kommunitarismus in der Diskussion.* Hamburg 1994.

Die neuerliche Thematisierung von »Gemeinschaftlichkeit« und »Solidarität« reflektiert die Auflösung traditioneller Solidarpotentiale, wie sie in Deutschland insbesondere im Rahmen der Arbeiterbewegung, aber auch der konfessionellen Subkulturen und der durch sie stabilisierten Familienbeziehungen entstanden. Die Auflösung dieser Subkulturen und der damit verbundene sogenannte Wertewandel und die daraus folgende »Individualisierung« scheinen die Bereitschaft zur Solidarität geschwächt zu haben.[182] Das ist allerdings eine einseitige Perspektive: Zahlreiche Untersuchungen weisen auf neue Formen der Solidaritätsorientierung hin, welche bisherige Begrenzungen überschreiten und gelegentlich sogar im Sinne des aufklärerischen Weltbürgertums die ganze Welt ins Auge fassen.[183]

Aber selbst wenn wir davon ausgehen könnten, daß reflektierte Solidaritätsbereitschaften auch und gerade unter den zur Individualisierung drängenden Sozialbedingungen entstehen, bedeutet das noch keine funktionsfähige Solidarität. Hierzu bedarf es des Zusammenspiels von gemeinsamen Wertorientierungen und geteilten Situationsdefinitionen. Es genügt also nicht eine bewußte oder gefühlte Solidaritätsdisposition, sondern *es bedarf der kollektiven Auseinandersetzung um die Frage, in welcher Lage wir uns befinden und an welchen Werten wir uns orientieren*. Die klassischen Normalitätsvorstellungen des wohlfahrtsstaatlichen Arrangements reichen hierzu nicht

182 Vgl. U. Beck, *Vom Verschwinden der Solidarität. Individualisierung in der Gesellschaft heißt Verschärfung sozialer Ungleichheit.* In: W. Dettling (Hg.), *Perspektiven für Deutschland.* München 1993, S. 29-38. Eine besonders eindringliche Analyse der schon von Émile Durkheim ins Auge gefaßten anomischen Bewußtseinsentwicklung gibt K. Wahl, *Die Modernisierungsfalle. Gesellschaft, Selbstbewußtsein und Gewalt.* Frankfurt a. M. 1989. Einen guten Überblick über die Wertwandelsdebatte gibt H. O. Luthe/H. Meulemann (Hg.), *Wertwandel – Faktum oder Fiktion?* Frankfurt/New York 1988; sowie M. und S. Greiffenhagen, *Ein schwieriges Vaterland. Zur politischen Kultur im vereinten Deutschland.* München 1993, S. 156ff.

183 Vgl. Hondrich/Koch-Arzberger (FN 160); K. Gabriel, *Krise der Solidarität. Der Konflikt um den Sozialstaat und die christliche Gesellschaftsethik.* In: *Stimmen der Zeit*, Bd. 214, H.6 (Juni 1996), S. 393-402.

mehr aus, wie aus dem vorangehenden deutlich geworden sein sollte.

10.3 Die Frage nach dem guten Leben

Es gehörte zum Programm der liberalen Aufklärung, einem jeden das Recht und die Möglichkeit zur Verfolgung des eigenen Glücks einzuräumen. Die berühmte Randnotiz Friedrichs des Großen auf eine Anfrage hinsichtlich der Behandlung römisch-katholischer Schulen zu Berlin: »Hier muß jeder nach seiner Façon selig werden« (1740), bringt das Dilemma dieses Programms ebenso auf den Begriff wie Jean-Paul Sartres existentialistische Diagnose: »Der Mensch ist verurteilt, frei zu sein ... ohne irgendeine Stütze und ohne irgendeine Hilfe ist er in jedem Augenblick verurteilt, den Menschen zu erfinden.«[184]

Die *ökonomische Theorie der Bedürfnisse* ist diesem individualistischen Programm kongenial: Unter Marktbedingungen kann ein jeder das nachfragen, dessen er bedarf, und kann eine effiziente Befriedigung seiner Bedürfnisse erwarten. Die Genialität dieses Arguments liegt in dem Umstand, daß es gestattet, die seit dem Altertum zentrale Frage der politischen Philosophie nach den Bedingungen eines guten Lebens zu umgehen, sozusagen gegenstandslos zu machen. Wie Wilhelm von Humboldt und Friedrich August von Hayek mit besonderem Nachdruck herausgestellt haben, soll die Wohlfahrt kein Gegenstand staatlicher Politik mehr sein, sondern ausschließlich dem freien Streben der Individuen überantwortet bleiben.[185]

Die wohlfahrtsstaatliche Entwicklung und ihre Legitimatio-

184 J.-P. Sartre, *Ist der Existentialismus ein Humanismus*? In: *Drei Essays*. Frankfurt/Berlin 1986⁷, S. 16f.

185 W. v. Humboldt, *Ideen zu einem Versuch, die Grenzen der Wirksamkeit des Staats zu bestimmen*. (1791, Stuttgart 1982). Zu Hayek vgl. die zusammenfassende Darstellung und Kritik von M. Prisching, *Friedrich von Hayek's Sozialstaatskritik*. In: *Internationales Jahrbuch für Rechtsphilosophie und Gesetzgebung*. Wien 1989, S. 71-97.

nen beinhalten eine historische Antwort auf das Ungenügen dieses liberal-individualistischen Programms, ohne in die alten Formen einer paternalistischen oder totalitären »Wohlfahrtspolizei« zurückzufallen. Die Aufgabe des Sozialstaates ist es, die »sozialen Voraussetzungen der Realisierung grundrechtlicher Freiheit« zu gewährleisten.[186] Wenn die Freiheit der einen nicht in die Abhängigkeit der anderen führen soll, bedarf es auch in einer marktwirtschaftlich organisierten Gesellschaft der politischen und rechtlichen Korrekturen. Das Konkurrenzprinzip benötigt die Ergänzung durch Prinzipien des sozialen Schutzes, die Leistungsgerechtigkeit der Ergänzung durch die Bedarfsgerechtigkeit.

Die der bisherigen wohlfahrtsstaatlichen Entwicklung zugrundeliegende Vorstellung vom guten Leben orientierte sich kritisch an den Prämissen der Marktökonomie: Arbeit und Konsum. Vollbeschäftigungspolitik sollte jedem Arbeitsfähigen Arbeit ermöglichen und Umverteilungspolitik die Konsummöglichkeiten derjenigen gewährleisten, welche kein Arbeitseinkommen erzielen können. Die sozialen Dienstleistungen schließlich orientieren sich an Bedürfnissen, deren Befriedigung nicht nur im privaten, sondern auch im öffentlichen Interesse zu liegen scheint. Die Elemente dieses öffentlichen Interesses wurden in Abschnitt 4 entwickelt.

Wie die Überlegungen in Abschnitt 5 bis 8 gezeigt haben, haben sich jedoch die Bedingungen für die Funktionsfähigkeit dieses wohlfahrtsstaatlichen Arrangements entscheidend verändert. Wir können hinzufügen, daß auch das Leitbild der Marktökonomie – Arbeit und Konsum – am Verblassen ist, und zwar aus drei Gründen.

Zum einen steigen die strengen Anforderungen des Erwerbslebens an die Arbeitenden – und insbesondere die in verantwortlicher Stellung Arbeitenden. Es entsteht eine immer

186 E. W. Böckenförde, *Grundrechtstheorie und Grundrechtsinterpretation.* In: Ders., *Staat, Gesellschaft, Freiheit. Studien zur Staatstheorie und zum Verfassungsrecht.* Frankfurt a. M. 1976, S. 221-252, zit. S. 238.

schärfere Scheidung zwischen denjenigen, die im Zustand ihrer höchsten Produktivität von der Erwerbswirtschaft so gefordert werden, daß ihnen kaum mehr Muße zum Führen eines befriedigenden Familienlebens bleibt, und jenen anderen, die diesen hohen Anforderungen nicht gewachsen sind und mit instabilen Beschäftigungsverhältnissen und geringerer sozialer Absicherung vorlieb nehmen müssen. Der Lebensabschnitt der in der Regel gut entlohnten Vollzeiterwerbstätigkeit wird zudem auch für die Produktiven immer kürzer; er wird durch eine verlängerte Postadoleszenzphase einerseits und eine verlängerte Ruhestandsphase andererseits begrenzt, welche sich in ihrer durchschnittlichen Dauer schon der Phase der Erwerbstätigkeit annähert. Diese Ruhestandsphase bleibt zudem schlichte »Privatzeit«, ohne kollektive Bedeutung und Anerkennung. *Diese Fixierung gesellschaftlich relevanter Tätigkeiten auf die Erwerbsarbeit führt zur Vernachlässigung weiter Bereiche möglicher Wohlfahrtsproduktion außerhalb des Erwerbslebens und zu einer privatistischen Sinnsuche ohne kulturelle Unterstützung.*[187]

Zum anderen wird deutlich, daß der bloße Konsum von Gütern und Diensten der menschlichen Wohlfahrt nur bedingt dienlich ist. Der ökonomische Güterbegriff thematisiert lediglich die Ergebnisnutzen, nicht die Prozeßnutzen der Wohlfahrtsproduktion. *Eine befriedigende Lebensführung setzt jedoch weniger den Konsum von Gütern als die Entwicklung von Kompetenzen voraus.*[188] Die verantwortliche Teilhabe am gesellschaftlichen Leben bedarf neben der Fachkompetenzen auch der Daseinskompetenzen.[189] Das gute Leben der Gesell-

187 Aus der vielfältigen Literatur zu dieser Problematik sei lediglich aus jüngster Zeit erwähnt: J. Rifkin, *Das Ende der Arbeit und ihre Zukunft*. Frankfurt/New York 1995; Ch. Lutz, *Leben und Arbeiten in der Zukunft*. München 1995; H. Hoffmann/D. Kramer (Hg.), *Arbeit ohne Sinn? Sinn ohne Arbeit?* Weinheim 1994.

188 Vgl. Kaufmann, *Staat und Wohlfahrtsproduktion* (FN 8), S. 370ff.

189 Einen Katalog der erforderlichen Daseinskompetenzen gibt der *Fünfte Familienbericht* (FN 48), S. 243f.

schaft setzt nicht nur die Effizienz der Produzenten, sondern auch die aktive Teilnahme von Bürgern und die Verantwortung im mitmenschlichen Verkehr sowie das Engagement der Eltern und Erzieher voraus. Der wohlfahrtsstiftende Sozialzusammenhang bezieht sich nicht allein auf die Marktwirtschaft und den öffentlichen Sektor, sondern auch auf die privaten Haushalte, die sozialen Netzwerke und eine Vielfalt sonstiger sozialer Aktivitäten. Wenn es nicht gelingt, diese Lebensbereiche und die von ihnen ausgehenden Prozeßnutzen im öffentlichen Bewußtsein als gleichermaßen wohlfahrtsschaffend zu verankern wie die Marktwirtschaft und die staatliche Sozialpolitik, werden wir die Perspektiven eines gemeinsamen guten Lebens in der »Wohlfahrtsgesellschaft« verfehlen.[190]

Schließlich muß in diesem Zusammenhang auch die ökologische Herausforderung bedacht werden. Sie betrifft zwar nicht den Sozialstaat im besonderen, aber die Möglichkeiten unseres Lebens insgesamt. Die Fixierung der sozialpolitischen Aufmerksamkeit auf Arbeit und Konsum bedeutet eine Reduzierung unserer Lebensperspektiven auf den Bereich der Ökonomie, einer Ökonomie zudem, die durch einen verheerenden Verbrauch natürlicher Ressourcen und wachsende Mengen von Schadstoffen geprägt ist, deren Kosten nicht in die Erzeuger- und Marktpreise eingehen. Die im Vergleich zu den personenbezogenen Dienstleistungen fortgesetzte Verbilligung der Güter beruht nicht nur auf den Möglichkeiten ihrer rationelleren Herstellung, sondern auch auf der Externalisierung dieser Kosten in Form eines Raubbaus an der Natur. Die gezielte Verteuerung nicht regenerierbarer Energiequellen und der Schadstoffemissionen im Rahmen einer ökologischen Steuerreform würde es ermöglichen, die Lohnnebenkosten zu senken. Und überdies würde das Preisgefälle zwischen Industrieprodukten und Dienstleistungen zugunsten letzterer korrigiert.[191] Dies

190 Vgl. zuletzt das eindringliche Plädoyer von W. Dettling (FN 119).

191 Vgl. E. U. v. Weizsäcker/A. B. Lovins/L. H. Lovins, *Faktor Vier. Doppelter Wohlstand – halbierter Naturverbrauch*. München 1995, S. 219ff.; G. Kirch-

würde sich auch auf die relative Kostspieligkeit des Sozialsektors günstig auswirken.

Alles in allem dürfte diese Skizze unterschiedlicher Herausforderungen des Sozialstaates eher Skepsis hinsichtlich seiner Tragfähigkeit in der Zukunft suggerieren. Dies ist auch durchaus beabsichtigt, allerdings nicht im Sinne einer defätistischen Erwartung, sondern im Sinne einer Steigerung unseres wachen Fragens und Beobachtens. Die Vielfalt der Herausforderungen hat auch ihr Gutes insofern, als sie die Entwicklungen nicht alle in die gleiche Richtung vorantreibt. Wir haben jedoch allen Grund zur Annahme, daß die Bedingungen des Verhältnisses von Staat und Wohlfahrtsproduktion für die Zukunft neu ausgehandelt werden müssen.

gässner, *Ökologische Steuerreform: Utopie oder realistische Alternative?* Erscheint in: G. Krause-Junk (Hg.), *Die Zukunft des Steuersystems*, Beiheft 7 zur *Zeitschrift für Wirtschafts- und Sozialwissenschaften*. Berlin 1997.

11. Sozialpolitische Schlußfolgerungen

Das Bedenken der Schwierigkeiten, in die die deutsche Sozialpolitik geraten ist, hat uns in ein weites Feld geführt. Aller Voraussicht nach werden wir für unabsehbare Zeit mit dem Konflikt leben müssen, daß sich die Determinanten der wirtschaftlichen Entwicklung durch nationalstaatliche Politik kaum mehr kontrollieren lassen, während die Lösung sozialer Probleme aus vielfältigen Gründen primär auf der nationalstaatlichen Ebene verbleibt. Die Wirtschaftspolitik wird eine zunehmend über- und internationale Angelegenheit, die Sozialpolitik bleibt Aufgabe von Bund und Ländern. Da deren Einkünfte jedoch von der Wirtschaftsentwicklung in ihren Grenzen abhängig sind, sehen sie sich wachsenden Einschränkungen und konfligierenden Ansprüchen gegenüber, welche sich nicht mehr durch die »schmerzlose« Methode neuer Staatsschulden bewältigen lassen. Es ist daher mit verschärften Verteilungskonflikten und der Notwendigkeit härterer politischer Entscheidungen zu rechnen.

Der Konflikt zwischen Wirtschafts- und Sozialpolitik, welcher die gegenwärtige Situation in der Bundesrepublik kennzeichnet, ist in erster Linie eine Folge des Verlustes wirtschaftspolitischer Souveränität im Zuge der europäischen Einigung und des zunehmenden Autonomieverlustes infolge der weltwirtschaftlichen Verflechtung der Güter- und insbesondere der Finanzmärkte. »Anders als in den ersten drei Nachkriegsjahrzehnten gibt es derzeit keine ökonomisch plausible, keynesianische Strategie, mit der im nationalen Rahmen die sozialdemokratischen Ziele voll verwirklicht werden können, ohne daß dadurch Funktionsbedingungen der kapitalistischen Ökonomie verletzt werden. Vollbeschäftigung, steigende Arbeitseinkommen, steigende Sozialtransfers und eine bessere Versorgung mit öffentlichen Einrichtungen und Diensten sind derzeit nicht zugleich erreichbar – weil die Wachstumsraten dafür nicht ausreichen und weil die ökonomisch durchsetzbaren Verteilungsansprüche der Kapitalseite sich erhöht haben.«[192]

Die Zukunft des deutschen Sozialstaates wird zwar meistens unter Finanzierungsgesichtspunkten thematisiert; aber damit wird nur ein Oberflächenphänomen der sogenannten »Krise des Wohlfahrtsstaates« angesprochen. Nach der hier vertretenen Auffassung resultieren die Herausforderungen des bisherigen sozialstaatlichen Arrangements aus Entwicklungen, welche bei dessen Entstehung nicht absehbar waren und auch nicht als Folge einer Hypertrophie wohlfahrtsstaatlicher Maßnahmen zu qualifizieren sind. Um ihnen gerecht zu werden, bedarf es vor allem der Einsicht, daß *die Ursachen der gegenwärtigen Schwierigkeiten heterogener Art* sind, also aus unterschiedlichen, voneinander weitgehend unabhängigen Veränderungen stammen.

Mehr noch von wirtschaftswissenschaftlicher denn von unternehmerpolitischer Seite wird in dieser Situation empfohlen, den öffentlichen »Sozialaufwand« zu senken, um die Konkurrenzfähigkeit des »Standortes Deutschland« wiederherzustellen. Daß die Höhe der öffentlichen Sozialleistungen ein entscheidender Faktor schwindender Konkurrenzfähigkeit der deutschen Wirtschaft sei, ist jedoch eine unbewiesene – und im übrigen auch nicht beweisbare – Behauptung, deren Plausibilität sich allein auf abstrakte ökonomische Überlegungen eines an Einkommensmaximierung orientierten »rational man« stützt (vgl. Abschnitt 9.2). Die Leistungsmotivation der Individuen ist jedoch wesentlich komplexer, und es gibt keinerlei Anzeichen, daß die Unternehmen nicht mehr in der Lage seien, durch die Differenzierung von Löhnen und Lohnnebenleistungen ökonomische Anreize zu schaffen.

Ernster zu nehmen ist die Frage der *Investitionsbereitschaft*. Sie ist in der Tat von Gewinnerwartungen, allerdings nicht der

192 Scharpf, *Sozialdemokratische Krisenpolitik* (FN 26), S. 335.

Arbeitskräfte, sondern der Unternehmensleitungen abhängig. Hierfür sind auf der Seite der Arbeitskosten jedoch nicht die gesetzlichen Sozialabgaben, sondern die sogenannten Lohnstückkosten, also das Verhältnis von Arbeitsproduktivität und Lohnhöhe (einschließlich Lohnnebenkosten), entscheidend. *Eine zurückhaltende Lohnpolitik dient daher der Wirtschaft mehr als der Abbau von Sozialleistungen, deren Anstieg hierdurch im übrigen ebenfalls gebremst wird.* Der jüngste Anstieg der Sozialversicherungsbeiträge wurde im wesentlichen durch die vereinigungsbedingten Kosten verursacht, deren politische Verteilung ein offenes Problem der deutschen Innenpolitik geblieben ist. Man sollte hierfür nicht die Sozialpolitik verantwortlich machen.

Eine wirklich neuartige Herausforderung des Sozialstaats ergibt sich aus der zunehmenden Mobilität des Kapitals und der wachsenden Liquiditätspräferenz großer Kapitaleigner. Dies führt zum einen national und international zu einer geringeren Investitionsneigung und damit höherer Arbeitslosigkeit. Es führt zum anderen zu einer nationalen Politik der Entlastung von Steuern und Abgaben für Kapitaleinkommen, um in der Standortkonkurrenz Investitionskapital anzuziehen. Demzufolge verlagert sich die Belastung einseitig auf die Einkommen aus Arbeit, wobei gleichzeitig die Lohnquote tendenziell sinkt. Ohne auf ältere und neuere geldtheoretische Überlegungen einzugehen, die eben hieraus auf eine strukturelle Krisentendenz kapitalistischer Wirtschaften schließen[193], sei hier der näherliegende finanzwirtschaftliche und verteilungspolitische Gesichtspunkt in den Vordergrund gerückt: *Der die soziale Ungleichheit am stärksten bestimmende Produktionsfaktor entzieht sich immer stärker den staatlichen Umverteilungsprozessen.* Und dies ist nicht nur ein nationales, sondern ein inter-

193 So (nach Marx) insbesondere J. M. Keynes, *Allgemeine Theorie der Beschäftigung, des Zinses und des Geldes.* Berlin 3.A. 1966, S. 265 ff. Für eine aktuelle Wiederaufnahme vgl. B. Senf, *Der Nebel um das Geld: Zinsproblematik – Währungssysteme – Wirtschaftskrisen.* Lütjenburg 3.A. 1996.

nationales Problem. Die internationalen Unternehmungen profitieren parasitär von den staatlichen Ordnungsleistungen, und zwar sowohl hinsichtlich der Sicherheit ihres Eigentums als auch hinsichtlich der stabilitätsorientierten Währungspolitik.[194] Hiergegen könnten nur konzertierte Maßnahmen der führenden Wirtschaftsmächte etwas ausrichten, unter denen eine *Devisenumsatzsteuer* den zunächst praktikabelsten Weg darzustellen scheint.[195] Diese über unser Thema weit hinausführenden Zusammenhänge können hier jedoch nicht weiter verfolgt werden.

Auch wenn die Stoßrichtung der hier vorgelegten Argumentationen die Schlußfolgerung nahelegt, daß die Sozialpolitik eher eine abhängige denn eine unabhängige Variable in den gegenwärtigen wirtschaftlichen Schwierigkeiten bildet, so wird damit nicht behauptet, daß mit der deutschen Sozialpolitik alles zum besten stehe. Es existiert ein erheblicher Reformbedarf in vielen Teilbereichen, der sich aber nicht auf den einfachen Nenner einer Senkung der Sozialhaushalte bringen läßt. Zwar wird deren Wachstum durch die allgemeine Wirtschaftsentwicklung eine zunehmend härtere Grenze gesetzt, aber das ist sozusagen nur eine Nebenbedingung, welche im einen oder anderen Fall die Veränderungsbereitschaft von Politikern und Funktionären erhöhen mag, aber keinerlei Anhaltspunkte für die Richtung der erforderlichen Veränderungen bietet. Aufgrund der vorangehenden Überlegungen kristallisieren sich insbesondere zwei sozialpolitische Aufgaben heraus, die gegenwärtig einen »Um-

194 Der Protest gegen diese allen Gerechtigkeitsintuitionen widersprechenden Entwicklungen ist erst in den Anfängen. Vgl. insbesondere: Die Gruppe von Lissabon, *Grenzen des Wettbewerbs. Die Globalisierung der Wirtschaft und die Zukunft der Menschheit.* München 1997.

195 Der Vorschlag geht ursprünglich auf Nobelpreisträger James Tobin zurück: *A Proposal for International Monetary Reform.* In: *Eastern Economic Journal*, 4 (1978), S. 153-159. Einen Überblick über die Diskussion zu diesem in Deutschland weit stärker als in anderen Ländern umstrittenen Vorschlag vgl. M. E. Kulessa, *Die Tobinsteuer zwischen Lenkungs- und Finanzierungsfunktion.* In: *Wirtschaftsdienst – Zeitschrift für Wirtschaftspolitik*, 76 (1996), S. 95-104; vgl. auch Kamppeter (FN 142), S. 260ff.

bau des deutschen Sozialstaates« erfordern: die Institutionalisierung einer auch die nachwachsende Generation und damit die Wahrnehmung von Elternverantwortung als wohlfahrtsproduzierende Leistung berücksichtigenden Verteilungsordnung (siehe Abschnitt 11.2) und die Rücksichtnahme auf den wachsenden Anteil derjenigen Menschen, die nicht mehr mit dauerhaften Beschäftigungsverhältnissen bei einem bestimmten Arbeitgeber rechnen können (vgl. Abschnitt 11.3).

11.1 Verteilungskonflikte sind kein Krisensymptom, sondern Element von Sozialpolitik

Diese beiden Aufgaben müssen heute unter erschwerten Bedingungen angegangen werden: Die Übernahme der sozialpolitischen Verantwortung für die Folgen des Zusammenbruchs der ehemaligen DDR-Wirtschaft hat insbesondere die deutschen Sozialversicherungshaushalte extrem belastet und stellt einen maßgeblichen Faktor des derzeit oft beklagten Anstiegs der Lohnnebenkosten dar (vgl. Abschnitt 1). Hinzu kommen die starke Stellung der deutschen Währung und die Zugänglichkeit weit billigerer qualifizierter Arbeitskräfte im nahegelegenen Ausland. Das sind Faktoren, die kurz- und mittelfristig den Produktionsstandort Deutschland weniger attraktiv erscheinen lassen und für eine sehr zurückhaltende Lohnpolitik sprechen. Tendenzielle Reallohnverbesserungen ergeben sich gleichzeitig durch Preissenkungen von Importgütern dank der starken DM. In dem Maße, als sich die osteuropäischen Wirtschaften erholen, können sich auch die Standortfaktoren Deutschlands wieder verbessern.

Die gegenwärtige Debatte um die Höhe der Lohnnebenkosten und den Wirtschaftsstandort Deutschland hat sich bisher als Ansatzpunkt für einen Umbau des Sozialstaates als wenig ergiebig erwiesen. Auch die Forderung nach einem Abbau versicherungsfremder Leistungen in der Sozialversicherung[196] führt aus sozialpolitischer Sicht auf einen Nebenkriegsschauplatz: Zwar ist die Kritik begründet, daß die sozialen Vereinigungskosten nach Gerechtigkeitsgesichtspunkten von allen Steuerzahlern und nicht bloß den Sozialversicherten und ihren Arbeitgebern zu tragen wären. Und es kann auch mit guten Gründen die Beteiligung der Arbeitgeber an den Kosten der Pflegeversicherung in Frage gestellt werden: Im Unterschied zur Alters-, Kranken-, Berufsunfall- und Arbeitslosenversicherung ist hier nämlich ein Zusammenhang zwischen betrieblichen Strategien und Risikohöhe überhaupt nicht zu erkennen. Das Argument »versicherungsfremder Leistungen« reicht jedoch weiter und geht von einer Vorstellung der Äquivalenz zwischen Beiträgen und Leistungen aus, die dem privaten Versicherungswesen entnommen ist. Das Ziel der Ersetzung bzw. Ergänzung des privaten Versicherungswesens durch öffentliche Sicherungseinrichtungen kann jedoch sinnvollerweise nicht in der Verdopplung des privaten Versicherungswesens bestehen, sondern nur in der Verwirklichung sozialstaatlicher Grundsätze, die neben dem obligatorischen Schutz der Arbeitskräfte auch einen bedarfsorientierten Ausgleich bieten. *Im internationalen Vergleich ist das deutsche Sozialversicherungssystem ohnehin vergleichsweise stark leistungs- und wenig bedarfsorientiert.*[197]

Alle bisher angesprochenen Punkte der aktuellen Diskussion beziehen sich auf Konflikte um die *Verteilung der Kosten* für die Sozialleistungen, aber sie lassen nicht erkennen, ob und wo bedeutende Kosten*einsparungen* möglich sind. Bereiche einer »Hypertrophie des Sozialstaates« werden allenfalls bei den sozial Schwächsten, den Sozialhilfeempfängern und Arbeitslosen, diagnostiziert, aber gerade hier ist dies am wenigsten

196 Vgl. W. Schmähl, *Finanzierung sozialer Sicherung in Deutschland unter veränderten gesellschaftlichen und ökonomischen Bedingungen.* In: *Deutsche Rentenversicherung*, 1994/6, S. 357-378.

197 So sind in den meisten anderen Ländern beispielsweise die Altersrenten für Ehepaare höher als für Alleinstehende. Vgl. J. Kohl, *Alterssicherung im internationalen Vergleich.* Habilitationsschrift Universität Bielefeld 1994, S. 495 ff.

glaubwürdig.[198] Die Alterssicherung von Doppelverdiener-Ehepaaren (Kombination von eigener Rente mit einer Witwen- bzw. Witwerrente) bietet sich weit eher als Beispiel an. Ebenso scheint es (trotz des Protestes der Gewerkschaften) durchaus vertretbar, die selbst im Muster-Wohlfahrtsstaat Schweden praktizierte Regelung lohnreduzierter Karenztage zu Beginn einer Krankheitsepisode einzuführen; denn der vergleichsweise hohe Krankenstand in Deutschland ist wirklich keine naturgegebene Größe!

Aber nicht von diesen Verteilungskonflikten soll hier die Rede sein, so sehr sie im Vordergrund der öffentlichen Diskussion stehen. Diese beziehen sich nicht auf die *strukturellen Merkmale* des Sozialstaates, und die gleichzeitige End- und weitgehende Folgenlosigkeit entsprechender Diskussionen beweist, daß Verteilungskonflikte eine unvermeidbare Begleiterscheinung des Sozialstaates sind, vergleichbar den in einer Marktwirtschaft unvermeidbaren Tarifkonflikten. Verteilungskonflikte sind keine Krisensymptome, sondern Bestandteil der Sozialpolitik. Über das relative Versorgungsniveau einzelner Zielgruppen sozialpolitischer Einrichtungen entscheiden sowohl politische Prozesse als auch Entgelt- und Verteilungsregeln, für deren Modifikation im Einzelfall mehr oder weniger überzeugende Gründe vorgebracht werden, für die aber diesseits sehr grundlegender und untereinander in Spannung stehender Gerechtigkeitsvorstellungen – Leistungs- oder Bedarfsgerechtigkeit, Chancen- oder Besitzstandsgerechtigkeit – kaum konsensfähige allgemeine Kriterien existieren (vgl. Abschnitt 10.2). Und noch weniger lassen sich Finanzierungsgrundsätze wie z. B. das Verhältnis von Steuerfinanzierung und

198 Diese Mißbrauchsdiskussion könnte genausogut für das Steuer- und Subventionsrecht geführt werden. Nach allem, was wir wissen, wird beispielsweise Schwarzarbeit weit eher von den Beschäftigten als von den Arbeitslosen betrieben, und zwar aus dem einfachen Umstand, daß die Beschäftigten mehr Zugang zu den ergänzend notwendigen sachlichen Produktionsmitteln besitzen. Zur Problematik der Sozialhilfereform W. Hanesch, *Reform der Sozialhilfe*. Eine Expertise im Auftrag der Hans-Böckler-Stiftung Düsseldorf, 1996.

Beitragsfinanzierung der Sozialleistungen aus Gerechtigkeitsgrundsätzen ableiten. Hier spielen der Status quo der institutionellen Regeln sowie Verhandlungsmacht und politischer Einfluß die entscheidende Rolle.

Die hier hervorgehobenen Aufgaben eines »Umbaus des Sozialstaats« führen in ihrer Konsequenz zwar auch zur Modifikation von Verteilungsregeln, aber das ist nicht das primäre Motiv ihrer Thematisierung. Es wird vielmehr behauptet, daß bestimmte Strukturen im Rahmen des sozialen Leistungssystems heute dysfunktionale gesamtgesellschaftliche Wirkungen zeitigen, *daß sie also langfristige Entwicklungstendenzen fördern, über deren Kontraproduktivität grundsätzlicher Konsens möglich ist.* Diese langfristigen Entwicklungstendenzen lassen sich als sinkende Geburtenzahlen und zunehmende Arbeitslosigkeit auch im Rahmen einfacher statistischer Indikatoren veranschaulichen, wenngleich dies natürlich auch nur Symptome der in Frage stehenden Problematik darstellt, die in den Abschnitten 6 und 7 näher geschildert worden ist.

11.2 Anerkennung der »Familienarbeit«

Die erste aktuelle Aufgabe bezieht sich auf den Umstand, daß die Gesamtheit der staatlichen Umverteilungsprozesse per Saldo zu einer deutlichen *Prämierung von Kinderlosigkeit* führt. Es ist vor allem dem Bundesverfassungsgericht zu verdanken, daß die Benachteiligung der Familien im Rahmen der zweiten Einkommensverteilung ins Bewußtsein der Politik gerückt ist.[199] Ein erster Schritt zum Abbau dieser Ungerechtigkeiten ist inzwischen mit der deutlichen Erhöhung der steuerfreien Existenzminima im Einkommensteuertarif und der gleichzeitigen Erhöhung des Kindergeldes für diejenigen, wel-

199 Einen guten Überblick über die Diskussion gibt D. Suhr, *Transferrechtliche Ausbeutung und verfassungsrechtlicher Schutz von Familien, Müttern und Kindern*. In: *Der Staat*, Bd. 29 (1990) S. 69-86.

che wegen ihres geringen Einkommens von der Steuerermäßigung nicht entsprechend profitieren können, getan.[200] Noch völlig offen ist dagegen eine familienpolitische Reform der gesetzlichen *Rentenversicherung*. Hier soll noch in dieser Legislaturperiode eine Entscheidung fallen, weshalb ich mich im folgenden auf dieses Problem konzentriere.

Das deutsche Sozialversicherungssystem lehnt sich in seiner Funktion der Einkommenssicherung eng an die Ergebnisse der primären Einkommensverteilung an, d. h., die monetären Sozialleistungen werden als Lohnersatz verstanden und richten sich hinsichtlich ihrer Höhe nach dem Wert der gezahlten Beiträge, und diese werden in Prozenten des jeweiligen Bruttolohnes berechnet (Äquivalenzprinzip). Da aber die Lohngestaltung aus der Marktwirtschaft immanenten Gründen ausschließlich leistungsbezogen und nicht bedarfsorientiert erfolgt, weil sie also auf den Umstand, ob eine Arbeitskraft Elternverantwortung übernimmt oder nicht, keine Rücksicht nimmt, bewirkt das Äquivalenzprinzip eine analoge Ausklammerung dieses Umstandes aus dem Rentensystem.

In dem Maße, als die Erwerbsarbeit auch zum selbstverständlichen Element weiblicher Lebensentwürfe geworden ist, bildet nicht mehr das Erwerbseinkommen des Ehemannes allein, sondern das kumulierte Einkommen beider Ehepartner den Orientierungsstandard der Familienhaushalte. Da Erleichterungen der Vereinbarkeit von Familientätigkeit und Erwerbsarbeit in der Bundesrepublik vergleichsweise wenig ausgebaut sind, ist die Übernahme von Elternverantwortung in der Regel mit einem teilweisen oder vollständigen Verzicht eines

200 Familienpolitiker sollten ob dem Bedauern, daß die Entlastungen nicht höher ausgefallen sind, den großen strukturellen Fortschritt nicht übersehen, der mit der Eingliederung der Kindergeldzahlungen in die Finanzverwaltung und der dauerhaften Regelung der Finanzierung zwischen Bund und Ländern gelungen ist. Damit sind wesentliche Hindernisse eines gerechteren Familienlastenausgleichs (und es handelt sich hier noch nicht um einen Familienleistungsausgleich!) beseitigt. Das nächste Ziel müßte meines Erachtens eine automatische Anpassungsregel sein, wie sie im Bereich des Rentenrechts in der Form der »dynamischen Rente« seit langem existiert.

Ehepartners (zumeist der Frau) auf Erwerbstätigkeit verbunden. So kommen zu den direkten Unterhaltskosten der Kinder noch die Kosten gesunkener Arbeitseinkommen, und diese schlagen sich auch in reduzierten Anrechten an Ersatzeinkommen aus der Sozialversicherung nieder. Indem Eltern die zukünftigen Arbeitskräfte aufziehen, welche die Renten auch der Kinderlosen durch ihre Beiträge werden finanzieren müssen, finanzieren sie über ihren Beitrag zur Humankapitalbildung indirekt die Renten der Kinderlosen mit, die zudem im Durchschnitt vergleichsweise höhere Rentenanwartschaften erwerben können. Diese sogenannte »Transferausbeutung der Familien« läßt sich in weniger krasser Form auch in den übrigen Transfersystemen nachweisen.[201]

Die dem heutigen System der gesetzlichen Rentenversicherung zugrundeliegende Rentenreform von 1957 ging von einem »verdeckten Geschlechtervertrag« aus: Sie unterstellte generell ein lebenslanges Normalarbeitsverhältnis für Männer und die Hausfrauenehe als Modell und sicherte die Ehefrau zum einen über das Renteneinkommen des Mannes sowie nach dessen Tod durch die Witwenrente in der Höhe von 60 % der vorangehenden Rente des Ehemannes ab. Dabei wurde implizit auch unterstellt, daß die Ehepaare im Durchschnitt zwei Kinder aufzögen, dafür – so die Annahme – reichten die Löhne aus; Kindergeld gab es damals erst ab dem dritten Kind.[202]

Mit der zunehmenden Erwerbstätigkeit auch der Mütter und der gleichzeitigen Pluralisierung der privaten Lebensformen erweisen sich diese Vorgaben als immer weniger realitätsangemessen. Die in der gegenwärtigen Reformdebatte vorgebrachten Vorschläge reichen von der Einführung einer selbständigen »Elternrente« zusätzlich zur bisherigen erwerbsbezogenen

201 Vgl. J. Borchert (FN 83).

202 Zum »verdeckten Geschlechtervertrag« in der gesetzlichen Rentenversicherung vgl. J. Allmendinger, *Ehebande und Altersrente*. In: *Soziale Welt*, 43 (1992) S. 90-116; T. P. Gallon, *»Alterslohn für Lebensleistung«. Analyse und Vorschlag zum Wandel des Rentensystems*. In: W. Schönig/R. L'Hoest (Hg.), *Sozialstaat wohin?* Darmstadt 1996, S. 36-55.

Rente bis zu völlig individualisierten Renten einer »volleigenständigen Sicherung« von Männern und Frauen, bei gleichzeitiger Teilung der in einer Ehe erworbenen Anwartschaften.[203] Während der erste Vorschlag zwar eine weitgehende Anerkennung von Erziehungsleistungen brächte, aber unter Finanzierungsgesichtspunkten utopisch bleibt, bringen die Vorschläge einer volleigenständigen Sicherung zwar einen Ausgleich innerhalb einer Ehe, aber keinen Ausgleich zwischen Eltern und Kinderlosen.

Eine den familialen Leistungen Rechnung tragende Rentenreform muß gleichzeitig zur Lösung von drei Verteilungsproblemen beitragen: zur Umverteilung zwischen den Generationen, zur Umverteilung zwischen den Geschlechtern und zur Umverteilung zwischen denen, die familiale Verantwortungen übernehmen, und denjenigen, die darauf verzichten. Das Kriterium der Äquivalenz zwischen Beiträgen und Rentenhöhe genügt daher nicht mehr für die Gestaltung eines kollektiven Rentensystems; vielmehr muß die gesamtwirtschaftlich nicht weniger »produktive« Leistung der Humanvermögensbildung durch die Eltern im Alter ebenso anerkannt werden wie die Erwerbstätigkeit.

Deshalb besticht der seit kurzem in die Diskussion gekommene *Vorschlag eines »flexiblen Systems eigenständiger und leistungsbezogener Alterssicherung«*[204] sowohl durch die Ausgewogenheit seiner zu erwartenden Wirkungen als auch durch eine weitgehende Kostenneutralität. Der Vorschlag zielt auf eine Umdefinition der für das bisherige System zentralen

203 Eine hinsichtlich ihrer Verteilungswirkungen vergleichende Übersicht über die derzeitigen Vorschläge einer familienorientierten Ausgestaltung der gesetzlichen Rentenversicherung gibt S. Horstmann, *Kindererziehung und Alterssicherung*. Grafschaft 1996.

204 Vgl. T. P. Gallon/H.-P. Bank/R. Kreikebohm, *Flexibles System eigenständiger und leistungsbezogener Alterssicherung (FleSelAs) – Konzeption einer Weiterentwicklung der gesetzlichen Rentenversicherung*. In: *Neue Zeitschrift für Sozialrecht*, 1994, Nr. 9-11, S. 385-394 (Teil I), S. 444-450 (Teil II), S. 489-496 (Teil III): vgl. auch T. P. Gallon, *Generationenvertrag und eigenständige Alterssicherung der Geschlechter*. In: *Familie und Recht*, 7 (1996), S. 40-50; sowie FN 202.

Denkfigur des »Standardrentners«, welcher nach 45jähriger Erwerbsarbeit zum jeweiligen Durchschnittslohn Anspruch auf eine Rente von ca. 70% der jeweiligen Durchschnittslöhne während seiner Verrentungszeit erwirbt. Nach den Vorstellungen dieses Plans soll dem Standardrentner eine Erziehungsphase zugeordnet werden, d. h., die Standardrente kann nur noch bei gleichzeitiger Erwerbstätigkeit und Erziehungstätigkeit (oder auch Pflegetätigkeit) erreicht werden.[205] Wer keine »Familienarbeit« erbringt, würde deshalb weniger Versicherungsjahre als heute maximal angerechnet erhalten.[206] Gleichzeitig würden die bisherigen Witwen- und Witwerrenten während einer Übergangszeit noch anteilig ergänzend bezahlt. Die Ausarbeitung dieser Grundgedanken könnte zu einer weitgehend systemkonformen und kostenneutralen Umverteilung zwischen Eltern und Kinderlosen (sofern diese nicht andere Formen von »Familienarbeit« übernehmen) in der gesetzlichen Rentenversicherung führen.

Ein weiterer diskussionswürdiger Vorschlag wurde kürzlich

205 Auch dieser Vorschlag läuft auf eine eigenständige Sicherung beider Ehepartner hinaus. Dabei wird nicht nur zwischen Kinderlosen und Eltern, sondern zugleich auch innerhalb von Partnerschaften zwischen Männern und Frauen umverteilt. So kann die Erziehungsleistung auch durch einen Partner allein erbracht werden, ohne diesen Partner der Abhängigkeit und dem Risiko der bisherigen abgeleiteten Sicherung auszusetzen. Das System reagiert also flexibel auf unterschiedliche Modelle innerfamilialer Arbeitsteilung und orientiert sich an der gleichzeitigen Anerkennung von Familien- und Erwerbstätigkeit.

206 Die Autoren schlagen vor, daß von den 45 Erwerbsjahren des bisherigen Standardrentners in Zukunft sechs nur noch durch »Familienarbeit« erworben werden können. Das würde im Ergebnis zu einer Kürzung der Renten der »Familienarbeitslosen« um 13% führen. Für das Aufziehen eines Kindes würden gleichzeitig sechs Erziehungsjahre gutgeschrieben, so daß also auch hier davon ausgegangen wird, daß ein Ehepaar durch das Aufziehen von zwei Kindern seine Rentenanwartschaft maximieren könnte; in ähnlicher Weise wären Pflegeleistungen für behinderte Menschen anzuerkennen. Paare, die mehr als zwei Kinder aufziehen, würden einen entsprechenden Ausgleich durch Reduktion der erforderlichen Erwerbsarbeit erreichen. Bis zu einer gewissen Obergrenze sollen – anders als in der bisherigen Regelung – Erwerbstätigkeit und Familientätigkeit auch im gleichen Zeitraum kumuliert werden können, so daß von dem Modell weder eine Privilegierung der »Hausfrauenehe« noch ein Anreiz auf Maximierung der Erwerbstätigkeit beider Ehepartner ausgeht.

vom Bund Katholischer Unternehmer (BKU) veröffentlicht, der seinerzeit bereits als Initiator des die Rentenreform von 1957 strukturierenden »Schreiberplans« hervorgetreten ist.[207] Der Vorschlag läuft auf eine Kombination des bisherigen, am Grundsatz der Beitragsäquivalenz orientierten Rentensystems mit einer ebenfalls *beitragsorientierten Grundsicherung* für jedermann (Volks-Versicherung) hinaus. Dieses Konzept ist im Unterschied zu den Vorschlägen einer steuerfinanzierten Grundsicherung (M. Miegel/K. Biedenkopf) mit dem gegenwärtigen Rentensystem kompatibel und entgeht dem Problem, daß die Finanzierung einer ausreichenden Grundrente vergleichsweise hohe Beiträge von jedermann fordert, durch den eleganten Vorschlag, daß im Falle der Bedürftigkeit hierfür die öffentliche Hand nach den Grundsätzen der Sozialhilfe aufkommen solle.[208] Leistungsansprüche sollen nicht nur durch Beitragszahlung, sondern auch durch den »generativen Beitrag« der Kindererziehung erworben werden, und im Rahmen einer Ehe werden alle Beiträge beiden Partnern hälftig gutgeschrieben. Dieser Vorschlag betrifft nicht nur die bedarfsorientierte Anerkennung von Familienleistungen, sondern auch das im folgenden Abschnitt behandelte Problem einer Grundsicherung für jedermann.

Den umstrittensten, aber gleichzeitig innovativsten Punkt bildet der Vorschlag, die Beiträge zur Rentenversicherung bei einem Höchstbeitrag von 20% »zu deckeln«. Das würde den Übergang zu einer »einnahmeorientierten Ausgabepolitik« be-

207 Vgl. W. Schreiber (FN 82). Die neuen Vorschläge des BKU liegen erst in Form einer Pressemeldung vom 13. 3. 1997 unter dem Titel »Dialogisches Rentenmodell« vor. Auf einige Ungereimtheiten im Detail sei hier nicht eingegangen, es geht mir um eine Skizze der für eine Reform fruchtbaren Ideen.

208 Bekanntlich scheiterte der Beveridge-Plan, welcher ebenfalls eine beitragsfinanzierte Grundrente vorsah, am Ziel der Existenzsicherung durch die Niedrigkeit der praktikablen Einheitsbeiträge. Eine alternative Lösung des Problems findet sich in der Schweizerischen Alters- und Hinterlassenenversicherung: Hier wird für die Einkommensschwachen der Beitragssatz bis auf einen Minimalbeitrag reduziert, wofür die zahlungskräftigeren Beitragszahler aufkommen müssen.

deuten, wie sie im Rahmen der gesetzlichen Krankenversicherung seit einiger Zeit praktiziert wird. Man kann sich die geleisteten monetären und »generativen Beiträge« als Punktsalden vorstellen, deren Wert vom Verhältnis zwischen Beitragssumme und Anspruchssumme abhängt. Das würde bedeuten, daß das »demographische Risiko«, also die Verschlechterung des Verhältnisses von Rentnern zu Beitragszahlern (vgl. Abschnitt 6.1), ausschließlich von den Rentnern zu tragen wäre. Hierüber läßt sich streiten, aber der Vorschlag liegt in der Logik der Dinge: Warum soll eine Jahrgangsgruppe, die ihre Geburten reduziert hat, nicht die Konsequenzen tragen?[209] Entscheidend ist, daß durch eine ausreichende Anrechnung der »generativen Beiträge« eine Umverteilung zwischen Eltern und Kinderlosen innerhalb einer Generation stattfindet. Dies geschieht hier auf der Leistungsseite, indem sich der Gegenwert der Beiträge Kinderloser entsprechend reduziert.

Auch wenn es in absehbarer Zeit zu einer familienpolitischen Reform der gesetzlichen Rentenversicherung kommen sollte, dürfte davon allein allerdings keine erneute Erhöhung der Geburtenraten erwartet werden.[210] Eine erneute Steigerung der durchschnittlichen Kinderzahl, die ein Frauenjahrgang zur Welt bringt – und dies ist der entscheidende demographische Indikator –, würde vor allem stabile Beschäftigungsperspektiven, Maßnahmen einer besseren Vereinbarkeit von Familien- und Erwerbstätigkeit[211] sowie eine familienfreundliche Woh-

209 Allerdings würde die »Deckelung« der Beiträge auch die Risiken der Arbeitsmarktentwicklung allein den Rentnern aufbürden, wofür keine Rechtfertigung erkennbar ist.

210 Vielmehr wird man – allein schon wegen der verkleinerten Kohorten der Frauen im Gebäralter nach der Jahrtausendwende – auch bei einer Erhöhung der Kohortenfertilität in den kommenden Jahren mit erneut kräftig sinkenden Geburtenzahlen rechnen müssen. Immerhin würde eine Steigerung der Kohortenfertilität den Geburtenrückgang abschwächen.

211 Vgl. R. Schulz, *Strategien für eine bessere Vereinbarkeit von Familien- und Erwerbsarbeit*. In: *Zeitschrift für Bevölkerungswissenschaft*, Bd. 14 (1988), S. 251-274; W. Klauder, *Wie familienfreundlich ist unser Arbeitsmarkt?* In: *Mitteilungen der Landesversicherungsanstalt Oberfranken und Mittelfranken*, Bd. 36

nungspolitik[212] erfordern; denn dies sind die Faktoren, von denen die Lebenspläne junger Paare unmittelbar betroffen werden.

11.3 Entstandardisierung der Erwerbsarbeit und sozialer Schutz

Die zweite große Herausforderung des Sozialstaates geht von den Entwicklungen auf den Arbeitsmärkten und mittelbar vom gestiegenen internationalen Konkurrenzdruck aus (vgl. Abschnitte 7 u. 9.2). Die bereits skizzierte Spaltung des Arbeitsmarktes in (sich tendenziell verkleinernde) Kernbelegschaften mit hohem betrieblichen Sicherheitsstatus und (sich tendenziell vergrößernde) Märkte für lediglich nach Bedarfsgesichtspunkten zu beschäftigendes Personal wird weiter zunehmen. Die im internationalen Vergleich hohen Lohnstückkosten in Deutschland bringen gegenwärtig die Gewerkschaften in das Dilemma, zwischen Reallohngewinnen (oder auch nur der Verhinderung von Reallohnverlusten) für die Beschäftigten einerseits und der Verhinderung zusätzlichen Beschäftigungsabbaus andererseits wählen zu müssen. Tendenziell vorteilhafte Lösungen werden heute unter dem Begriff »Flexibilisierung« verhandelt. Der Grundgedanke scheint zu sein, daß die Unternehmen versuchen, die Belegschaften an den Risiken und Chancen der schwankenden Nachfrage zu beteiligen, um dadurch ihre eigene Operationsfähigkeit zu erhöhen. Von seiten der Gewerkschaften steht dem die berechtigte Sorge entgegen, daß derartige Flexibilisierungen nicht immer auf die Bedürfnisse der

(1994), S. 558-571; M. Fuchs, *Welche Maßnahmen empfehlen sich, um die Vereinbarkeit von Berufstätigkeit und Familie zu verbessern?* Gutachten für den 60. Deutschen Juristentag. In: *Verhandlungen des sechzigsten Deutschen Juristentages 1994*, Bd. 1, Teil F, S. 1-120.

212 Vgl. A. Oberhauser/C. Rüsch, *Wohnungspolitik für Familien. Familienorientierte Förderung des Erwerbs selbstgenutzten Wohneigentums.* Grafschaft 1992.

Beschäftigten Rücksicht nehmen und vielfach auch deren Sicherungsstatus verschlechtern.[213] Dennoch führt z. B. an einer zunehmenden Entkoppelung individueller Arbeitszeiten und betrieblicher Produktionszeiten kein Weg vorbei.

Dies ist ein Problembereich, für dessen (gewiß nicht alle Seiten stets zufriedenstellende) Lösungen das Instrument der *Tarifverhandlungen* grundsätzlich ausreichen müßte; staatliche Interventionen düften hier kaum hilfreich sein. Allerdings wird in der Konsequenz der Anteil der Erwerbstätigen, die in einem Normalarbeitsverhältnis, d. h. »Vollzeitbeschäftigung, Lohnarbeit, ein einziger Arbeitgeber«[214] tätig sind, weiter zurückgehen. Und diese Entwicklung trifft das männliche Geschlecht besonders, welches traditionellerweise an Normalarbeitsverhältnisse gewöhnt ist; die Frauen haben stets mit prekären Beschäftigungsverhältnissen leben müssen, treten aber nunmehr zunehmend als gleichberechtigte Konkurrentinnen der Männer um die Normalarbeitsverhältnisse auf. Wenn von einer wachsenden Entstandardisierung die Rede ist, so gilt dies also vor allem für die männlichen Beschäftigungsverhältnisse: Teilzeitarbeit, Saisonarbeit, intermittierende und mehrfache Beschäftigungsverhältnisse scheinen nun für einen wachsenden Bevölkerungsanteil beider Geschlechter die Regel zu werden.[215] Auf diese *Pluralisierung prekärer Formen der Lebensführung* ist das gegenwärtige soziale Sicherungssystem der Bundesrepublik nur bedingt, nämlich über die Sozialhilfe eingestellt.

Schließlich ist das Problem einer wachsenden *Selektivität des Arbeitsmarktes* zu berücksichtigen: Die Nachfrage nach Arbeitskräften konzentriert sich angesichts eines tendenziellen

213 Vgl. K. Semlinger (Hg.), *Flexibilisierung des Arbeitsmarktes: Interessen, Wirkungen, Perspektiven.* Frankfurt/New York 1991.

214 Diese präzise Definition bei M. Burdillat/J.-L. Outin, *Die Interaktion von Beschäftigung, Arbeit und sozialer Sicherung.* In: *Zeitschrift für Sozialreform*, Bd. 41 (1995), H. 11/12, S. 838-859, zit. S. 839.

215 Vgl. O. Kaufmann, *Das Problem der Exklusion: Unstete Arbeit und soziale Sicherung.* In: *Zeitschrift für Sozialreform*, Bd. 41 (1995), H. 11/12, S. 822-838.

Überangebotes auf die aus Unternehmersicht brauchbarsten, produktivsten. Wie gezeigt wurde, stehen einer Beschäftigung suboptimal produktiver Arbeitskräfte angesichts der wachsenden Kapitalintensität der meisten produzierenden Tätigkeiten auch zunehmend betriebswirtschaftliche Bedenken entgegen. Aus volkswirtschaftlicher Sicht dagegen wäre ein möglichst großes Produktions- und Beschäftigungsvolumen erwünscht, das auch die suboptimal produktiven Arbeitskräfte einschließt, soweit ihre Arbeit zu einer Wertschöpfung beiträgt (vgl. Abschnitt 7). Dadurch würden auch die Sozialhaushalte entlastet.

Dieses Problem läßt sich nicht durch allgemeine Senkungen der Löhne oder Lohnnebenkosten lösen, wie von Arbeitgeberseite gelegentlich behauptet wird. Das geflügelte Wort »wenig Arbeit, aber viel zu tun« trifft den Nagel auf den Kopf, nur: *Welche dieser Tätigkeiten eignen sich als unternehmerische Aufgaben und sind gleichzeitig in der Lage, die Problemgruppen des Arbeitsmarktes – die Älteren, Unausgebildeten, Behinderten oder nicht assimilierten Ausländer – zu beschäftigen?* Und auf welche Weise kann verhindert werden, daß falsche Anreize gesetzt werden, daß also entweder subventionierte Arbeitsverhältnisse die Normalarbeitsverhältnisse verdrängen oder durch Sozialeinkommen die Arbeitsbereitschaft beeinträchtigt wird?[216]

Die mit dieser Skizze angesprochenen Probleme machen zweierlei deutlich: Die Sozialpolitik kann sich erstens nicht mehr auf die flankierende Absicherung von Normalarbeitsverhältnissen konzentrieren, sondern findet in der »Grauzone« zwischen regelmäßiger Beschäftigung und definitivem Beschäftigungsverzicht einen sich rasch vergrößernden Teil der Bevölkerung, der zu seiner Lebensführung auf eine abwech-

216 Die Annahme, daß Arbeitslose im Regelfalle ein arbeitsloses Einkommen einer kaum besser entlohnten Erwerbstätigkeit vorziehen würden, geht von einem abstrakten ökonomischen Kalkül aus, das wahrscheinlich nur die Motivlage einer Minderheit betrifft. Die gegenwärtige »Mißbrauchsdiskussion« geht am Hauptproblem, nämlich dem Fehlen geeigneter Arbeitsangebote, vorbei.

selnde oder gleichzeitige *Kombination mehrerer Einkommensquellen* angewiesen ist. Zum zweiten sind die Lebenslagen dieses Bevölkerungsteils außerordentlich heterogen, und auch die Motive dürften sehr unterschiedlich sein.[217] Aus gesellschaftspolitischer Sicht interessiert dabei nicht nur die Möglichkeit und Bereitschaft zur Erwerbsarbeit, sondern ebenso die Möglichkeit und Bereitschaft zu anderen Formen der Wohlfahrtsproduktion, insbesondere im Bereich der Erziehung oder Unterstützung hilfebedürftiger Personen (vgl. Abschnitt 8).

Es liegt auf der Hand, daß damit eine *politisch nur schwer handhabbare Problemsituation* entstanden ist, für die keine Patentlösungen angeboten werden können. Entsprechend groß ist auch die öffentliche Ratlosigkeit: Die Vorschläge gehen von der Einführung einer allgemeinen Arbeitspflicht bis zur Schaffung eines garantierten Grundeinkommens für jedermann. Derartige pauschalisierende Konzepte werden aber der komplexen Problemlage nicht gerecht und würden rasch an finanzielle und/oder organisatorische Grenzen stoßen. Abschließend werden einige Richtungen angedeutet, die zu aussichtsreichen *Teillösungen* führen können.

Gegenwärtig ist es vor allem *die Sozialhilfe*, die ein Großteil der skizzierten Probleme auffangen soll. Das deutsche System der Sozialhilfe ist im internationalen Vergleich vorbildlich, was seine Flexibilität angeht. Aber es ist für Ausnahmesituationen und atypische Risiken gedacht. Die zunehmende Abwälzung von Massenproblemen durch die Kürzungen im Bereich der Renten- und Arbeitslosensicherung auf die Sozialhilfe überfordert das System und die es vornehmlich finanzierenden Kommunen nicht nur finanziell, sondern auch organisatorisch: Eine Einrichtung, die sich um akute Problemfälle wie zerbrechende Ehen, abweichendes Verhalten, in Not geratene Alleinerzie-

217 Vgl. S. Leibfried/L. Leisering u. a., *Zeit der Armut – Lebensläufe im Sozialstaat*. Frankfurt a. M. 1995, bes. S. 107ff., 238ff.; L. Leisering, *»Einkommensmix« als individuelle Wohlfahrtsstrategie*. In: Evers/Olk (FN 86), S. 211–235.

hende, Wohnungslose und Asylanten zu kümmern hat, ist nicht geeignet, auch die Folgen einer Entstandardisierung der Arbeitsverhältnisse aufzufangen. Und es kann im übrigen nur als eine üble Strategie der Flucht aus der Verantwortung bezeichnet werden, wenn die Finanzpolitik des Bundes sich auf Kosten des politisch schwächsten Teils der öffentlichen Daseinsvorsorge, nämlich der Kommunen, saniert. *Ausgangspunkt aller sozialpolitischen Überlegungen müßte es somit sein, die Sozialhilfe von den Problemen der grundsätzlich erwerbsfähigen, jedoch nicht oder nur teilweise beschäftigten Bevölkerungsgruppen zu entlasten.*

Dementsprechend fordert das kürzlich veröffentlichte Gemeinsame Wort der Kirchen zur wirtschaftlichen und sozialen Lage zu Recht, die vorrangigen Sicherungssysteme »armutsfest« zu machen. »Dabei ist insbesondere an eine Sockelung des Arbeitslosengeldes, der Arbeitslosenhilfe und letztlich auch der gesetzlichen Rente auf die Höhe des soziokulturellen Existenzminimums bei einem steuerfinanzierten Ausgleich für die Sozialversicherungen zu denken.«[218]

Allerdings sind das Risiko der Arbeitslosigkeit und das Risiko von Armut im Alter unterschiedlich beschaffen. Ihre Verknüpfung ergibt sich lediglich durch den Umstand, daß Personen, denen es infolge mangelnder Erwerbsgelegenheiten oder mangelnder Erwerbswilligkeit nicht gelingt, ausreichende Rentenanwartschaften aufzubauen, auch von Armut im Alter betroffen werden.

Um mit letzterem zu beginnen: Alle deutschen gesetzlichen Alterssicherungssysteme (Gesetzliche Rentenversicherung, Beamtenversicherung, berufsständische Versorgung der Selbständigen) orientieren ihre Leistungen nahezu ausschließlich am Umfang der vorangehenden Erwerbsbeteiligung und der

218 *Für eine Zukunft in Solidarität und Gerechtigkeit. Wort des Rates der evangelischen Kirche in Deutschland und der Deutschen Bischofskonferenz zur wirtschaftlichen und sozialen Lage in Deutschland.* Hannover/Bonn o. J. (Februar 1997), Ziff. 179.

Höhe der dabei erzielten Einkommen.[219] Für diejenigen, welche ein Standard-Erwerbsleben vorzuweisen haben, gewährleisten diese Alterssicherungssysteme eine *Grund- und Aufbausicherung*, d. h., sie schützen nicht nur vor Armut im Alter, sondern gewährleisten auch eine annähernde Fortsetzung des bisherigen Lebensstandards. Dagegen kennen sie *keine Mindestrente*, d. h., wer keine genügenden Rentenanwartschaften aufgebaut hat, erhält Renten, die unter dem Sozialhilfeniveau liegen, welches allgemein als Standard der Grundsicherung angesehen wird. Mit der Verbreitung von Teilzeitarbeit, geringfügigen Beschäftigungen u. ä. dürfte vor allem unter den jüngeren Generationen der Anteil derjenigen zunehmen, die kein ausreichendes Sicherungsniveau im Alter erreichen. Gleichzeitig ist mit einer *wachsenden Spreizung der Einkommensstruktur* zu rechnen, d. h., sowohl der Anteil der hoch bezahlten als auch der Anteil der niedrig bezahlten Tätigkeiten wird zu Lasten der bisher typischen mittleren Facharbeiter- und Angestellteneinkommen zunehmen. Da die Gesetzliche Rentenversicherung Ausnahmen von der Versicherungspflicht (Beamte, Selbständige, Nicht-Erwerbstätige) wie Beitragsbemessungsgrenzen für die Hochbezahlten kennt, muß in Zukunft damit gerechnet werden, daß ein sinkender Anteil der Arbeitseinkommen der Versicherungspflicht unterliegt. *Auf der Finanzierungs- wie der Leistungsseite her wird daher das derzeitige System durch die Veränderungen der Arbeitsverhältnisse ohne entsprechende Reformen an Reichweite einbüßen.*

Die Reform von 1992 und die aktuell diskutierten Vorhaben sind darauf gerichtet, das finanzielle Gleichgewicht der Rentenkassen unter Berücksichtigung vor allem der demographi-

219 Allerdings weichen die gesetzlichen Systeme schon jetzt mit guten Gründen vom reinen Prinzip der Beitragsäquivalenz ab, wenn sie beitragsfreie und beitragsgeminderte Zeiten oder nicht monetarisierte Beitragszeiten (für Kindererziehung oder Berufsausbildung) anrechnen. In den Genuß derartiger Anrechnungen geraten jedoch nur Personen, die sich gleichzeitig ausreichende Rentenanwartschaften durch beitragspflichtige Erwerbsarbeit erworben haben.

schen Entwicklung sicherzustellen und die Vorteilhaftigkeit von Frühverrentungen abzubauen. Sie gehen dagegen die skizzierten weiterreichenden Probleme nicht an. Zu deren Lösung gibt es vielfältige Vorschläge, die jedoch fast alle eine plausible Finanzierung vermissen lassen.[220]

Unter Berücksichtigung der in Deutschland weit verbreiteten Vorbehalte gegen Sozialleistungen, denen keine entsprechenden Gegenleistungen der Anspruchsberechtigten gegenüberstehen, scheiden die Vorschläge einer steuerfinanzierten Grundsicherung nicht nur aus Finanzierungsgründen, sondern auch in der Perspektive eines möglichen Sozialkonsenses aus. Bereits die bestehende Sozialhilfe hat mit zwar kaum substantiierten, aber fortgesetzten Verdächtigungen der Subventionierung Arbeitsscheuer zu kämpfen. Meines Erachtens wäre daher die einzige praktikable Lösung des Problems die in zahlreichen Ländern bewährte *Trennung von Grundsicherung und Aufbausicherung und die Einführung einer allgemeinen Versicherungspflicht für den Bereich der Grundsicherung*.

Eine besonders glückliche Lösung dieser Problematik hat die Schweiz gefunden: Jeder erwachsene Einwohner ist grundsätzlich pflichtversichert und zahlt bis zum Eintritt ins Rentenalter einkommensproportionale Beiträge zur Schweizerischen Invaliden-, Alters- und Hinterlassenenversicherung von derzeit 9,8 %, ohne Beitragsbemessungsgrenze, von denen bei Unselbständigen die Hälfte vom Arbeitgeber getragen wird. Für Niedrigverdiener findet eine Beitragsermäßigung statt, und wer kein Arbeitseinkommen bezieht, zahlt einen jährlichen Mindestbeitrag (derzeit Fr. 390) sowie Beiträge aus eventuellen Kapitaleinkommen. Nichtverdienende Ehefrauen sind beitragsfrei mitversichert.

220 Einen guten Überblick und eine kritische Analyse geben K. Gretschmann/ R. G. Heinze u. a., *Neue Technologien und soziale Sicherung*. Opladen 1989. Fruchtbare weiterführende Überlegungen bei L. Leisering, *Grenzen des Sozialversicherungsstaats? Sozialer Wandel als Herausforderung staatlicher Einkommenssicherung*. In: *Zeitschrift für Sozialreform*, 41 (1995), S. 860-880.

Die monatliche Mindestrente im Falle voller Erwerbsunfähigkeit oder der Erreichung des Rentenalters beträgt derzeit 995 Fr.– für Alleinlebende (einfache Altersrente).[221] Die Höhe der Beitragsleistungen hat einen gewissen Einfluß auf die Rentenhöhe, jedoch nur bis zu einem Höchstbetrag der doppelten Mindestrente. Ehepaare erhalten eine gemeinsame Rente in der Höhe von 150% der einfachen Altersrente. Neben diesem Grundsicherungssystem existiert eine erwerbstätigkeitsbezogene gesetzliche *Aufbausicherung* für unselbständig Erwerbende auf der Basis kapitalisierter Beitragszahlungen, welche den Arbeitgebern vielfältige Gestaltungsmöglichkeiten offenläßt.

In vorliegendem Zusammenhang interessiert nur das Grundsicherungssystem. Es enthält offensichtlich eine starke umverteilende Komponente, die in der Schweiz als Solidaritätsmoment von der Bevölkerung allgemein akzeptiert ist. Die Leistungen sind *sowohl bedarfs- als auch leistungsorientiert*, und gerade dieser Kompromiß scheint den Gerechtigkeitsintuitionen der Bevölkerung entgegenzukommen. Die Übernahme dieses Grundgedankens in das deutsche System würde meines Erachtens auch im Rahmen des bisherigen gegliederten Systems möglich sein, wobei zudem andere Finanzierungsprinzipien denkbar sind.[222] Entscheidend für die Herstellung eines die Solidarität der Gesamtbevölkerung sicherstellenden Systems wäre jedoch die *Beitragspflicht* aller, auch der Beamten und Selbständigen, deren Versorgungssysteme auf die Funktion der Aufbausicherung hin zu modifizieren wären oder aber entsprechende Überschüsse in der Grundsicherung im Rahmen eines Finanzausgleichs mit den übrigen Sicherungssystemen abgeben müßten.

Ich bin mir bewußt, daß derartige Vorschläge allen Interes-

221 Kaufkraftmäßig entspricht dies ca. 900 DM.

222 Im Vorschlag des Bundes Katholischer Unternehmer (FN 207) sind einkommensunabhängige Beiträge vorgesehen, welche im Falle von Bedürftigkeit durch die Sozialhilfe zu finanzieren wären.

senträgern der bisherigen Alterssicherungssysteme nicht willkommen sind. Gerade deshalb müssen sie jedoch in die Öffentlichkeit getragen werden. Über Details kann und muß gestritten werden. *Das Prinzip eines beitragsfinanzierten Grundsicherungssystems für jedermann im Falle von Berufsunfähigkeit und Alter, also das Prinzip der Volksversicherung, ist jedoch die einzige überzeugende Lösung des Problems der Altersarmut angesichts der zu erwartenden demographischen und arbeitsmarktlichen Situation nach dem Jahr 2015*. Die Weichen sollten bereits heute in diese Richtung gestellt werden.

Nun zur Frage der Sicherung vor Armut bei Personen im Erwerbsalter: Der naheliegende Grundgedanke einer möglichst flexiblen Kombination von Erwerbs- und Sozialeinkommen zur Sicherung eines Existenzminimums der prekär Beschäftigten läßt sich um so eher verwirklichen, je weniger aus der Sicht der Betroffenen die Erbringung nützlicher Leistungen zu einer bloßen Verdrängung des Sozialeinkommens durch ein gleich hohes Erwerbseinkommen führt.[223] Einen beachtenswerten Vorschlag zur Lösung dieses Dilemmas, der die unfinanzierbaren Konzepte einer generellen negativen Einkommenssteuer oder eines Bürgergeldes umgeht, hat kürzlich Fritz W. Scharpf vorgelegt. Sein Ziel ist die Ermöglichung niedrig entlohnter Beschäftigungen im Privatsektor, welche durch öffentliche, degressive Zulagen über das Sozialhilfe-Niveau gebracht werden. Insoweit dadurch positive Beschäftigungseffekte erzielt werden, würde sich per Saldo der Aufwand der öffentlichen Hände (Sozialhilfe, Arbeitslosenhilfe usw.) sogar *vermindern*.[224]

Das oft von Arbeitgeberseite eingeklagte »Lohnabstandsgebot« zwischen den niedrigsten Arbeitslöhnen und der Sozialhilfe wäre unschwer herzustellen, *wenn die Sozialhilfe von Aufgaben des Familienlastenausgleichs befreit würde*. Die jüng-

223 Aus rein ökonomischer Perspektive entspräche dies einer Besteuerung des Erwerbseinkommens zu 100%!

224 Vgl. F. W. Scharpf, *Subventionierte Niedriglohnbeschäftigung statt bezahlter Arbeitslosigkeit?* In: *Zeitschrift für Sozialreform*, Bd. 41 (1995), S. 65-82.

ste Erhöhung des Kindergeldes ist daher auch in dieser Hinsicht ein Schritt in die richtige Richtung. Mit Bezug auf den Familienlastenausgleich ließe sich das nunmehr eingeführte Prinzip eines Wahlrechtes zwischen Kindergeld oder Steuerermäßigung im Sinne einer negativen Einkommensteuer noch weiter ausbauen, ohne daß negative Anreize auf die Arbeitsbereitschaft zu befürchten wären. Dies könnte beispielsweise so geschehen, daß das Kindergeld auf 53 % (d. h. den derzeit höchsten Steuersatz der Einkommenssteuer) mit Bezug auf die jeweiligen kindlichen Existenzminima erhöht würde. Je höher das Kindergeld, desto geringer der Anteil der Haushalte mit Kindern, welche nur deshalb Sozialhilfe in Anspruch nehmen müssen, und desto größer der Abstand zwischen möglichem Arbeitseinkommen und Sozialhilfe. Noch wirksamer wäre in dieser Hinsicht die Einführung eines Erziehungsgehaltes, dessen behauptete Kostenneutralität jedoch nur schwer plausibel zu machen und noch schwerer politisch durchzusetzen ist.[225] Man muß sich fragen, worauf sich eine Gesellschaft normativ einließe, wenn sie die familialen Erziehungsleistungen direkt finanziert und nicht nur indirekt erleichtert. Die für die Kindererziehung erforderlichen Motive sind niemals ökonomischer Art. Da die Mittel einer zweiten Einkommensverteilung strukturell knapp sind, sollte von der Einführung eines zusätzlichen Umverteilungssystems abgesehen und Verteilungsspielräume zur Verbesserung des Angebots an Kinderbetreuungseinrichtungen – und damit zur Erleichterung der Erwerbstätigkeit beider Eltern – eingesetzt werden.

Der soziale Schutz für diejenigen Bevölkerungsgruppen, die für Erwerbsarbeit in Frage kommen, sollte grundsätzlich durch die Sozialversicherung, insbesondere die *Arbeitslosenversicherung* erfolgen. *Diese müßte auch zu einer zentralen Agentur örtlicher Arbeitsmarktpolitik ausgebaut werden und die Aufgaben der sozialhilferechtlichen »Hilfen zur Arbeit« mit überneh-*

225 Vgl. den Vorschlag von Hatzold/Leipert (FN 88).

men. Wie insbesondere die schwedischen Erfahrungen zeigen, läßt eine dezentralisierte Arbeitsmarktpolitik, die den örtlichen Arbeitsbehörden hohe Kompetenzen einräumt und diese in Zusammenarbeit mit den Tarifpartnern sowie mit anderen lokalen Behörden, Wohlfahrtsverbänden usw. bringt, situationsangemessenere Strategien der Schaffung von Beschäftigungsmöglichkeiten erwarten.[226] Dabei ist natürlich in erster Linie an die Förderung zusätzlicher »normaler« Beschäftigungsverhältnisse in der unternehmerischen Wirtschaft zu denken, wobei sich insbesondere Maßnahmen bewährt haben, welche Arbeitgebern die Möglichkeit geben, Angehörige von Problemgruppen des Arbeitsmarktes *probeweise* kennenzulernen.[227] Es ist aber auch an gemeinnützige Beschäftigungsgesellschaften u. ä. zu denken. Je mehr die Arbeitsförderung mit Lohnsubventionen oder mit der Kombination von Arbeits- und Sozialeinkommen verbunden ist, desto wichtiger wird die Mißbrauchskontrolle, welche bei einem guten Zusammenspiel der örtlichen Instanzen eher gewährleistet ist.

Die Mißbrauchsproblematik betrifft eine Minderheit der Arbeitslosen; entsprechende Möglichkeiten haben allerdings durch die Legalisierung sozialversicherungsfreier geringfügiger Beschäftigungen mit entsprechender Steuerpauschalierung zugenommen. Weit wichtiger ist die Schaffung tatsächlicher Arbeitsmöglichkeiten. *Hierfür ist es erforderlich, latente Bedürfnisse in effektive Nachfrage zu transformieren.* Ungedeckte Bedürfnisse, welche vor allem durch Einsatz von Ar-

226 Vgl. F. W. Scharpf u. a. (Hg.), *Aktive Arbeitsmarktpolitik. Erfahrungen und neue Wege.* Frankfurt a. M. 1982; F. Hegner, *Kommunale Initiativen zur Verwirklichung einer neuen Form der Vollbeschäftigung.* In: J. Krüger/E. Pankoke (Hg.), *Kommunale Sozialpolitik.* München 1985, S. 241-266; ders., *Notwendige Parallelität von Beschäftigungs- und Arbeitsmarktpolitik in Ost- und Westdeutschland.* In: H. Heinelt/H. Wollmann (Hg.), *Brennpunkt Stadt. Stadtpolitik und lokale Politikforschung in den 80er und 90er Jahren.* Basel 1991, S. 291-310.

227 In diesem Sinne operiert beispielsweise das Modellprogramm START des Landes Nordrhein-Westfalen; vgl. *Informationsdienst des Instituts der deutschen Wirtschaft* vom 23. 2. 1995.

beitskraft und ohne große Kapitalaufwendungen[228] gedeckt werden können, finden sich vorzugsweise im Bereich der Umwelt- und Landschaftspflege sowie der personenbezogenen Dienstleistungen und flexibler Handwerkerleistungen (z. B. Reparaturen).[229] *Entscheidend ist das Finden von Lösungen, welche die Transaktionskosten gering halten.* Dies kann sowohl durch Kundennähe (informelle Ökonomie)[230] als durch ehrenamtlichen Einsatz von Koordinatoren (s.u.) geschehen. Die heute im Rahmen des ABM-Programms vorherrschende Strategie richtet sich an potentielle *Anbieter* von Dienstleistungen, deren Beschäftigungsmaßnahmen subventioniert werden. Wie Modellversuche zeigen, ist es jedoch vielfach zielgenauer, die Arbeits*suchenden* mit einer Art Subventionsgutschein auszustatten, den ein beliebiger Arbeitgeber im Falle von dessen Beschäftigung den Arbeitsbehörden präsentieren kann.[231] Ebenso wäre es vielfach sinnvoller, bedürftige Personen mit Anrechtsscheinen für bestimmte Leistungen auszustatten, statt die Anbieter von Leistungen zu subventionieren. *Indem man die Betroffenen mit geldwerten Anrechten (z. B. Gutscheinen) ausstattet, gibt man ihnen sozusagen eine Verhandlungsmacht gegenüber den Anbietern und kann sich gleichzeitig ihr Interesse an den Leistungen zunutze machen, um die Anbieter indirekt zu kontrollieren.* Wenn ungedeckte Bedürfnisse über Gutscheine in manifeste Nachfrage transformiert werden, ergibt sich auch eine deutlichere Differenz zur vorherrschenden Geldwirtschaft, und die Wahrscheinlichkeit bloßer Mitnahmeeffekte wird geringer.

228 Und dies ist, wie in Abschnitt 7.2 plausibel gemacht wurde, eine Effektivitätsbedingung für den Einsatz beschränkt produktiver Arbeitskräfte.

229 Eine genauere Eingrenzung gibt Scharpf (FN 224), S. 66ff.

230 Vgl. v. Klipstein/Strümpel (FN 161), S. 143ff.

231 Hiermit werden im Modellprogramm 501 des Landes Berlin gute Erfahrungen gemacht; 75 % der arbeitslosen Jugendlichen, die – ausgerüstet mit einem Gutschein für die Subventionierung ihrer Einarbeitung – selbst Arbeit gesucht haben, wurden in der Folge vom Arbeitgeber in ein ordentliches Beschäftigungsverhältnis übernommen (mündliche Mitteilung von Manfred Schneider, BBJ-Consult Berlin).

Außer mit Problemen des Mißbrauchs und der Mißbrauchskontrolle sind jedoch subventionierte Beschäftigungsverhältnisse auch mit öffentlichen Kosten verbunden. Deshalb sollten auch unkonventionelle *marktwirtschaftliche Lösungen* vorurteilsfrei geprüft werden. Beachtenswert scheint hier der Vorschlag, die Kosten privater Beschäftigungsverhältnisse (z. B. für Kinderbetreuung, Haus- oder Gartenarbeiten) in bestimmtem Rahmen als abzugsfähige Sonderausgaben im Rahmen des Einkommensteuerrechts zu behandeln, sofern dafür bestimmte Abgaben entrichtet wurden.[232]

Schließlich bleibt die Möglichkeit, Personen, deren Unterhalt bereits durch Erwerbs- oder Sozialeinkommen gesichert ist, in ihrer *Bereitschaft zum unentgeltlichen Tätigwerden zugunsten Dritter* zu unterstützen.[233] Vielfach geht es darum, Haftungsfragen zu klären und eine Aufwandsentschädigung zu leisten. Eine Vielzahl von Hilfen unterbleiben nur deshalb, weil Hilfsbereite und Hilfsbedürftige nicht zueinander finden. Hier tut sich ein breites Feld vor allem für kleinräumig operierende Organisationen, wie z. B. Pfarreien, Kirchgemeinden oder Schulpflegschaften auf. Für viele wünschenswerte Leistungen – beispielsweise die ganztägige Betreuung schulpflichtiger Kinder von berufstätigen Eltern – könnten Einrichtungen wie z. B.

232 Vgl. z. B. *Arbeit für alle*. Eine Denkschrift des Himmeroder Kreises. Himmerod März 1996: »Pro Haushalt sollen monatlich ... 1000 DM für Arbeitsverhältnisse im Familien- und Privatbereich steuerabzugsfähig ausgegeben werden können. Wer die Steuerabzugsfähigkeit von seinem Einkommen in Anspruch nimmt, soll pauschal für den, der die Arbeit leistet, einen Festbetrag von z. B. 20vH abführen, davon die eine Hälfte als Steuer und die andere als Beitrag zu den sozialen Sicherungssystemen. ... Der Arbeitnehmer in solchen Familien- und Privatarbeitsverhältnissen kann dabei mehrere solcher Dienstverhältnisse gleichzeitig haben. Wenn er so viel verdient, daß er dies progressiv versteuern muß, kann er die vom Arbeitgeber gezahlte Vorsteuer – ähnlich wie bei der Zinsgutschrift der Banken – absetzen.« (S. 12) – Familienpolitisch beachtlich ist der Vorschlag insofern, als ein derartiges Arbeitsverhältnis auch zwischen Ehepartnern soll abgeschlossen werden können.

233 Vgl. M. Kohli, *Erwerbsarbeit und ihre Alternativen*. Forschungsgruppe Altern und Lebenslauf (FALL), Forschungsbericht 50. FU Berlin 1995; Gretschmann/Heinze u. a. (FN 220), S. 206ff.

Kirchgemeindehäuser oder Schulgebäude und Sportgelände extensiv genutzt werden, wenn die Haftung für eventuelle Beschädigungen sowie ein Minimum an technischer Aufsicht (Hausmeister u. ä.) aus öffentlichen Mitteln finanziert würden. Wie eine Vielzahl von Modellversuchen zeigt, ist es unter günstigen Nebenbedingungen mit vergleichsweise geringen Mitteln möglich, Menschen zu wechselseitigen Dienstleistungen zu motivieren, ohne daß dafür Entgelte gezahlt werden müßten.[234] Besonders zu beachten sind in diesem Zusammenhang Beschäftigungsinitiativen von und für Arbeitslose, deren koordinativer und administrativer Aufwand z. B. von pensionierten Beamten oder Angestellten ehrenamtlich im Rahmen von Kirchengemeinden u. ä. übernommen wird.

Diese hier nur skizzenhaft anzuzeigenden Möglichkeiten sollten verdeutlichen, daß es vielfältige Wege gibt, um die aufgrund der zunehmenden Selektivität des Arbeitsmarktes und der allgemeinen Verkürzung der Arbeitszeit brachliegenden Kapazitäten nutzenstiftend zu aktivieren: Durch die Schaffung zusätzlicher Beschäftigungsmöglichkeiten mit öffentlichen Mitteln, durch die Stimulierung von unternehmerischen Initiativen, auch durch die Aktivierung latenter Nachfrage mittels Gutscheinen oder aber durch die Organisierung von unentgeltlichen Aktivitäten, die Dritten nützen. All dies bedeutet Produktion von Wohlfahrt und liegt daher im öffentlichen Interesse. *Die Befürchtung, daß derartige primär sozialpolitisch motivierte Aktivitäten zu einer Verdrängung »ordentlicher« Beschäftigungsverhältnisse führten, ist nur in Grenzbereichen und bei der Subventionierung von Anbietern begründet. Wo immer die Betroffenen selbst zu Nachfragern gemacht werden* – wie dies zuletzt beispielsweise im Rahmen der neuen Pflegeversicherung geschehen ist –, *besteht dieses Problem nicht.* Die erheblichen Vorbehalte, welche in der Bundesrepublik gegenüber der Schaffung »alternativer« oder auch nur ergänzender

234 Vielfältige Anregungen gibt Dettling (FN 119).

Beschäftigungsmöglichkeiten durch öffentliche Mittel bestehen, wirken sich im Ergebnis häufig kontraproduktiv aus. Natürlich darf nicht erwartet werden, daß alle Experimente erfolgreich sind, aber nur durch Handlungsspielräume für soziale Innovationen lassen sich Erfahrungen gewinnen, wie die Freisetzung von Tätigkeitspotentialen durch die Selektivität unserer Arbeitsmärkte nutzenstiftend kompensiert werden kann.

Daß viele dieser Maßnahmen ihren Preis haben, daß sie in der Form von Steuern oder Sozialversicherungsbeiträgen finanziert werden müssen, ist nicht zu bestreiten. Die Früchte der wirtschaftlichen Fortschritte werden diejenigen, welche von ihnen begünstigt werden, auch weiterhin mit den Verlierern teilen müssen. Unsere Überlegungen sollten jedoch zeigen, daß es möglicherweise intelligentere Wege gibt, um die von der wachsenden Selektivität des Arbeitsmarktes ausgehenden Folgeprobleme zu lösen, als die bisher gewohnten.

12. Schlußbemerkungen

Wachsen ist leichter als Stagnieren oder Schrumpfen, zumindest unter den kulturellen Bedingungen der Moderne. Die Etablierung der westlichen Sozial- oder Wohlfahrtsstaaten hat sich in der wohl expansivsten Phase ihrer Wirtschaftsgeschichte vollzogen, nämlich den Prosperitätsjahrzehnten nach dem Zweiten Weltkrieg. Und es ist verständlich, daß auch heute staatliche Politik vor allem nach den Bedingungen eines fortgesetzten Wirtschaftswachstums Ausschau hält. In bereits hoch entwickelten Volkswirtschaften mit einem hohen Lohnniveau kann dies nur durch die Erleichterung unternehmerischer Innovationen und durch das Bemühen um die Anpassung und Verbesserung des Qualifikationsniveaus der Arbeitskräfte geschehen. In dieser Perspektive stimmt es bedenklich, daß Deutschland unter den OECD-Ländern derzeit zusammen mit den Niederlanden den geringsten Anteil des Volkseinkommens für öffentliche und private Bildung aufwendet.[235] Nimmt man die Vernachlässigung der Familien im Rahmen der deutschen Sozialpolitik hinzu, so gewinnt man den Eindruck, *daß es dem deutschen Sozialstaat weit stärker um die Sicherung der älteren als um die Förderung der nachwachsenden Generationen geht.* Dies ist eine gravierende Schieflage, die sich unter anderem in der demographischen Entwicklung äußert. Solch mangelnde Zukunftsorientierung wird sich auch zum Nachteil derjenigen Bevölkerungsgruppen auswirken, die davon scheinbar profitieren. Und es ist bedrückend zu beobachten, welche politische Priorität heute Rentenfragen haben, während von Bildungspolitik und von der überproportionalen Betroffenheit von Kindern durch Armut kaum die Rede ist.[236]

235 Vgl. N. Bottani, *Comparing Educational Output.* In: *OECD-Observer*, No. 193, April/Mai 1995, S. 6-11.

236 Vgl. die brillanten Polemiken von K. Adam, *Für Kinder haften die Eltern. Die Familie als Opfer der Wohlstandsgesellschaft.* Weinheim, Berlin 1996.

Unabhängig hiervon müssen sich die Europäer insgesamt mit dem Gedanken vertraut machen, daß die Epoche des expansiven Wachstums ihrer Volkswirtschaften vorbei ist und daß die außereuropäischen Märkte eine größere Dynamik und damit Attraktivität entfalten. Ihren Unternehmungen mag das Exportchancen bieten, aber doch nur in bestimmten, qualifizierten Marktsegmenten. Die internen Märkte werden sowohl aus demographischen als auch aus Gründen relativer Marktsättigung langsamer wachsen. Gleichzeitig wird der erforderliche Arbeitsaufwand für die Herstellung marktgängiger Produkte und Dienstleistungen sich weiter vermindern. *Wenn es nicht gelingt, die Erwerbschancen gleichmäßiger zu verteilen, nimmt zwangsläufig der Anteil derjenigen zu, welche aus übertragenen Einkommen leben müssen.* Und diese Einkommensübertragungen müssen von Unternehmen und Erwerbstätigen direkt (durch Beiträge) oder indirekt (durch Steuern und Preisaufschläge) finanziert werden. Selbst wenn die Wirtschaft als ganze weiter wächst, werden daher die Reallöhne nicht in gleichem Maße ansteigen. Nur wenn es gelänge, in großem Umfange den wachsenden Anteil der nur eingeschränkt produktiven Arbeitskräfte – Ältere, Ungelernte, Behinderte – in Erwerbsarbeit zu bringen, könnte vermehrte sozialpolitische Umverteilung verhindert werden. Für diese Arbeitskräfte ist jedoch eine erhebliche Nachfrage seitens der unternehmerischen Wirtschaft kaum zu erwarten. Hier liegt die eigentliche Herausforderung für das gegenwärtige sozialstaatliche Arrangement: *Es sind die sozial Schwachen, welche von der Wirtschaft nicht benötigt werden. Ihnen mangelnde Arbeitsbereitschaft oder gar Leistungsmißbrauch zu unterstellen, verfehlt das entscheidende Problem. Dieses besteht in der Ermöglichung nützlicher Beschäftigungen mit geringer Kapitalintensität und geringen Transaktionskosten für diese Bevölkerungsgruppen.*

Die Hektik der gegenwärtigen sozialpolitischen Debatten sollte nicht darüber hinwegtäuschen, daß es um mehr als die Behebung einer kurzfristigen Krise geht, daß vielmehr tiefgreifende Neuorientierungen anstehen. Die Tragfähigkeit des bisherigen wohlfahrtsstaatlichen Arrangements wird durch Entwicklungen seit Jahrzehnten geschwächt, die sich durch keine politischen Maßnahmen verhindern oder beseitigen lassen. Die eigentlich neue Herausforderung an die Politik und die Träger der sozialpolitischen Einrichtungen besteht nun darin, *daß die erforderlichen Umstrukturierungen der Leistungen dauerhaft nur durch Umverteilungen innerhalb der öffentlichen Haushalte zu finanzieren sind*. Einer weiteren Expansion der Staatsquote und Staatsverschuldung werden mit schlechten und guten Gründen immer härtere Widerstände entgegenstehen, nicht zuletzt von seiten des Bundesverfassungsgerichts. Es geht nicht mehr um die Verteilung von Zuwächsen, sondern um die *Umverteilung der Bestände*. Hierfür fehlt es bisher völlig an brauchbaren finanzpolitischen Mechanismen, aber auch an den psychologischen Voraussetzungen.

Es ist jedoch völlig verfehlt, dieses Erfordernis mit dem Versuch einer Delegitimierung der sozialstaatlichen Einrichtungen zu verfolgen. Der Antagonismus zwischen Marktwirtschaft und Sozialstaat ist eine Schimäre der Ideologen. Denn *Bildungs- und Sozialpolitik sind keine Hypothek der Marktwirtschaft, sondern ihre notwendige Ergänzung*. Sie gewährleisten erst die Entstehung und Erhaltung der Humanvermögen, welche als Humankapital auch die ökonomischen Kalküle mitbestimmen. Sie machen erst die vielen individuellen Benachteiligungen tragbar, welche von der wirtschaftlichen Dynamik ausgehen. Sie tragen zum sozialen Frieden und zum Glauben bei, in einer einigermaßen gerechten Gesellschaft zu leben. Und sie erweisen sich nicht zuletzt als wichtiges Instrument der Kriminalitätsprävention. Angesichts der gegenwärtigen Globalisierungstendenzen kann die deutsche Sozialstaatlichkeit weit eher als Ressource denn als Belastung des Standortes Deutschland gelten. Wer die Bereitschaft der deutschen Bevölkerung zur europäischen Integration und zur Akzeptanz der weltwirtschaftlichen Verflechtungen erhalten will, darf die sozialstaatlichen Schutzvorkehrungen nicht in Frage stellen. Denn so irrational sie aus ökonomischer Sicht sein mag, die Forderung nach Protektionismus kann sich auf plausible Gründe berufen, wo der soziale Ausgleich fehlt.[237]

Man sollte deshalb auch nicht jenen Stimmen Gehör schenken, welche eine Lösung unserer Schwierigkeiten durch einen grundlegenden Systemwechsel oder durch eine stärkere Privatisierung der Grundvorsorge empfehlen. Zwar kann es im einzelnen durchaus sinnvoll sein, die Leistungsfähigkeit sozialer Dienste durch Konkurrenz und durch eine Stärkung der Rechte der Nachfrager zu erhöhen. Aber die Privatisierung der Risikovorsorge würde lediglich diejenigen begünstigen, welche über hohe Einkünfte verfügen und versicherungstechnisch »gute Risiken« darstellen. Die volkswirtschaftlichen Probleme des Unterhalts der Nicht-Erwerbstätigen, insbesondere also die Folgen des demographischen Alterns, lassen sich dadurch nicht vermindern. Die Kosten jedes Systemwechsels würden seine Einsparungen aller Erfahrung nach weit übersteigen. *Der oft beschworene Umbau des Sozialstaates kann also nicht in der Form einer groß angelegten Gesamtreform geschehen, sondern bedarf des lästigen Streits um Details, welche das politische Tagesgeschäft bestimmen.*[238] Der Druck, welcher heute von Globalisierungstendenzen der Finanzmärkte, der wachsenden Konkurrenz aus Billiglohnländern und der europäischen Einigung auf die Tarifbeziehungen der Sozialpartner und die deutsche Politik ausgeht, setzt Veränderungen in Gang, die das Geschäft des Regierens ebenso wie dasjenige der Interessenvertretung erschweren. Das gilt in ähnlicher Weise auch für alle anderen hoch industrialisierten Länder. In dieser Situation ist eine Rückbesinnung auf die kulturellen wie die institutionellen

237 Vgl. S. Leibfried/E. Rieger, *Fundament des Freihandels*. In: *Die Zeit*, 2. 2. 1996, S. 24; vgl. auch dies. (FN 129).

238 In diesem Sinne auch H. Lampert, *Voraussetzungen einer Sozialstaatsreform – Kritische Anmerkungen zur aktuellen Diskussion über den Umbau des Sozialstaates*. In: *Jahrbücher für Nationalökonomie und Statistik*, Bd. 214 (1995), S. 513-531.

Grundlagen der eigenen gesellschaftlichen Ordnung angezeigt. Nicht um alles beim alten zu lassen, sondern um Kriterien für akzeptable Veränderungen zu gewinnen. Im deutschen Falle ist davon auszugehen, daß die gewachsene Verbindung zwischen marktmäßiger, politischer und verbandlicher Steuerung der gesellschaftlichen Verhältnisse und das daraus resultierende Vertrauen in langfristige Anpassungs- und Abstimmungsprozesse eine wesentliche Ressource der Problemlösung darstellt.[239] Voraussetzung konsensueller Problemlösungen sind jedoch nicht nur gemeinsame Wertüberzeugungen, sondern auch gemeinsame Problembestimmungen und Situationseinschätzungen. In dieser Hinsicht bestehen derzeit die größten Gegensätze in der wirtschafts- und sozialpolitischen Diskussion der Bundesrepublik. Hierzu sozialwissenschaftlich fundierte Einschätzungen beizutragen war das Hauptanliegen dieser Schrift.

239 Zu den Eigenarten des deutschen politisch-ökonomischen Systems vgl. die prägnante Analyse von W. Streeck, *German Capitalism: Does it exist? Can it survive?* Discussion Paper 95/5 des Max-Planck-Instituts für Gesellschaftsforschung, Köln.

Ute Frevert. Frauen-Geschichte. Zwischen bürgerlicher Verbesserung und Neuer Weiblichkeit. es 1284. 357 Seiten

Immanuel Geiss. Geschichte des Rassismus. es 1530. 375 Seiten

Dieter Grimm. Deutsche Verfassungsgeschichte 1776-1866. es 1271. 270 Seiten

Ludolf Herbst. Das nationalsozialistische Deutschland. 1933-1945. Die Entfesselung der Gewalt: Rassismus und Krieg. es 1285. 495 Seiten

Karl Holl. Pazifismus in Deutschland. es 1533. 275 Seiten

Hans Jaeger. Geschichte der Wirtschaftsordnung in Deutschland. es 1529. 292 Seiten

Konrad H. Jarausch. Deutsche Studenten 1800-1970. es 1258. 255 Seiten

Gotthard Jasper. Die gescheiterte Zähmung. Wege zur Machtergreifung Hitlers 1930-1934. es 1270. 271 Seiten

Hubert Kiesewetter. Industrielle Revolution in Deutschland 1815-1914. es 1539. 351 Seiten

Ulrich Kluge. Die deutsche Revolution 1918/1919. Staat, Politik und Gesellschaft zwischen Weltkrieg und Kapp-Putsch. es 1262. 248 Seiten

Kurt Kluxen. Geschichte und Problematik des Parlamentarismus. es 1243. 302 Seiten

Magret Kraul. Das deutsche Gymnasium 1780-1980. es 1251. 248 Seiten

NF 317/2/11.00

Dieter Langewiesche. Deutscher Liberalismus.
es 1286. 381 Seiten

Detlef Lehnert. Sozialdemokratie zwischen Protestbewegung und Regierungspartei 1848-1983. es 1248. 261 Seiten

Karl-Egon Lönne. Politischer Katholizismus im 19. und 20. Jahrhundert. es 1264. 339 Seiten

Peter Marschalck. Bevölkerungsgeschichte Deutschlands im 19. und 20. Jahrhundert. es 1244. 203 Seiten

Michael Mitterauer. Sozialgeschichte der Jugend.
es 1278. 276 Seiten

Horst Möller. Vernunft und Kritik. Deutsche Aufklärung im 17. und 18. Jahrhundert. es 1269. 354 Seiten

Eckart Pankoke. Die Arbeitsfrage. Arbeitsmoral, Beschäftigungskrisen und Wohlfahrtspolitik im Industriezeitalter.
es 1538. 346 Seiten

Detlev J. K. Peukert. Die Weimarer Republik.
es 1282. 313 Seiten

Jürgen Reulecke. Geschichte der Urbanisierung in Deutschland. es 1249. 232 Seiten

Klaus Schönhoven. Die deutschen Gewerkschaften.
es 1287. 290 Seiten

Hans-Christoph Schröder. Die Revolutionen Englands im 17. Jahrhundert. es 1279. 290 Seiten

NF 317/3/11.00

Winfried Schulze. Deutsche Geschichte im 16. Jahrhundert. es 1268. 312 Seiten

Reinhard Sieder. Sozialgeschichte der Familie. es 1276. 360 Seiten

Wolfram Siemann
- Die deutsche Revolution von 1848/49. es 1266. 256 Seiten
- Gesellschaft im Aufbruch. Deutschland 1849-1871. es 1537. 355 Seiten

Dietrich Staritz. Geschichte der DDR 1949-1989. es 1260. 350 Seiten

Dietrich Thränhardt. Geschichte der Bundesrepublik Deutschland. 1949-1989. es 1267. 387 Seiten

Hans-Peter Ullmann. Das Deutsche Kaiserreich 1871-1918. es 1546. 308 Seiten

Hans-Ulrich Wehler. Grundzüge der amerikanischen Außenpolitik 1750-1900. Von den englischen Küstenkolonien zur amerikanischen Weltmacht. es 1254. 222 Seiten

Albert Wirz. Sklaverei und kapitalistisches Weltsystem. es 1256. 256 Seiten

Gilbert Ziebura. Weltwirtschaft und Weltpolitik 1922/24-1931. Zwischen Rekonstruktion und Zusammenbruch. es 1261. 230 Seiten

Personen, Ereignisse, Soziale Bewegungen. Gesamtregister zur ›Modernen Deutschen Geschichte‹. Redaktion: Bernd Holtwick und Claus Kröger. es 1280. 160 Seiten

NF 317/4/11.00

Geschichte und Politik
in der edition suhrkamp
Eine Auswahl

Hannah Arendt revisited. »Eichmann in Jerusalem« und die Folgen. Herausgegeben von Gary Smith. es 2135. 320 Seiten

Stephen Bronner. Augenblicke der Entscheidung. Übersetzt von Petra Willim. es 1981. 247 Seiten

Marie-Janine Calic. Der Krieg in Bosnien-Hercegovina. Ursachen – Konfliktstrukturen – Internationale Lösungsversuche. es 1943. 256 Seiten

Lorraine Daston. Vom Nutzen und Nachteil der Historie für die Wissenschaften. es 2199. 80 Seiten

Kurt Eisner. Zwischen Kapitalismus und Kommunismus. Herausgegeben und mit einer biographischen Einführung versehen von Freya Eisner. Mit Abbildungen. es 1982. 311 Seiten

Europa im Krieg. Die Debatte über den Krieg im ehemaligen Jugoslawien. es 1809. 157 Seiten

Richard J. Evans. Im Schatten Hitlers? Historikerstreit und Vergangenheitsbewältigung in der Bundesrepublik. Übersetzt von Jürgen Blasius. es 1637. 283 Seiten

Fluchtpunkt Europa. Migration und Multikultur. Herausgegeben von Martina Fischer. es 2062. 248 Seiten

NF 315/1/11.00

Juan Goytisolo
- Ein algerisches Tagebuch. Übersetzt von Thomas Brovot. Mit Abbidungen. es 1941. 120 Seiten
- Landschaften eines Krieges: Tschetschenien. Übersetzt von Thomas Brovot. es 1768. 110 Seiten
- Notizen aus Sarajewo. Mit zahlreichen Abbildungen. Übersetzt von Maralde Meyer-Minnemann. es 1899. 140 Seiten
- Weder Krieg noch Frieden. Palästina und Israel heute. Übersetzt von Thomas Brovot. Mit Fotos. es 1966. 108 Seiten

Ludolf Herbst. Das nationalsozialistische Deutschland. Herausgegeben von Hans-Ulrich Wehler. 1933-1945. Die Entfesselung der Gewalt: Rassismus und Krieg. NHB. es 1285. 495 Seiten

Alfred Herzka. Kuba. Abschied vom Kommandanten? es 2061. 258 Seiten

Die Hexen der Neuzeit. Studien zur Sozialgeschichte eines kulturellen Deutungsmusters. Herausgegeben von Claudia Honegger. Mit 15 Abbildungen. es 743. 393 Seiten

Wolfgang Hoffmann-Riem
- Kriminalpolitik ist Gesellschaftspolitik, es 2154. 240 Seiten
- Modernisierung von Recht und Justiz. Eine Herausforderung des Gewährleistungsstaates. es 2188. 368 Seiten

Dick Howard. Die Grundlegung der amerikanischen Demokratie. Übersetzt von Ulrich Rödel. es 2148. 450 Seiten

Konrad H. Jarausch. Die unverhoffte Einheit. 1989-1990. es 1877. 416 Seiten

NF 315/2/11.00

Judentum im deutschen Sprachraum. Herausgegeben von Karl E. Grözinger. es 1613. 435 Seiten

Ketzer, Zauberer, Hexen. Die Anfänge der europäischen Hexenverfolgungen. Herausgegeben von Andreas Blauert. es 1577. 285 Seiten

Ekkehardt Krippendorf. Kritik der Außenpolitik. es 2139. 240 Seiten

Kritisches Wörterbuch der Französischen Revolution. Herausgegeben von François Furet und Mona Ozouf. Zwei Bände. es 1522. 1712 Seiten

André Leroi-Gourhan. Die Religionen der Vorgeschichte. Paläolithikum. Übersetzt von Michael Bischoff. Mit Abbildungen. es 1073. 171 Seiten

Christian Meier. Die Ohnmacht des allmächtigen Diktators Caesar. Drei biographische Skizzen. es 1038. 287 Seiten

Oskar Negt/Alexander Kluge. Geschichte und Eigensinn. Drei Bände. Mit zahlreichen Abbildungen. es 1700. 1249 Seiten

»Niemand zeugt für den Zeugen«. Erinnerungskultur und historische Verantwortung nach der Shoa. Herausgegeben von Ulrich Baer. es 2141. 278 Seiten

Frank Niess. Die europäische Idee – aus dem Geist des Widerstands. es 2160. 260 Seiten

Ostdeutsche Biographien. Lebenswelt im Umbruch. Herausgegeben von Rainer Zoll unter Mitarbeit von Thomas Rausch. es 2078. 416 Seiten

NF 315/3/11.00

Politik ohne Projekt? Nachdenken über Deutschland. Herausgegeben von Siegfried Unseld. es 1812. 494 Seiten

Schattenseiten der Globalisierung. Rechtsradikalismus, Rechtspopulismus und separatistischer Regionalismus in westlichen Demokratien. Herausgegeben von Dietmar Loch und Wilhelm Heitmeyer. es 2093. 544 Seiten

Bernhard Schlink. Heimat als Utopie. es-Sonderdruck. 48 Seiten

Alessandro Silij. Verbrechen, Politik, Demokratie in Italien. Übersetzt von Ulrich Hausmann. es 1911. 389 Seiten

Der Spanische Bürgerkrieg. Eine Bestandsaufnahme von Manuel Tuñón de Lara, Julio Aróstegui, Angel Viñas, Gabriel Cardona, Joseph M. Bricall. es 1401. 708 Seiten

Standort Europa. Europäische Sozialpolitik. Herausgegeben von Stephan Leibfried und Paul Pierson. es 2021. 400 Seiten

Dietrich Staritz. Geschichte der DDR. 1949-1989. Aktualisierte Neuausgabe. NHB. es 1260. 350 Seiten

Hans-Peter Ullmann. Das Deutsche Kaiserreich 1871-1918. NHB. es 1546. 308 Seiten

Paul Veyne. Foucault: Die Revolutionierung der Geschichte. Übersetzt von Gustav Roßler. es 1702. 84 Seiten

Vom Ewigen Frieden und vom Wohlstand der Nationen. Dieter Senghaas zum 60. Geburtstag. Herausgegeben von Ulrich Menzel. es 2173. 640 Seiten

NF 315/4/11.00

Von der Risikogesellschaft zur Chancengesellschaft. Herausgegeben von Erwin Teufel. es 2209. 300 Seiten

Was hält die moderne Gesellschaft zusammen? Herausgegeben von Erwin Teufel. es 1977. 340 Seiten

Der Zusammenbruch der DDR. Soziologische Analysen. Herausgegeben von Hans Joas und Martin Kohli. es 1777. 325 Seiten

Eine kleine Geschichte ...

Eine kleine Geschichte Brasiliens. Von Walther L. Bernecker, Horst Pietschmann und Rüdiger Zoller. es 2150. 368 Seiten

Kleine Geschichte Haitis. Von Walther L. Bernecker. Unter Mitarbeit von Sören Brinkmann und Patrick Ernst. Mit Abbildungen. es 1994. 220 Seiten

Eine kleine Geschichte Polens. Von Rudolf Jaworski, Christian Lübke. Michael G. Müller. es 2179. 384 Seiten

Eine kleine Geschichte der Schweiz. Der Bundesstaat und seine Traditionen. Von Manfred Hettling, Mario König, Martin Schaffner, Andreas Suter, Jakob Tanner. es 2079. 322 Seiten

Eine kleine Geschichte Ungarns. Von Holger Fischer und Konrad Gündisch. es 2114. 302 Seiten

NF 315/5/11.00

edition suhrkamp
»Kultur und Konflikt«

Unter dem Titel »Kultur und Konflikt« ist 1994 eine Publikationsreihe des Forschungsschwerpunktes in der *edition suhrkamp* eröffnet worden, die von Wilhelm Heitmeyer, Günter Albrecht, Otto Backes und Rainer Dollase herausgegeben wird.

Das Gewalt-Dilemma. Gesellschaftliche Reaktionen auf fremdenfeindliche Gewalt und Rechtsextremismus. Herausgegeben von Wilhelm Heitmeyer. es 1905. 464 Seiten

Die bedrängte Toleranz. Ethnisch-kulturelle Konflikte, religiöse Differenzen und die Gefahren politisierter Gewalt. Herausgegeben von Wilhelm Heitmeyer und Rainer Dollase in Zusammenarbeit mit Johannes Vossen. es 1979. 507 Seiten

Bundesrepublik Deutschland: Auf dem Weg von der Konsens- zur Konfliktgesellschaft. Herausgegeben von Wilhelm Heitmeyer. Zwei Bände in Kassette. es 2004 und es 2034. 1138 Seiten

Verlockender Fundamentalismus. Türkische Jugendliche in Deutschland. Von Wilhelm Heitmeyer, Jochen Müller und Helmut Schröder. es 1767. 277 Seiten

Die Krise der Städte. Analysen zu den Folgen desintegrativer Stadtentwicklung für das ethnisch-kulturelle Zusammenleben. Herausgegeben von Wilhelm Heitmeyer, Rainer Dollase und Otto Backes. es 2036. 470 Seiten

NF 316/1/11.00

Die Bindung der Unverbindlichkeit. Mediatisierte Kommunikation in modernen Gesellschaften. Von Uwe Sander. es 2042. 297 Seiten

Politisierte Religion. Ursachen und Erscheinungsformen des modernen Fundamentalismus. Herausgegeben von Heiner Bielefeldt und Wilhelm Heitmeyer. es 2073. 494 Seiten

Schattenseiten der Globalisierung. Rechtsradikalismus, Rechtspopulismus und separatistischer Regionalismus in westlichen Demokratien. Herausgegeben von Dieter Loch und Wilhelm Heitmeyer. es 2093. 544 Seiten

NF 316/2/11.00

»Aesthetica«
in der edition suhrkamp

Harold Bloom. Ein Topographie des Fehllesens. Übersetzt von Isabella Mayr. es 2011. 281 Seiten

Karl Heinz Bohrer (Hg.). Sprachen der Ironie – Sprachen des Ernstes. es 2083. 428 Seiten

Gilles Deleuze. Die Logik des Sinns. Übersetzt von Bernhard Dieckmann. es 1707. 397 Seiten

Gilles Deleuze. Kritik und Klinik. Übersetzt von Joseph Vogl. es 1919. 208 Seiten

Werner Hamacher. Entferntes Verstehen. Studien zu Philosophie und Literatur von Kant bis Celan. es 2026. 369 Seiten

Anselm Haverkamp (Hg.). Die paradoxe Metapher. es 1940. 482 Seiten

Neil Hertz. Spiegelungen. Die Psychoanalyse und das Erhabene. Übersetzt von Isabella König. es 1939. 360 Seiten

Alfred Hirsch (Hg.). Übersetzung und Dekonstruktion. es 1897. 428 Seiten

Philippe Lejeune. Der autobiographische Pakt. Übersetzt von Wolfram Bayer und Dieter Hornig. es 1896. 430 Seiten

Paul de Man. Die Ideologie des Ästhetischen. Herausgegeben von Christoph Menke. Übersetzt von Jürgen Blasius. es 1682. 300 Seiten

Eckhard Schumacher. Die Ironie der Unverständlichkeit. es 2172. 300 Seiten

NF 309/1/8.00